KB080687

플레이어를 몰입하게 만드는 전략 게임의 인공지능 기술

인공지능은 게임을 어떻게 움직이는가?

미야케 요이치로 지음 | 안동현 옮김

이지스퍼블리싱

인공지능은 게임을 어떻게 움직이는가?

— 플레이어를 몰입하게 만드는 전략 게임의 인공지능 기술

초판 발행 · 2022년 6월 30일
초판 2쇄 · 2024년 10월 30일

지은이 · 미야케 요이치로
옮긴이 · 안동현
펴낸이 · 이지연
펴낸곳 · 이지스퍼블리싱(주)
출판사 등록번호 · 제313-2010-123호
주소 · 서울특별시 마포구 잔다리로 109 이지스빌딩 3층(우편번호 04003)
대표전화 · 02-325-1722 | **팩스** · 02-326-1723
홈페이지 · www.easyspub.co.kr | **페이스북** · www.facebook.com/easyspub
Do it! 스터디룸 카페 · cafe.naver.com/doitstudyroom | **인스타그램** · instagram.com/easyspub_it

총괄 · 최윤미 | **기획 및 책임편집** · 신지윤 | **기획편집 2팀** · 신지윤, 이소연, 정유민
교정교열 · 박명희 | **표지 및 본문 디자인** · 박세진 | **인쇄** · 보광문화사
마케팅 · 권정하 | **독자지원** · 박애림, 김수경 | **영업 및 교재 문의** · 이주동, 김요한(support@easyspub.co.kr)

戦略ゲーム AI 解体新書
(Senryaku Game AI Kaitaisinsho : 5441-1)
© 2021 YOICHIRO MIYAKE
Original Japanese edition published by SHOEISHA Co.,Ltd.
Korean translation rights arranged with SHOEISHA Co.,Ltd. through Botong Agency
Korean translation copyright © 202* by EasysPublishing Co., Ltd.

ISBN 979-11-6303-379-0 93000
가격 18,000원

전략 게임을 관통하는
인공지능 기술을 정리한
최초의 책!

'전략 게임의 인공지능'은 오래되었으면서도 새로운 분야입니다. 1980
년대에 시작하여 1990년대 중반부터 본격적으로 게임 산업과 학문 분
야 양쪽 모두 개발과 연구를 꾸준히 진행해 왔습니다.

전략 게임은 오래전부터 있었던 보드게임을 기원으로 하며 1980년대부
터는 디지털 게임에서 독자적인 발전을 이루어 1990년대에 크게 도약
하고 2000년대에 성숙기에 들었습니다. 그리고 2010년대에는 인공지
능을 이용하여 더욱 진보하는 등 지금도 다양한 발전을 거듭하는 넓은
분야입니다. 이와 함께 학문 분야에서도 다양한 연구가 진행되었습
니다.

전략 게임 AI는 현실의 복잡한 의사결정까지 해결!

전략 게임 분야는 전략, 전술, 액션, 기획, 조직 관리, 자원 관리, 명령 체
계 등 현실 사회에서 볼 수 있는 과제를 포함하는데, 이는 현실에서 우리
가 직면한 다양한 문제에 비유할 수 있습니다. 따라서 전략 게임 AI는 이
러한 문제를 해결하는 방법이라고도 할 수 있습니다. 그러므로 이 책은
전략 게임, 인공지능에 흥미가 있는 분은 물론이고, 날마다 다양한 문제
로 고민하는 분, 지금까지 전략 게임과는 인연이 없는 분까지도 대상으
로 합니다.

또한 이 분야에 대한 관련 정보는 학술지, 잡지, 콘퍼런스 자료, 기술 블로그 등 광범위하게 퍼져 있지만 지금까지 정리하거나 체계화한 적이 없습니다. 이러한 풍부한 주제를 책 한 권로 정리하여 체계화하려고 시도해 보았는데 필자로서도 어려운 작업이었습니다.

이 책은 필자가 아는 한, 전략 게임의 인공지능을 체계적으로 정리한 첫 시도라고 할 수 있습니다. 여러 방면에서 발전한 분야를 어떻게 구성하여 독자 여러분에게 전달해야 좋을지 수많은 시행착오를 겪으며 4년이라는 시간이 흘렀습니다. 그 사이에 심층 학습(deep learning)이 등장하고 인공지능 붐이 일어나는 등 큰 변화가 있었으며, 이는 전략 게임 인공지능에도 큰 영향을 주었습니다. 이 변화의 궤적은 이 책 후반에서 소개합니다.

이러한 변화 과정에서 결국 이 책은 전략 게임 AI의 과거 · 현재 · 미래를 아우르게 되었습니다. 따라서 이 책을 읽으면 전략 게임의 인공지능을 올바르게 이해할 수 있습니다.

전략 게임 AI의 과거 · 현재 · 미래를 아우르는 책!

이 책은 전략 게임 AI의 과거 · 현재 · 미래를 볼 수 있게 크게 세 마당으로 구성했습니다. 첫째마당(기초 편) 전략 게임의 인공지능을 정의하는 부분에서는 전략 게임이란 무엇인지 되돌아보는 여행을 떠납니다. 필자가 정의한 전략 게임에 동의하지 않는 분도 계실 겁니다. 오늘날처럼 게임 분야가 다양한 시대에는 전략 게임을 한마디로 정의하기가 무척 어렵기 때문입니다. 따라서 이 책은 '전략 게임과 이와 관련된 인공지능'을 다룬다고 말하는 것이 정확할 것입니다.

둘째마당(기술 편)에서는 현재 운영하고 있는 전략 게임의 인공지능 기술을 설명합니다. 게임마다 디자인에는 명확한 의도가 있고 그에 따라 사용하는 인공지능 기술도 다릅니다. 그러나 여러 가지 기술을 모아 보면 하나의 커다란 흐름을 발견할 수 있습니다. 둘째마당에서는 다양한 전략 게임의 본질을 관통하는 인공지능 기술을 이해할 수 있었으면 합니다.

셋째마당(발전 편)에서는 전략 게임 AI의 미래를 그립니다. 먼저 현재 심층 학습을 중심으로 발전한 전략 게임 AI의 연구 결과를 살펴봅니다. 또 하나는 각각의 기술을 포괄하는 전략 게임 AI의 일반 이론을 준비하는 것입니다. 이 책을 마무리하면서 전략 게임 AI의 일반 이론을 전개하고 본질을 추상화하고자 합니다.

전략 게임 AI는 드넓고 매력적인 분야이며 여전히 개척 시대에 있습니다. 분야마다 비교적 독립해 있으며 분야와 분야 사이에는 드넓은 영역이 남았습니다. 이 책은 언뜻 아무런 관계도 없는 여러 가지 기술을 단순 나열한 것처럼 보일지도 모릅니다. 그러나 이들은 본질적으로 서로 연결됩니다. 또한 심층 구조는 아직도 미개척지입니다. 기술 주제는 각각 개별 연구 분야이기도 하고 어떤 주제든 연구 대상이 됩니다. 이처럼 전략 게임 AI는 아직 충분히 연구되지 않은 분야입니다. 이 책으로 무한한 가능성이 넘치는 황야 같은 '전략 게임 AI'의 매력을 여러분에게 전할 수 있었으면 하는 바람입니다.

미야케 요이치로(三宅陽一郎)

전략 게임을 통해
인공지능 기술을 만나 보세요!

심층 학습(deep learning)을 계기로 불기 시작한 제3차 인공지능 바람이 여전히 뜨거운 이야깃거리인 요즘입니다. 이 바람은 게임에도 영향을 주어 프로그래머가 미리 설정한 대로 움직이기만 했던 스크립트 인공지능은 신경망을 이용하여 스스로 판단하고 움직이는, 진정한 의미의 '인공지능'으로 이어졌습니다. 그리고 결국 알파고와 알파스타는 프로 기사와 프로 게이머를 뛰어넘기까지 했습니다.

전략 게임은 이러한 인공지능의 구체적인 움직임을 살펴볼 수 있는 대표적인 분야로, 이를 통해 발전한 기술은 자율 주행과 스마트 도시 등 사람과 사물 사이의 유연한 흐름과 질서를 만드는 데도 중요한 역할을 할 것입니다.

이 책은 다양한 게임과 폭넓은 문헌 연구를 통해 게임 인공지능을 살펴보고 미래를 바라봅니다. 모쪼록 이 책을 통해 지금까지 발전해 온 게임 인공지능을 살펴보고 오늘을 되돌아보며 내일을 준비하는 데 도움이 되었으면 합니다.

흔쾌히 번역을 맡겨 주신 이인호 님과 옮긴이의 부족함을 정성으로 메워 주신 신지윤 님께 이 자리를 빌려 고마움의 말을 전합니다. 아울러 어딘가 있을 부족한 번역은 오롯이 옮긴 이의 탓으로, 읽기에 앞서 미리 양해를 구하고자 합니다.

안동현

이 책은 이렇게 읽으면 효율적입니다!

여기서는 이 책을 어떻게 읽어야 할지를 설명하려고 합니다. 한마디로 말해 자신이 가장 쉽게 이해할 수 있는 부분부터 먼저 읽는 것이 가장 좋을 것입니다.

이 책은 독자가 단계를 하나하나 거치면서 새로운 내용을 접할 수 있도록 구성했습니다. 그러나 등산이 그러하듯이 첫걸음이 반드시 쉽지는 않을 것입니다. 이 책도 마찬가지입니다. 이에 어느 부분부터 읽어야 좋을지를 독자 여러분이 직접 판단하도록 책 전체 모습을 한눈에 알아보기 쉽게 다음 페이지에 '내용 구성도'를 준비했습니다.

또한 이 책을 이해하는 데 필요한 게임 AI 관련 용어 45개를 '주요 용어 정리'(10쪽)에 모아 놓았습니다. 물론 용어는 본문 설명할 때 더 자세히 다루겠지만, 혹시 무슨 뜻인지 기억나지 않는다면 다시 이곳을 참고하기 바랍니다.

이 책에서는 예로 든 게임 내용을 자세히 설명하지 않습니다. 게임은 직접 보고 들으며 실제로 해보면서 느껴야 하기 때문입니다. 다행히 플레이 화면을 사용자가 이용할 수 있도록 허락한 게임이 늘어났으므로, 관심 있는 게임이라면 홈페이지에서 확인할 수도 있고 유튜브 등을 이용하여 플레이 영상을 볼 수도 있습니다. 이렇게 하면 게임을 이해하는 데 도움이 될 것입니다.

이 책의 내용은 이렇게 구성되었습니다!

이 책은 모두 8장으로 구성되며 기본 편, 기술 편, 발전 편 이렇게 3개 마당로 크게 나뉘었습니다. 첫째마당은 준비, 둘째마당은 이론, 셋째마당은 구체적인 다양한 예로 이루어지므로 뒤에서부터 읽는 것도 좋고, 필요에 따라 읽고 싶은 부분부터 먼저 시작하는 것도 좋습니다.

첫째마당에서는 전략 게임과 인공지능이 어떻게 관련되는지를 설명합니다. 전략 게임이나 게임 AI를 잘 안다면 건너뛰어도 괜찮습니다. 둘째마당은 이 책의 중심으로, 전략 게임에 사용하는 인공지능 기술을 포괄적으로 설명합니다. 셋째마당에서는 전략 게임을 발전시키는 데 필요한 연구와 전망을 알아봅니다.

셋째마당·전략 게임 AI의 미래와 발전(발전 편)

미래

7장 전략 게임의 학술 연구	8장 전략 게임 AI의 일반 이론

둘째마당·전략 게임에 사용한 AI 기술(기술 편)

현재

6장 학습하고 성장하는 인공지능·육성 전략 게임

5장 플레이어와 인공지능이 함께 만드는 세계·세계 시뮬레이션

4장 지휘관으로서의 인공지능·멤버나 유닛을 지휘하는 게임

첫째마당·전략 게임과 인공지능의 기본(기본 편)

과거

2장 전략 게임과 인공지능은 어떤 관계일까?	3장 게임 AI 간단히 살펴보기

1장 전략 게임과 인공지능 살펴보기

둘째마당부터 시작하는 분들이라면 이렇게 보시면 좋습니다. 둘째마당에서는 간단한 전략 게임을 가정해 놓고 어떤 인공지능 기술이 필요한지 살펴봅니다. 이렇게 조금씩 전체 모습을 머릿속에 떠올리면서 책을 읽어도 좋습니다. 아니면 둘째마당을 가볍게 훑어본 다음, 흥미를 느낀 절부터 읽으며 시작하는 것도 좋습니다. 신경망에 관심이 있다면 4.11절, 6.4절, 6.5절, 6.6절, 7.5절부터 읽어 보기 바랍니다.

이 책은 전략 게임을 만드는 법을 다루는 게 아니라 전략 게임에서 사용하는 인공지능 기술을 설명합니다.

전략 게임을 이용하여 인공지능 기술을 설명하는 책이라고 할 수도 있습니다. 단, 오늘날의 게임은 다양한 요소를 포함하므로 전략 게임을 정의하기란 쉽지 않은 문제이기도 합니다. 액션 게임에서 전략 게임 요소를 이용한 예도 있고, 반대로 전략 게임에서 액션 게임 요소를 이용한 것도 있기 때문입니다.

또한 이 책은 전략 게임에서 자주 사용하는 인공지능 기술을 주제로 하므로 전략 게임이 아닌 게임을 다룰 때도 있습니다. 그러므로 엄밀하게 전략 게임을 정의하기보다는 전략 게임과 그 주변의 인공지능 기술을 다룬다는 관점에서 설명하고자 합니다.

알아 두면 좋을 게임 AI 관련 용어 45개를 설명합니다!

* 전략 게임: 정해진 영역 안에서 전략적 사고를 이용하여 승부를 겨루는 게임을 뜻합니다.
* 프레임: 인공지능이 사물을 이해하는 원리를 말하며 모델과 같은 뜻으로 사용합니다.
* 기호주의: 기호를 사용하여 인공지능을 만드는 것을 뜻합니다.
* 연결주의: 신경망을 사용하는 인공지능을 만드는 것을 뜻합니다.
* 사용자: 게임을 플레이하는 사람을 말합니다.
* 플레이어: 게임을 플레이하는 존재로, 일반적으로는 사람을 말합니다.
* 인공지능 플레이어: 게임을 플레이하는 인공지능을 말합니다.
* 캐릭터: 사람이나 상상의 모습 등 게임 속 등장인물을 말합니다.
* 에이전트: 게임에서 역할을 부여한 캐릭터를 말하며, 이 책에서는 캐릭터와 같은 뜻으로 사용합니다.
* 유닛: 게임 캐릭터의 집단을 말합니다.
* 멀티 에이전트: 게임에서 협력하는 에이전트 집단을 뜻합니다.
* 플레이어 캐릭터(PC): 플레이어가 조작하는 게임 캐릭터를 말합니다.
* 논플레이어 캐릭터(NPC): 인공지능이 조작하는 게임 캐릭터를 말합니다.
* 스트래티지(전략): 장기간에 걸친 전략을 말합니다.
* 택틱스(전술): 중기간에 절친 전술을 말합니다.
* 액션: 신체적·물리적 행동을 말하며 비헤이비어(behavior)와 같은 뜻으로 사용합니다.
* 지형: 게임 스테이지나 맵의 모양을 말합니다.
* 메타 AI: 게임을 조감하며 게임 전체를 조작하고 조정하는 인공지능을 말합니다.
* 캐릭터 AI: 캐릭터의 두뇌를 말합니다.
* 내비게이션 AI: 공간 안에서 캐릭터를 이동하는 데 이용하는 인공지능 기술을 말합니다.
* 공간 AI: 공간을 이용하는 데 필요한 인공지능을 말합니다.
* 경로 검색: 경로를 찾는 알고리즘을 뜻합니다.

* 영향 맵: 지형을 셀 단위로 분할하여 영향이 발생한 곳에서부터 이를 전파하는 시뮬레이션을 말합니다.
* 그리드: 게임 맵을 바둑판처럼 격자 모양으로 분할하는 것을 말합니다.
* 웨이브: 게임에서 공격해 오는 적 집단을 말하며, 만들어지면 레이어 쪽으로 몰려옵니다.
* 신경망: 뇌의 한 요소인 신경을 여러 개 조합한 망을 말합니다.
* 오차 역전파법: 오차를 보완하고자 출력 쪽에서 입력 쪽으로 결합의 가중치를 수정하는 방법을 말합니다.
* 토폴로지: 신경망의 모양을 일컫습니다.
* 순환 신경망(RNN): 순환 구조로 이루어진 신경망을 말합니다.
* 강화 학습: 반복 경험을 통해 학습하는 것을 말합니다.
* 유전 알고리즘: 여러 개의 유전자로 이루어진 염색체를 곱하여 새로운 염색체를 만드는 것을 말합니다.
* 유전 프로그래밍: 2개의 트리 모양 그래프를 교차하여 새로운 그래프를 생성하는 것을 말합니다.
* 뉴로에볼루션: 유전 알고리즘에 의한 신경망의 진화를 뜻합니다.
* 심층 학습: 심층 구조로 이루어진 학습으로, 딥러닝(deep learning)이라고도 합니다.
* 심층 신경망: 여러 개의 레이어로 이루어진 신경망을 말합니다.
* LSTM: 장기와 단기 기억으로, 장기적인 입출력의 상관 관계를 이해하는 데 필요한 순환 신경망입니다.
* 몬테카를로 시뮬레이션: 무작위 시뮬레이션을 말합니다.
* 몬테카를로 트리 탐색(MCTS): 트리 구조에 무작위 시뮬레이션을 적용한 탐색법을 말합니다.
* 어텐션(주의): 말 그대로 주의 집중을 말합니다.
* 시뮬레이션: 실제로 있는 것을 모방하여 움직여 보는 것을 뜻합니다.
* 지식 표현: 인공지능이 가진 지식의 형태를 말합니다.
* 세계 표현: 지형이나 공간에 관한 지식 표현을 말합니다.

차례

첫째마당 전략 게임과 인공지능의 기본

둘째마당

전략 게임에 사용한 AI 기술

셋째마당 전략 게임 AI의 미래와 발전

| 일러두기 |

- 원저에서 문화의 차이로 독자의 이해를 떨어뜨리는 요소나 중복된 부분 등
  일부 내용은 저자의 동의를 얻어 삭제, 수정 편집하였습니다.
- 이 책에서 참고한 자료는 책 뒤편 '참고문헌'에 모아 두었습니다.

첫째마당

전략 게임과
인공지능의 기본

●

전략 게임은 디지털 게임의 한 영역으로, 전략 게임의 인공지능을 이해하려면
먼저 디지털 게임의 인공지능을 알아야 합니다. 사실 신작이 나올 때마다 디지
털 게임에 새 요소가 추가되므로 전략 게임의 정의를 내리기는 어렵습니다. 하
지만 1장에서는 전략 게임과 그 주변의 인공지능 기술을 설명하기 위해 전략
게임을 먼저 정의하고, 2장에서는 전략 게임과 인공지능의 관계를 설명하고 어
떻게 연결되는지를 알아보겠습니다. 3장에서는 디지털 게임과 인공지능을 간
단히 살펴보겠습니다.

전략 게임에 사용한 인공지능 기술을 몇 가지 살펴보면서 인공지능과
전략 게임의 상호작용을 이해하도록 합시다.

전략 게임과
인공지능 살펴보기

디지털 게임 인공지능의 일반 이론은 필자가 2004년부터 연구한 주제입니다. 디지털 게임 인공지능의 기술이 발전함에 따라 디지털 게임에서 인공지능의 역할이 더욱 잘 드러납니다.

전략 게임과 인공지능의 관계는 매우 밀접합니다. 이번 장에서는 이 책이 설명하는 범위를 명확히 하고자 먼저 전략 게임을 정의합니다. 그리고 전략 게임에서 사용하는 인공지능은 무엇인지, 인공지능 기술로 본 전략 게임의 4가지 분류를 살펴보고, 또한 적과 자신의 턴(순서) 형태로 전략 게임을 분류하는 2가지 방법도 간단히 알아봅시다.

1.1 디지털 게임의 분야

게임은 현실 또는 상상 속에서 일어나는 크고 작은 사건을 컴퓨터로 재현한 것입니다. 예를 들어 판타지 세계나 역사의 한 사건 또는 몇 주간에 걸친 전투, 길고양이의 다툼 등을 컴퓨터로 재현한 것을 게임이라고 합니다. 전략(전술) 게임은 플레이어가 게임 안에서 지휘관 또는 신이 되어 시뮬레이션할 대상 사건에 개입하기도 하고 실제로 일어나거나 일어날 수 없는 일을 실현합니다. 역사 시뮬레이션을 상상하면 이해하기 쉽습니다. 이런 과정에서 사용자는 게임의 시뮬레이션에 깊이 빠져듭니다.

전략 게임을 구성하는 게임 세계는 다양하고 드넓으며 액션 게임과는 사용하는 소재도 다르고 종류도 많습니다. 참고로 전략 게임과 시뮬레이션 게임을 비슷하다고 생각하는 사람이 많습니다. 하지만 시뮬레이션 게임은 특정 현상만을 시뮬레이션할 뿐이고, 전략 게임은 시뮬레이션 환경에 놓인 플레이어가 그 안에서 전략적 지휘관, 지배자, 매니저가 된다는 데 차이가 있습니다. 즉, 전략 게임은 시뮬레이션 환경에 놓인 플레이어에게 전략적 사고를 요구합니다.

그림 1-1 디지털 게임의 분야

1.2 전략 게임에 사용하는 인공지능

전략 게임에 사용하는 인공지능 기술은 현대 사회의 다양한 의사결정에 큰 도움을 줍니다. 경영자가 바둑이나 장기에서 사회 축소판을 발견하고 바둑이나 장기를 배움으로써 의사결정 능력을 기를 수 있는 것처럼 전략 게임으로도 다양한 의사결정 훈련을 할 수 있습니다.

전략 게임은 무척 복잡하므로 의사결정 능력 외에 다양한 능력이 필요합니다. 하지만 그래도 본질은 의사결정 능력에 달려 있으므로 전략 게임의 인공지능을 배우면 관리 능력을 향상할 수 있습니다.

이 책은 이러한 인공지능 기술을 한 권으로 정리하여 전략 게임을 좋아하는 독자는 물론 의사결정 기술에 관심 있는 독자까지 모두를 아우를 수 있는 전략 게임의 인공지능 기술을 전달하려고 합니다. 이와 비슷한 분야를 다룬 책이 없으므로 직접 폭넓게 조사하고 흩어진 정보와 자료를 통합하여 하나의 이론 체계로 정리했습니다.

1.1.1 전략 게임 속 인공지능 기술

전략 게임을 좋아한다면 자신이 지휘관이 되어 인공지능 플레이어를 상대로 게임해 본 경험이 있을 것입니다. 이 책은 **인공지능 플레이어의 시점에서 게임과 인간 플레이어에** 초점을 맞추어 설명합니다. 인공지능이 한쪽 플레이어가 되어 인간 플레이어와 대결하는 모습을 생각하면 됩니다. 인공지능 플레이어는 인간 플레이어의 행동이나 플레이 모델을 인식하여 대응합니다.

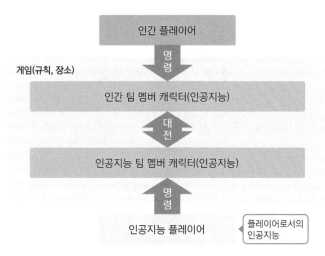

인간 플레이어

게임(규칙, 장소)

명령

인간 팀 멤버 캐릭터(인공지능)

대전

인공지능 팀 멤버 캐릭터(인공지능)

명령

인공지능 플레이어 ◁ 플레이어로서의 인공지능

그림 1-2 전략 게임에서 인공지능 플레이어와 인간 플레이어의 관계

그런데 그림 1-2를 살펴보면 안쪽에 또 하나의 인공지능이 있습니다. 바로 인간 플레이어나 인공지능 플레이어로부터 명령을 받는 캐릭터 또는 말 역할을 하는 인공지능입니다. 여기서는 **멤버 캐릭터**라고 하겠습니다. 전략 게임에서는 인간이나 인공지능이 지휘관이 되어 멤버 캐릭터에게 명령하면, 이 멤버 캐릭터는 명령을 실행하기만 합니다. 예를 들어 지휘관이 대상을 지정하면 멤버 캐릭터는 그곳으로 이동하여 적을 공격합니다.

전략 게임의 인공지능 기술은 장기, 바둑, 체스 등의 보드게임과 비슷하게 현재 국면을 게임 상태로 하여 엄청난 가짓수 중에서 최선의 수를 고릅니다. 하지만 멤버 캐릭터가 자동으로 이동하여 싸우므로 앞서 언급한 보드게임과는 차이점이 있습니다.

ⓒ 이 책에서는 지휘관과 캐릭터로서의 인공지능 기술을 중심으로 설명합니다.

1.1.2 인공지능 기술로 본 전략 게임의 분류

전략 게임의 분야는 다양합니다. 그림 1-3에서는 가로축과 세로축을 기준으로 전략 게임을 크게 네 부분으로 구분했습니다. A 영역은 순수하게 전략 게임 분야입니다. B, C 영역은 시뮬레이션 게임, D 영역은 시뮬레이션 RPG나 AI 전략 게임 분야입니다.

ⓒ 사실 B, C, D도 넓은 의미에서는 전략 게임이라 할 수 있습니다.

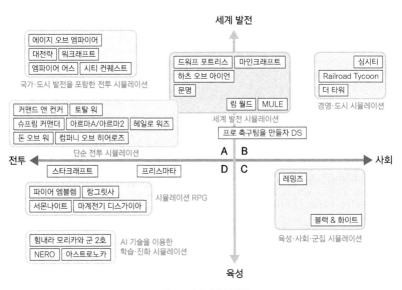

그림 1-3 전략 게임의 분류

가로축은 전투 시뮬레이션과 사회 시뮬레이션을 구분합니다. 전투 시뮬레이션의 주제는 SF 세계, 역사적 사실, 고대, 중세, 현대 등이고 플레이어는 전투 지휘관이 되어 전장을 지배합니다. 사회 시뮬레이션은 주로 다양한 사회 장면을 다룹니다. 플레이어는 경영, 목장, 학교, 백화점, 섬을 운영하는 등 다양한 현장의 책임자가 되어 이를 조정하며 이익을 추구합니다.

한편, 사회 시뮬레이션은 시스템이 복잡합니다. 이는 전략 게임의 깊이를 나타내기도 합니다. 전투 시뮬레이션 게임은 극한 상태에 놓인 캐릭터를 조작하지만 사회 시뮬레이션 게임은 날씨, 교통, 먹이 사슬, 역사, 인간관계 등 다양한 일상 요소를 이용합니다. 여러 가지 일상 요소를 조합하여 유기적인 시스템으로 전체를 하나로 구성한다는 점이 사회 시뮬레이션 게임의 재미있는 부분입니다.

> ☺ 사회 시뮬레이션 게임은 심리학, 인지 과학, 사회학 등 다양한 학문 분야를 활용합니다.

플레이어가 지휘관이 되어 운영하는 게임에서는 상하 계급 관계가 분명한 조직을 움직이는 인공지능 기술이 필요합니다. 이것이 전형적인 전략 게임의 인공지능이라 할 수 있습니다.

> ☺ 전략 게임의 인공지능 기술은 4장에서 자세히 살펴봅니다.

세로축은 세계 발전 시뮬레이션과 육성 시뮬레이션을 구분합니다. 가로축이 플레이어에 초점이 맞춰져 있다면 세로축은 게임 세계의 역동성을 중요하게 다룹니다. 세로축에는 특정 세계에 속한 캐릭터를 육성하거나 캐릭터 커뮤니티를 만들어 원활하게 운용하는 게임이 분포합니다. 어떤 섬에서 사는 몬스터를 육성하여 섬 전체의 문명을 만드는 게임, 또는 채소를 먹는 벌레를 퇴치하는 게임 등을 예로 들 수 있습니다. 여기서는 캐릭터를 육성하거나 캐릭터로 이루어진 사회를 발전시키는 인공지능 기술을 이용합니다.

이와 함께 마을, 문명, 과학 기술 등의 발전, 즉 세계 전체를 진화시키는 게임도 있습니다. 여기에서는 '시뮬레이션 기술'과 '멀티 에이전트 기술'을 사용합니다. 1990년대부터 발전한 멀티 에이전트 기술은 학문 분야에서 많이 연구되었고 산업에 응용한 사례가 많은 분야입니다. 또한 시뮬레이션 기술과 멀티 에이전트 기술 사이에는 군집 지능이 있습니다. **군집 지능**이란 집단 행동 시뮬레이션과 자율적인 캐릭터의 지능을 조합한 기술로, 전략 게임에서 지휘관의 명령을 받는 캐릭터 집단에 자주 이용합니다.

1.1.3 턴제 전략 게임과 실시간 전략 게임

이 책에서는 또한 그림 1-3에서 살펴본 2개의 축을 기본으로 해서 전략 게임을 인공지능 기술과 함께 적과 자신의 턴(순서) 형태로 분류하는 방법을 설명합니다. 장기를 둘 때처럼 적과 자신의 턴을 정해 차례로 지시를 내리는 패턴의 게임을 **턴제 전략 게임**(turn-based strategy game, TBS), 실시간으로 언제든 지시를 내릴 수 있는 게임을 **실시간 전략 게임**(real-time strategy game, RTS)이라고 합니다. 턴제 전략 게임에서는 게임이 정지한다는 특징이 있어서 인공지능을 만들 때 천천히 최선의 수를 생각하는 것을 우선으로 합니다. 이와 달리 실시간 전략 게임에서는 항상 시간의 흐름에 따라 게임이 진행되므로 인공지능을 만들 때 실시간으로 상황 변화를 생각해야 합니다.

턴제 게임은 바둑과 마찬가지로 수 초부터 수 분까지 정해진 시간이 있으므로 인공지능이 그 시간 동안 다음 수를 될 수 있는 한 상세하게 탐색할 수 있습니다. 한편 〈스타크래프트〉와 같은 실시간 게임에서는 보통 1/60초, 1/30초 단위로 게임이 진행되므로 인공지능이 대체로 1초 이내에 가능한 수를 생각해야 합니다. 이때 최선의 수보다는 흔히 상황에 대응하면서 이길 수 있는 행동을 실행하는 차선책이나 잠정적인 수를 선택할 때가 많습니다. 다음 장부터는 전략 게임과 인공지능이 어떤 관계인지 살펴보겠습니다.

전략 게임과 인공지능은
어떤 관계일까?

전략 게임을 디자인할 때 인공지능 없이는 만들기가 어려운 부분이 많습니다. 이 때문에 인공지능 기술은 1990년대부터 전략 게임의 개발 분야에서 활발하게 연구되어 왔습니다.

이 장에서는 전략 게임과 인공지능의 관계를 살펴봅니다. 전략 게임의 인공지능이 어떤 문제에 직면했는지, 그리고 이 문제는 어디서 비롯되었는지 등을 함께 이해해 봅시다.

한쪽정리 2장에서 꼭 기억해야 할 내용

2.1 전략 게임이란?

전략 게임은 다양하게 정의할 수 있지만, 이 책은 정의를 내리는 데 목적을 두지 않으므로 여기서는 다음처럼 정의하여 가장 넓은 뜻의 정의를 채택하고자 합니다.

♟ 전략 게임의 정의

- 장소(필드)가 있고 그 장소를 조감하는 시점이 있습니다.
- 캐릭터 또는 그 집단이 있으며 조감 시점에서 플레이어가 지시를 내릴 수 있습니다. 지시의 형식은 특정 위치로 이동하거나 목적 수행 등 다양합니다.
- 지시를 받은 캐릭터 또는 그 집단은 (어느 정도) 지시한 대로, 또는 목적을 수행하고자 자율적으로 행동합니다.
- 승리 조건이나 달성 목표가 있습니다.

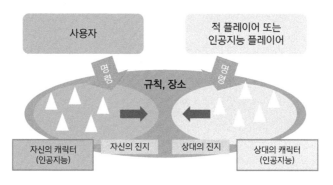

그림 2-1 전략 게임의 개념도

전통적인 전략 게임으로는 장기, 바둑, 체스 등을 예로 들 수 있습니다. 그리고 표 2-1에서 알 수 있듯이 디지털 게임에서 유명한 전략 게임은 대부분 시리즈로 만들어졌습니다.

표 2-1 대표적인 전략 게임 시리즈

시리즈 이름	시작 연도	개발사
대전략	1985	시스템 소프트
파이어 엠블렘	1990	인텔리전트 시스템즈
랑그릿사	1991	메사이어 게임즈
문명	1991	파이락시스 게임즈 등
워크래프트	1994	블리자드 엔터테인먼트
에이지 오브 엠파이어	1997	앙상블 스튜디오
스타크래프트	1998	블리자드 엔터테인먼트
토탈 워	2000	크리에이티브 어셈블리
하츠 오브 아이언	2002	패러독스 인터랙티브
마계전기 디스가이아	2003	니폰이치 소프트웨어

표 2-1을 보면 유명한 대작 게임이 많지만, 2010년 이후에는 인디 게임의 등장과 함께 스마트폰이나 태블릿 PC로 즐길 수 있는 소규모이면서 가벼운 전략 게임 분야도 생겨났습니다.

시뮬레이션 게임이란 경영이나 마을 만들기, 문명, 사회, 역사, 요리, 기차 등 현실을 모델링하여 게임으로 만든 것을 말합니다. 전략 게임도 게임 디자인 안에 현실을 모델링한 부분이 있다면 시뮬레이션 게임에 포함하기도 합니다. 이 두 분야는 서로 반대가 아니라 많은 부분에서 겹칩니다.

한편 전략 게임과 대조적인 분야로 **액션 게임**이 있습니다. 액션 게임은 게임의 큰 흐름이 미리 정해져 있으므로 플레이어가 실시간으로 자신의 캐릭터를 조작하면서 미션이나 전투를 클리어하는 식으로 진행합니다. 크게 보면 전략 게임과 액션 게임에서 사용하는 인공지능은 다르지 않지만, 주요 개발 대상에 따라 차이가 있습니다. 액션 게임에서는 적 캐릭터의 인공지능, 즉 캐릭터 AI가 개발 대상이지만 전략 게임에서는 캐릭터 AI와 함께 대전 상대가 되는 플레이어의 인공지능을 주로 개발합니다.

2.2 전략 게임의 주요 요소 3가지

디지털 게임의 분야마다 사용하는 인공지능 기술의 경향이 달라지므로
이 책에서는 전략 게임의 인공지능을 주요 요소 3가지로 나누어 설명하
겠습니다.
앞에서 전략 게임의 인공지능은 **플레이어, 세계, 플레이어 이외의 캐릭
터**(NPC)라고 소개했습니다. 전략 게임은 **지휘관인 플레이어의 영향력
강도, 세계의 자율적 발전 강도, 캐릭터의 학습·진화 강도**에 따라 그림
2-2처럼 나눌 수 있습니다.

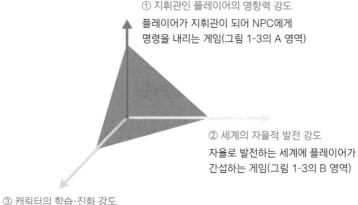

① 지휘관인 플레이어의 영향력 강도
플레이어가 지휘관이 되어 NPC에게
명령을 내리는 게임(그림 1-3의 A 영역)

② 세계의 자율적 발전 강도
자율로 발전하는 세계에 플레이어가
간섭하는 게임(그림 1-3의 B 영역)

③ 캐릭터의 학습·진화 강도
플레이어가 인공 생물, 인공 사회를
육성하는 게임(그림 1-3의 C, D 영역)

그림 2-2 전략 게임의 3가지 축

① 지휘관인 플레이어의 영향력 강도: 전투나 시뮬레이션 게임이 많으며 SF나 전쟁, 식당이나 제작 현장을 무대로 한 게임 등에서 흔히 볼 수 있습니다. 플레이어가 지휘관이 되어 자신의 조직이나 멤버에게 명령을 내립니다. 전략 게임 대부분이 여기에 속합니다.

② 세계의 자율적 발전 강도: 마을이나 혹성을 무대로 발전해 가는 세계를 어떻게 제어할 것인가를 다루는 게임에서 볼 수 있습니다. 자율로 발전하는 마을이나 혹성에서 플레이어가 캐릭터나 환경 안의 사물을 이용하여 액션을 취함으로써 발전 방향을 바꿉니다.

③ 캐릭터의 학습·진화 강도: 인공지능 기술을 이용하여 실현한 인공 생물이나 인공 사회를 플레이어가 육성하는 게임에서 볼 수 있습니다. 이 분야에서는 크리처(몬스터와 같은 생물)를 육성하는 게임, 사회 시뮬레이션 게임 등을 흔히 볼 수 있습니다.

이러한 3가지 축을 기준으로 전략 게임을 엄밀하게 나누기보다는 각각의 요소를 어느 정도 사용했으며 어떤 경향을 주로 보이는가에 따라 분류하는 것이 일반적입니다. 또한 각 분야에서 이용하는 인공지능 기술은 서로 다릅니다.

2.2.1 ① 플레이어가 지휘관이 되는 게임

전략 게임의 재미는 플레이어가 지휘관으로서 지적 능력을 발휘하는 부분에 있습니다. 플레이어는 캐릭터나 그 집단에 지시를 내리지만, 액션 게임처럼 동작을 하나하나 조작하는 것은 아닙니다. 캐릭터나 집단은 플레이어의 지시에 따라 어느 정도 자율성을 갖고 움직입니다. 이 자율적인 판단과 동작을 수행하는 것이 캐릭터 AI입니다.

캐릭터 AI가 발전함에 따라 캐릭터는 플레이어가 내리는 약간의 지시나 명령만으로도 현명하게 판단하거나 계획하면서 움직입니다. **캐릭터와 플레이어의 거리**는 전략 게임을 정의할 때 가장 중요한 요소입니다. 캐릭터 AI의 발전은 플레이어와 캐릭터   ⓒ 이 게임은 4장에서 자세히 알아봅니다.

사이의 거리를 좁히는 데 큰 역할을 했습니다.

2.2.2 ② 플레이어가 자율로 발전하는 세계에 간섭하는 게임

마을이나 혹성 같은 세계 그 자체가 인공지능이 되어 스스로 발전합니다. 플레이어는 발전 과정에서 액션을 취하는데, 이 액션이 세계의 발전 방향을 바꿉니다. 원래 인공지능 기술은 '라이프 게임'이나 '오토마타'와 같은 자기 발전 프로그램을 근원으로 하였으나, 전략 게임 안에서는 마을이나 세계 그 자체가 스스로 발전·진화·성장하도록 하는 핵심 기술로 확장하여 독자적인 진화를 이루었습니다. 이것은 학문 영역에는 없는 게임 산업 특유의 기술이라고도 ⓞ 이 게임은 5장에서 자세히 알아봅니다. 할 수 있습니다.

2.2.3 ③ 플레이어가 인공 생물, 인공 사회를 육성하는 게임

이 유형의 게임은 인공지능 기술이 있어야만 성립합니다. 학습 기능이 있는 캐릭터, 자율로 진화하는 집단과 사회를 구성하고 플레이어가 어떻게 교육받는가에 따라 이를 학습하고 진화합니다. 이러한 기술을 탑재한 캐릭터는 플레이어와 상호작용하면서 성장하고 진화합니다. 주로 **신경망, 유전 알고리즘** 등의 기술을 사 ⓞ 이 게임은 6장에서 자세히 알아봅니다. 용합니다.

2.3 전략 게임에 인공지능이 필요한 까닭은?

여기서는 '전략 게임에 인공지능이 왜 필요한가?'를 간단한 예로 설명합니다. 아날로그 게임에서는 플레이어가 손으로 말을 하나하나 움직여야 합니다. 형세를 한눈에 볼 수 있고, 자신이 규칙의 실행자인 것이 아날로그 게임의 재미입니다. 그러나 디지털 게임에서는 캐릭터를 자동으로 움직일 수 있습니다. 전략 게임에서 자주 보는 패턴은 캐릭터를 지정하고 이동할 목적지를 정하는 것입니다. 그러면 캐릭터는 목적지까지 **경로 검색 기술**을 이용하여 스스로 경로를 찾아 이동하고, 도중에 적을 만나면 보통 자동으로 공격합니다. 이처럼 먼저 전략 게임의 말단에서 움직이는 캐릭터에게는 지능이 필요합니다. 이렇게 하면 플레이어가 지휘관이 될 수 있습니다.

전략 게임에서 플레이어가 캐릭터에게 내리는 지시를 **명령**(커맨드), **조작**(오퍼레이션)이라고 합니다. 지시를 받은 캐릭터는 그 지시를 실행하고자 자동으로 움직입니다. 지시를 받으면 지정한 장소로 이동하고 지정한 물건을 옮기고 정해진 타이밍에 한곳에 모입니다. 이처럼 전략 게임에서는 **명령에 따라 캐릭터가 자율로 행동**하도록 인공지능을 도입했습니다. 그리고 캐릭터가 가진 인공지능을 **캐릭터 AI**라 합니다. 전략 게임에서는 이 캐릭터 AI가 똑똑할수록 고도로 추상화한 지시를 내릴 수 있습니다.

그림 2-3을 살펴보면 캐릭터 AI에게 내리는 지시는 크게 다음 3개의 계층으로 나눌 수 있습니다.

♟ 캐릭터 AI에게 내리는 지시 3계층

① 전략(strategy): 전장 전체를 장기적으로 바꾸는 지시
② 전술(tactics): 전장의 일부를 중기적으로 바꾸는 지시
③ 행동(action): 캐릭터에게 직접 내리는 국지적·단기적 지시

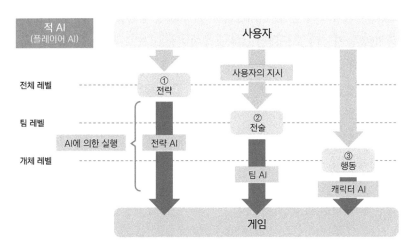

그림 2-3 전략, 전술, 행동 명령의 계층도

예를 들어 보병 캐릭터를 특정 위치까지 보내고자 좌표를 클릭하는 것은 **행동** 지시입니다. 보병 캐릭터는 경로 검색을 수행하여 지정한 좌표까지 이동합니다.

이와 달리 하나의 유닛에게 지정한 적 근거지를 공격하고 공략하도록 하는 것은 **전술** 지시입니다. 지시를 받은 유닛은 하나의 팀으로 이를 실행할 수 있도록 생각하게 됩니다. 이를 **전술 AI**나 **팀 AI**라고 합니다.

◎ 여기서 유닛은 일정한 수의 캐릭터 집합을 말합니다.

전략 지시란 '전원 공격', '후퇴', '후방 숲 우회' 등과 같이 자신의 팀 전체나 다수의 캐릭터 집합에게 내리는 명령을 말합니다. 이 명령은 팀과 개체로 나누어 전달되며 팀원 전체가 역할을 달성하면 목적을 이룰 수 있습니다. 이를 **전략 AI**라고 합니다.

이러한 전략 게임은 플레이어 또는 AI 지휘관이 자신의 팀 전체를 명령으로 움직이므로 인공지능 기술을 이용하여 명령을 수행해야 합니다. 특히 인공지능이 고도화할수록 플레이어는 고도로 추상화된 명령을 캐릭터에게 내리고, 캐릭터는 이를 수행할 수 있습니다.

그리고 게임의 최고 계층인 플레이어와 함께 플레이하는 적 플레이어로서의 AI는 매우 중요합니다. 적 플레이어로서의 AI는 튜토리얼, 대전 상대, 온라인 대전 상대를 대신하는 실력 측정 등에서 꼭 필요합니다. 이러한 AI를 **플레이어 AI**(인공지능 플레이어)라고 합니다. 플레이어 AI를 만들려면 캐릭터 AI보다 규모나 시간 면에 ◎ 2.5절에서 자세히 설명하겠습니다. 서 많은 계획이 필요합니다.

2.4 전략 게임에서 시간과 공간이 중요한 까닭은?

인공지능을 만들 때 가장 중요한 것은 시간과 공간의 표현입니다. 왜냐하면 공간은 지능이 생각할 요소를 결정하고 시간은 생각해야 할 내용의 변화를 정의하기 때문입니다. 전략 게임에서는 시간과 공간에 따라 이산적인지 연속적인지에 따라 표 2-2와 같이 분류합니다. 또한 그림 2-4에서 볼 수 있듯이 전략 게임의 시간과 공간을 연속, 이산이라는 2가지 축으로 분류할 때 그에 따라 사용하는 인공지능 기술도 크게 달라집니다.

표 2-2 시공간의 연속·이산과 전략 게임 AI 기술의 관계

공간 시간	연속 공간 (공간을 단위로 구별하지 않음)	이산 공간(공간을 □, △, 육각형, 자유 형식 등의 단위로 구별함)
실시간 전략 게임	① 연속 공간에서 실시간으로 진행하는 전략 게임	② 이산 공간에서 실시간으로 진행하는 전략 게임
턴제 전략 게임	③ 연속 공간에서 턴제로 진행하는 전략 게임	④ 이산 공간에서 턴제로 진행하는 전략 게임

2.4.1 이산과 연속

먼저 공간을 크게 연속 공간인지 이산 공간인지에 따라 나눕니다. **이산 공간**이란 맵을 삼각형, 사각형, 육각형 등으로 분할한 것을 말합니다. 이러한 공간 요소가 있다면 '이웃한 공간 요소는 무엇인가?', '공격 범위는 어느 공간 요소까지인가?', '적 사이에 있는 공간 요소는 무엇인가?' 등과 같은 논리에 따라 공간을 명확하게 인식할 수 있습니다. 때에 따라 자

유로운 형식으로 공간을 분할할 때도 있습니다. 역사 게임에서 영토를 분할할 때는 복잡한 곡선을 이용하므로 이를 정해진 기하 도형으로 표현할 수는 없지만 이산적으로 파악할 수는 있습니다.

다음으로 시간이 연속인지 비연속인지를 기준으로 나눕니다. 시간이 연속적이라면 끊임없이 게임을 진행합니다. 실제로는 1/60초마다 게임을 갱신하는 것이지만 인간에게는 연속이라 할 정도로 짧은 시간입니다. 그리고 시간이 비연속이라는 것은 상대와 자신이 캐릭터 등을 교대로 조작하는 턴제를 뜻합니다. 장기를 두면서 다음 수를 고민할 때 말이 제멋대로 움직이지 않는 것처럼 상대와 내가 생각하는 동안 게임의 시간은 흐르지 않습니다.

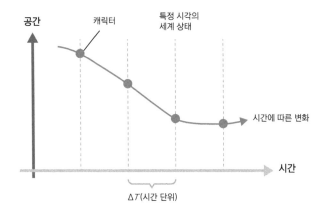

그림 2-4 전략 게임의 시공간

인공지능은 연속적인 시간이나 공간보다 이산적인 시간이나 공간에 더 전문입니다. 왜냐하면 프로그램에서는 무한이나 연속을 다룰 수 없지만, 이산적인 것은 논리를 이용하여 다룰 수 있기 때문입니다. 그러나 오늘날의 프로그래밍 언어는 연속적인 것도 이산적으로 표현해 낼 수 있습니다.

2.4.2 시공간에 따른 전략 게임의 분류

시간과 공간의 연속, 이산에 따라 전략 게임을 구분해 봅시다.

① 연속 공간에서 실시간으로 진행하는 전략 게임
〈스타크래프트〉, 〈워크래프트〉처럼 전장에서 적과 아군 모두 실시간으로 진행하는 게임에서 플레이어는 아군에게 끊임없이 명령을 내리며 아군도 어느 정도 자율로 움직입니다.

② 이산 공간에서 실시간으로 진행하는 전략 게임
〈커맨드 & 컨커: 라이벌〉(EA, 2018년)처럼 필드를 구역으로 구별하며 실시간으로 적의 진지를 공격하는 형태의 게임은 플레이어 입장에서 보면 맵이 분할되어 생각을 정리하기가 쉬워집니다. AI도 마찬가지로 맵의 위치 관계를 파악하여 생각할 수 있습니다.

③ 연속 공간에서 턴제로 진행하는 전략 게임
연속 공간에서 턴제로 진행하는 게임은 그리 많지 않지만, 전용 자를 이용해 시야각이나 거리를 재면서 공중전을 진행하는 〈윙즈 오브 워〉 시리즈가 이에 해당합니다. 또한 〈건퍼레이드 마치〉(알파시스템, 2000년)의 전투 부분도 예를 들 수 있습니다. 이 게임에서는 로봇의 진행을 조정하여 턴을 결정하면 로봇이 3D 공간을 이동하며 전투를 합니다. 〈13기병 방위권〉(아틀러스, 2019년)의 전투 부분도 마찬가지로 연속적인 도시 공간에서 턴제로 진행합니다. 〈엑스컴: 에너미 언노운〉(퍼랙시스 게임즈, 2012년)도 이에 해당합니다. 턴제이므로 적을 예측하기는 쉬우나 연속 공간에서 적의 움직임을 예측하는 것은 이산 공간보다 어렵습니다.

④ 이산 공간에서 턴제로 진행하는 전략 게임
이산 공간에서 턴제로 진행하는 게임으로는 장기, 바둑, 체스 등 전통적인 보드게임을 예로 들 수 있습니다. PC 게임으로는 〈대전략〉을 시작으로 1980년대부터 많은 게임에서 이 방식을 채택했습니다. 콘솔 게임으로는 〈파이어 엠블렘〉 시리즈, 〈서몬나이트〉(반프레스토, 2000년), 〈마계전기 디스가이아〉(니폰이치 소프트웨어, 2003년), 〈랑그릿사〉(메사이야 게임즈, 1991년) 등이 있습니다. 이는 **시뮬레이션 RPG**라는 이름으로 한 분야를 이룹니다.

2.5 전략 게임의 인공지능 예 — 마법사 게임

4장에서 전략 게임의 인공지능을 자세히 살펴보겠지만 그 전에 연속 공간, 연속 시간의 전략 게임 하나를 가정하여 전략 게임에서 사용하는 인공지능 기술의 전형적인 예를 설명하겠습니다. 이번 기회에 게임 디자인과 인공지능 기술이 어떤 관계인지를 이해해 봅시다.

ⓒ 전략 게임에 사용한 인공지능 기술은 3장 이후부터 설명할 것이므로 여기에서는 대략 아는 것만으로도 충분합니다. 어려운 부분이 많으므로 이해하기 힘들면 건너뛰어도 상관없습니다.

2.5.1 마법사 게임 설정하기

마법사 9명으로 이루어진 팀이 드넓은 맵에서 싸우는 게임을 생각해 봅시다. 마법사 3명으로 유닛 3개를 각각 구성하고 전투를 벌여 상대의 기지(천막)를 파괴하는 것이 목표입니다. 이때 자신의 기지도 지켜야 합니다. 무대는 높낮이가 있는 산지의 숲속이라고 하겠습니다. 그림 2-5와 같이 플레이어는 캐릭터 9명을 이끄는 지휘관이 되어 지시를 내립니다. 이때 인공지능 플레이어도 마찬가지로 지시를 내리는데, 문제는 '이 인공지능 플레이어를 어떻게 만들어야 하는가?'입니다.

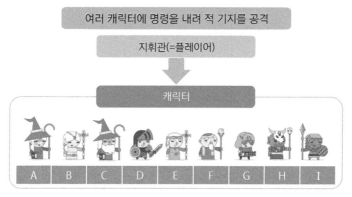

그림 2-5 마법사(캐릭터) 9명과 지휘관의 관계

앞으로 살펴볼 마법사 게임에서는 다음 순서대로 과제를 풀어 나갈 예정입니다.

🧙 **마법사 게임의 7가지 과제**

- 과제 1: 목적에 따라 유닛 편성하기
- 과제 2: 목적지로 유닛 출격시키기
- 과제 3: 장애물을 피하면서 진격하기
- 과제 4: 적과 맞닥뜨리고 전투 시작하기
- 과제 5: 상대의 기지 추측하기
- 과제 6: 유닛끼리 의사소통하기
- 과제 7: 공격 위치와 타이밍 정하기

2.5.2 게임 과제 1: 목적에 따라 유닛 편성하기

지금부터 유닛을 편성해 봅시다. 이러한 과제를 **유닛 형성**(팀 빌딩)이라고 합니다. 전략 게임에서는 팀을 직접 관리하는 과제가 항상 등장합니다. 여기서는 먼저 유닛 3개로 나누겠습니다. 표 2-3처럼 속성과 매개변수가 있을 때 인공지능 플레이어가 유닛을 편성하는 방법을 살펴봅시다.

표 2-3 마법사의 능력치

캐릭터	마법 속성	마법 공격력	물리 공격력	방어력	발 빠르기
마법사 A	공격	9	7	2	8
마법사 B	방어	3	8	7	7
마법사 C	공격	7	3	6	4
마법사 D	강화	2	6	1	6
마법사 E	방어	1	9	5	5
마법사 F	공격	8	1	3	2
마법사 G	강화	4	4	4	1
마법사 H	방어	2	5	8	9
마법사 I	강화	5	2	9	3

편성하는 방법은 하나가 아닙니다. 예를 들어 일단 공격력이 높은 유닛을 만들고 싶다면 마법 공격을 가진 마법사 A, C, F를 유닛으로 만듭니다. 그러나 이렇게 하면 남은 유닛은 공격 수단이 물리 공격뿐입니다. 만약 '모든 마법 속성 캐릭터가 포함되도록 유닛을 편성한다'라는 정책(policy)을 적용한다면, 이러한 조건을 게임 AI에서는 **기준**(criteria)이라 하는데, 이 기준을 따르면 여러 조합이 나올 수 있습니다.

여기서는 유닛을 3개 만들어 봅니다. 발이 빠르고 일단 적에게 물리 피해를 일찍 가하는 **물리 공격 유닛**, 안정된 피해를 계속 가하는 **마법 공격 유닛**, 자신의 기지를 견고하게 지키는 **방어 유닛**입니다.

인간 플레이어는 자신이 좋아하는 유닛 멤버로 편성하지만, 인간 플레이어를 상대하는 **인공지능 플레이어**는 알고리즘에 따라 유닛을 편성합니다. 인공지능 플레이어가 유닛을 만드는 방식에는 하향식과 상향식이 있습니다. 하향식은 지휘관으로서의 AI가 멤버를 할당하는 방식입니다. 상향식은 캐릭터마다 어떤 유닛에 속하고 싶은지를 순서대로 신청하는 방식입니다. 유닛에 슬롯을 준비하면 캐릭터는 원하는 슬롯을 각각 신청합니다.

여기서는 하향식을 생각해 봅시다. 하향식으로 유닛을 편성하려면 캐릭터 9명을 모두 평가해야 합니다. 평가는 평갓값(수치)에 따라 수행합니다. '발이 빠르고 공격력이 우수하다'로 평가할 때는 먼저 발이 빠른 것이 좋은지, 공격력이 우수한 것이 좋은지 양쪽을 어떤 비중으로 비교할 것인지를 정합니다. 예를 들어 발 빠르기를 60%, 공격력을 40%로 평가한다고 합시다. 그렇다면 평가식은 다음과 같습니다.

> '물리 공격 유닛'의 평가식 = 0.4 × 물리 공격력 + 0.6 × 발 빠르기

마찬가지로 다른 유닛의 평가식도 만들어 봅시다.

> '마법 공격 유닛'의 평가식 = 0.8 × 마법 공격력 + 0.1 × 방어력 + 0.1 × 발 빠르기

> '방어 유닛'의 평가식 = 0.1 × 마법 공격력 + 0.2 × 물리 공격력 + 0.7 × 방어력

이 평가식에 따라 표 2-4와 같이 캐릭터 9명을 모두 평가할 수 있습니다.

표 2-4 유닛 형성(팀 빌딩) 과정

캐릭터	마법 속성	물리 공격 유닛 평갓값	마법 공격 유닛 평갓값	방어 유닛 평갓값
마법사 A	공격	7.6	8.2	3.2
마법사 B	방어	7.4	3.8	6.7
마법사 C	공격	3.6	6.6	5.8
마법사 D	강화	6	2.3	1.6
마법사 E	방어	6.6	1.8	5
마법사 F	공격	1.6	6.9	3.3
마법사 G	강화	2.2	3.7	4
마법사 H	방어	7.4	3.3	7.1
마법사 I	강화	2.6	5.2	7.9

평갓값이 높은 순으로 마법 속성의 멤버를 각각 정하면 좋겠지만, 이렇게 하면 멤버 할당에 충돌이 일어납니다. 이에 가장 간단한 해결 방법으로 어느 유닛을 우선할 것인가를 정해 봅시다. 이때 난수를 이용하면 우선순위를 간단하게 정할 수 있습니다. 예를 들어 다음처럼 우선순위가 정해졌다고 합시다.

🎐 유닛 우선순위의 예

- 1번째 마법 공격 유닛
- 2번째 물리 공격 유닛
- 3번째 방어 유닛

1번째 마법 공격 유닛부터 마법 속성 멤버 가운데 가장 평가가 좋은 멤버를 선택하면 표 2-4처럼 유닛 멤버를 할당할 수 있습니다.

ⓒ 표 2-4에서 색칠한 부분이 각 유닛의 멤버가 됩니다.

게임을 여러 번 진행할 때마다 난수를 사용하여 유닛의 우선순위를 바꿔가며 멤버를 편성합니다. 이렇게 하면 6가지 멤버 편성을 만들 수 있으므로 멤버가 고정되는 것을 막을 수 있습니다. 이러한 방법을 **효용 기반 의사결정**(utility-based decision-making) 또는 간단하게 **평갓값을 이용한 방법**이라고 합니다.

2.5.3 게임 과제 2: 목적지로 유닛 출격시키기

유닛 3개를 완성했다면 적진을 향해 출격시킵니다. 여기서는 적의 기지가 어디인지를 모르므로 후보지 3곳을 향해 유닛을 각각 나누어 보냅시다. 그리고 유닛을 출격시키려면 캐릭터가 이동해야 하는데, 이러한 기능을 하는 인공지능을 **내비게이션 AI**라 하며, 특별히 길을 찾는 기능을 **경로 검색**이라고 합니다.

> ⓒ 경로 검색이란 게임에서 목적지까지 실시간으로 경로를 탐색하는 기술입니다.

그러나 경로 검색을 수행하려면 개발할 때 연속 공간, 즉 지형을 이산화해야 합니다. 그러려면 지형을 이산화한 내비게이션 메시 또는 웨이포인트 그래프를 만들어야 합니다. **내비게이션 메시**는 지형을 삼각형(오목다각형)으로, **웨이포인트 그래프**는 캐릭터가 지날 수 있는 포인트로 이산화하는 기술입니다.

> ⓒ 여기에서는 웨이포인트 그래프(waypoint graph)를 이용하겠습니다.

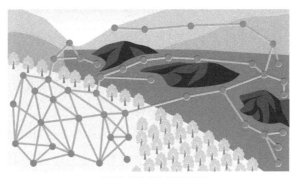

그림 2-6 맵 위의 웨이포인트

그림 2-6은 지형에 따라 웨이포인트 그래프를 그린 모습입니다. 이 그래프는 **네트워크 그래프**(networked graph)로, 모든 포인트가 서로 이웃한 포인트가 어딘지 알 수 있습니다. 이 그래프 위에 현재 위치부터 목표 위치까지의 최단 경로를 구하는 기능이 바로 경로 검색입니다. 여기에서는 출발점부터 적 기지 후보지 3곳을 향해 경로 검색을 수행합니다. 검색한 3개의 경로에 따라 유닛이 각각 그림 2-7과 같이 출격합니다. 일반적으로 이 경로 검색에는 **A* 알고리즘**을 사용합니다.

◉ A* 알고리즘은 2000년대부터 게임 산업에서 경로 검색의 사실상 표준(de facto standard)으로 사용해 왔습니다.

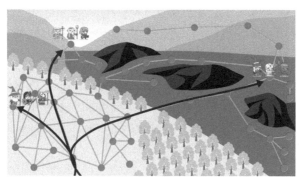

그림 2-7 유닛 3개의 경로

2.5.4 게임 과제 3: 장애물을 피하면서 진격하기

이 게임에서는 캐릭터 3명이 하나의 유닛으로 이동하는데 이때 멤버가 진형(formation)을 갖춥니다. 그림 2-8과 같이 리더와 멤버의 상대 위치가 정해지므로, 먼저 리더가 선두에 서고 상대 위치를 목표점으로 하여 멤버가 경로 탐색을 수행하며 따릅니다.

그러나 진행 경로에 장애물이 있으면 그 장애물과 목표점이 겹칠 수 있습니다. 이럴 때는 리더로부터 일정 범위(탐색 영역)를 설정하고 원래의 목표 지점에 가장 가까운 장애물의 경계 지점을 A* 경로 검색을 통해 발견하여 이를 목표로 하는 방법을 사용합니다.

조금 더 자세하게 설명하면, 리더의 위치에서 장애물을 포함하는 영역을 탐색 영역으로 하여 리더의 위치에서 원래 멤버 1이 있어야 하는 위치로 A* 알고리즘을 이용해 경로 검색을 수행합니다. 그러면 장애물의 경계에서 원래 멤버 1이 있어야 하는 위치에 가장 가까운 지점을 찾을 수 있습니다. 이렇게 하면 집단이 유연하게 변화하므로 진형이 무너지더라도 유닛을 유지하며 이동할 수 있습니다. 이는 〈컴퍼니 오브 히어로즈 2〉(렐릭 엔터테인먼트, 2013년)에서 사용한 방법입니다.

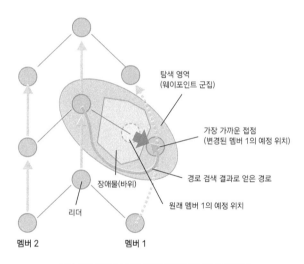

그림 2-8 〈컴퍼니 오브 히어로즈 2〉에서의 진형 변화

2.5.5 게임 과제 4: 적과 맞닥뜨리고 전투 시작하기

적(인간 플레이어)도 유닛 3개를 출동시키므로 어디선가 유닛끼리 만나게 됩니다. 유닛끼리 맞닥뜨리면(encounter) 전투를 시작하거나 도망갈

니다. 여기서 캐릭터는 당연히 주위를 인식, 기억하고 판단하여 행동해야 합니다. 이러한 캐릭터의 지능을 앞서 이야기한 것처럼 **캐릭터 AI**라고 합니다. 또한 이러한 역할과 자율 판단 능력이 있는 캐릭터를 **자율형 에이전트**라 하고, 이 인공지능 아키텍처를 **에이전트 아키텍처**(agent architecture)라고 합니다.

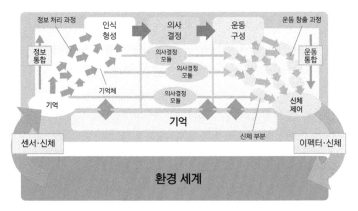

그림 2-9 에이전트 아키텍처의 구성

그림 2-9와 같이 **에이전트 아키텍처**는 모듈(부품)의 조합으로 이루어집니다. 첫 번째 모듈은 **센서**로, 게임 세계의 정보를 모읍니다. 캐릭터의 센서로 대부분 시각 센서만 부착하는데, 여기서는 전방 시야각 필드가 40°이고 반지름이 50m라고 하겠습니다. 이 필드를 FOV(field of view, 시야)라고 합니다. FOV 영역에서는 전방 시야각 필드 안에 들어온 적 캐릭터나 사물을 인식하고 기억합니다. 그림 2-10과 같이 맞닥뜨린 적의 **좌표, 속도와 방향, 종류, 강도** 등으로 기억하는 것을 기억 표현 또는 지식 표현이라고 합니다.

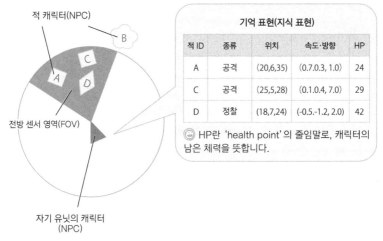

적 캐릭터(NPC)

B

C

A

D

전방 센서 영역(FOV)

자기 유닛의 캐릭터
(NPC)

기억 표현(지식 표현)				
적 ID	종류	위치	속도·방향	HP
A	공격	(20,6,35)	(0.7.0.3, 1.0)	24
C	공격	(25,5,28)	(0.1.0.4, 7.0)	29
D	정찰	(18,7,24)	(-0.5.-1.2, 2.0)	42

😊 HP란 'health point'의 줄임말로, 캐릭터의 남은 체력을 뜻합니다.

그림 2-10 캐릭터가 지닌 센서의 구현 예

다음으로 **인식**에서는 센서로 얻은 정보를 추상 정보로 변환합니다. 예를 들어 '현재 몇 개의 적이 자신을 향했는가?'를 계산합니다. 2개의 적이 자신을 향해 오고 나머지 1개는 멀어진다면 적의 개수는 2가 됩니다. 의사결정은 형성된 인식을 바탕으로 이루어집니다. 의사결정에는 7가지 알고리즘이 있는데, 그중에는 가장 오래되고 기본적인 방법인 **규칙 기반**(rule-based)이 있습니다.

예를 들어 다음 규칙이 있습니다.

- IF (자신 쪽으로 오는 적의 수 ≥ 3) → 도망간다
- IF (자신 쪽으로 오는 적의 수 < 3) → 싸운다

이 규칙을 따르면 이번에 **자신을 향해 오는 적의 수 = 2**이므로 **'싸운다'** 를 선택합니다.

마지막으로 **운동 구성**입니다. 앞에서 의사결정으로 결정한 정책 '싸운다'에 따라 실제로 행동을 생성하고, 어느 적과 싸울 것인가를 정해야 합니다.

이렇게 여러 후보 가운데 실제로 공격할 적을 고르는 것을 **타기팅 문제**라고 합니다.

여기서는 정책에 따라 '속도가 가장 빠른 적'과 싸운다고 하겠습니다. 그렇다면 적 캐릭터 C의 속도가 가장 빠르므로 공격 대상을 적 캐릭터 C로 정하고, 적 캐릭터 C를 향해 경로 검색을 이용하여 접근합니다. 당연히 캐릭터 C도 움직이지만, 30m 이내로 자신에게 접근하면 자동으로 마법 공격을 한다는 규칙을 미리 정해 두면 캐릭터가 그 범위에 들어온 시점부터 공격할 수 있습니다. 그림 2-11을 참고하여 이해해 봅시다.

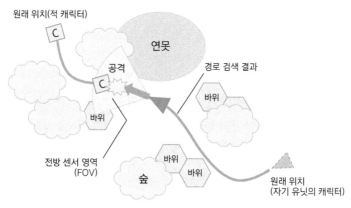

그림 2-11 센서, 인식, 의사결정, 행동 생성까지의 과정

2.5.6 게임 과제 5: 상대의 기지 추측하기

어떤 장소에서 적을 발견했을 때 그 위치를 이용해서 적의 기지를 추측하게 됩니다. 즉, 적을 발견하면 적의 기지를 추측할 수 있습니다. 이 같은 추측 방법으로 여기서는 베이즈 추정을 설명하려고 하는데, 조금은 수학적인 내용을 포함합니다. 이 부분은 아직 많은 전략 게임에서 채용한 것은 아니므로 나중에 흥미가 생겼을 때 읽어도 괜찮습니다. 이와 함께 많은 전략 게임에서 볼 수 있는 치트(cheat, 원래는 알 수 없는 정보를 아는

것)를 사용하여 플레이어 쪽 기지의 위치를 확인하고 게임을 빠르게 진행하는 방법도 흔히 사용합니다. ☺ 이 문제는 4.6절에서 다시 살펴봅니다.

적 기지가 있을 만한 곳은 3곳이며 이 가운데 1곳이 진짜입니다. 그림 2-12와 같은 지형이 있다고 합시다. 이때 적은 기지 X, Y, Z와 연결되는 길을 그림과 같은 확률로 선택한다고 하겠습니다. L에서 적과 만났을 때 적의 기지가 X, 또는 Y일 확률은 각각 얼마일까요?

이처럼 일어난 사건에서 원인을 추론하는 것을 **베이즈 추정**(Bayesian inference, 사후 추정)이라고 합니다.

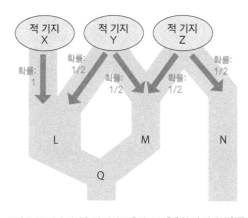

그림 2-12 적과 만났을 때 베이즈 추정으로 추측한 적 기지의 확률

L에서 적과 만날 사건을 L, 기지가 X일 사건을 X로 하면 기지가 X일 때 L에서 적을 만날 확률은 $P(L|X)$, L에서 적을 만났을 때 기지가 X일 확률은 $P(L|X)$가 됩니다. 사후 확률, 즉 L에서 적을 만났을 때 기지가 X일 확률 $P(L|X)$는 **베이즈 정리**를 이용하여 다음과 같이 나타낼 수 있습니다.

$$P(X \mid L) = \frac{P(L \mid X)P(X)}{P(L)}$$

$P(L \mid X) = 1$ (기지가 X라면 반드시 L에서 만나므로)

$P(X) = \dfrac{1}{3}$ (기지는 모두 3개이므로)

$P(L \mid Y) = \dfrac{1}{2}$ (기지가 Y일 때 적은 L이나 M으로 이동하므로)

$P(L) = P(X)P(L \mid X) + P(Y)P(L \mid Y) = \dfrac{1}{3} + \dfrac{1}{3} \times \dfrac{1}{2} = \dfrac{1}{2}$

이에 따라 $P(X \mid L) = \dfrac{2}{3}$ 와 마찬가지로 $P(Y \mid L) = \dfrac{1}{3}$ 이 됩니다. 즉, L 에서 적을 만났을 때 기지가 X일 확률은 66%, Y일 확률은 33%입니다. 마찬가지로 M에서 적을 만났을 때 기지가 Y일 확률은 60%, Z일 확률은 40%이고 N에서 적을 만났을 때 기지가 Z일 확률은 100%입니다. 이를 응용하면 L과 M이 만나는 지점 Q에서 적과 만났다면 다음과 같습니다.

$P(Q \mid X) = 1$, $P(Q \mid Y) = 1$
(X, Y가 기지일 때 Q를 지날 확률은 100%이므로)

$P(Q \mid Z) = \dfrac{1}{2}$
(Z가 기지라면 Q나 N을 지나므로)

그러므로 다음과 같습니다.

$$P(Q) = P(Q \mid X)P(X) + P(Q \mid Y)P(Y) + P(Q \mid Z)P(Z)$$
$$= \frac{1}{3} + \frac{1}{3} + \frac{1}{3} \times \frac{1}{2} = \frac{5}{6}$$

베이즈 정리를 이용하면 다음과 같습니다.

$$P(X \mid Q) = \frac{P(Q \mid X)P(X)}{P(Q)} = \frac{\frac{1}{3}}{\frac{5}{6}} = \frac{2}{5}$$

$$P(Z \mid Q) = \frac{P(Q \mid Z)P(Z)}{P(Q)} = \frac{\frac{1}{2} \times \frac{1}{3}}{\frac{5}{6}} = \frac{1}{5}$$

따라서 Q에서 적과 만났을 때 기지가 X일 확률은 40%, Y일 확률은 40%, Z일 확률은 20%입니다.

즉, L에서 만났다면 기지 X를 공격하는 것이 66% 좋고, M에서 만났다면 기지 Y를 공격하는 것이 60% 좋고, N에서 만났다면 기지 Z를 공격하는 것이 100% 좋다는 뜻입니다. 마찬가지로 Q에서 만났다면 기지 X나 Y를 공격하는 것이 40% 좋고, 기지 Z를 공격하는 것이 20% 좋습니다.

2.5.7 게임 과제 6: 유닛끼리 의사소통하기

적 기지를 추측했다면 진형을 재정비하여 이동합니다. 이때 적 기지를 공격하려면 유닛이 서로 협력해야 합니다. 이처럼 캐릭터가 여럿이 협력하는 것을 **멀티 에이전트 기술**이라고 합니다. 다음으로 '적 기지를 어떤 타이밍에 어디서부터 공격할 것인가?'를 생각해 봅시다.

유닛끼리 협조하는 방법으로는 그림 2-13과 함께 다음 2가지를 생각할 수 있습니다.

- 방법 1: 유닛 멤버끼리 메시지를 주고받으며 협조합니다(평등한 의사소통 방식).
- 방법 2: 상위 AI가 각 유닛에 내린 명령을 통해 협조합니다(명령과 보고 방식).

학문 분야에서 말하는 접근법으로 멀티 에이전트 기술이라 하면 방법 1을 뜻합니다. 메시지의 시맨틱(문법)과 프로토콜(통신 방법)을 정합니다. 이러한 언어를 에이전트 커뮤니케이션 언어(agent communication language, ACL)라고 합니다. 이전에는 KQML(knowledge query and manipulation language)이나 FIPA(foundation for intelligent physical agents) 등을 사용했습니다. 게임 산업에서 ACL을 사용할 때는 게임마다 고유의 언어를 개발하는 것이 일반적입니다.

그러나 게임 산업에서는 대부분 방법 2의 접근법을 사용합니다. 그 이유는 방법 1이 의사소통을 동기화하기가 어렵고 복잡하기 때문입니다.

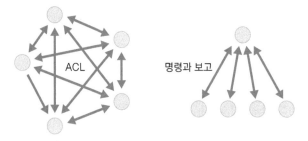

그림 2-13 평등한 의사소통 방식(왼쪽)과 명령과 보고 방식(오른쪽)

여러 개의 메시지를 여러 캐릭터가 비동기로 주고받을 때는 타이밍에 따라서는 의사소통이 불완전합니다. A, B, C라는 캐릭터에서 서로 다른 메시지가 서로 다른 타이밍에 발생할 때 이를 조정하려면 엄격한 규칙을 도입해야 하는데다 다양한 내용의 메시지 조합과 타이밍 불일치가 발생하기 때문입니다. 실제로 이를 없애기는 현실적으로 어렵습니다.

예를 들어 축구 게임에서 '센터링을 올려라!'라는 메시지와 '뒤로 패스하라!'라는 메시지가 동시에 왔을 때 '센터링을 올려라!'를 거부하고 '뒤로 패스하라!'라는 명령을 듣겠다는 메시지를 보내고 패스를 하려는 찰나에 '역시 패스하지 말고 직진하라!'라는 명령이 온다면 캐릭터는 혼란스러워 합니다. 그렇다고 이를 피하고자 메시지 내용마다 분기를 프로그래밍하면 너무 복잡해집니다.

이 때문에 게임을 구현할 때 가능한 한 간단하게 만들고자 멤버 간의 의사소통은 금지하고 상위 AI와 캐릭터 AI만 의사소통하도록 하는 것이 대부분입니다. '3:00 공격하라!'는 3분 후 공격을 시작하라, '2:15 이탈하라!'는 2분 15초 후에 도망가라 등의 방식으로 상위 AI가 캐릭터 AI에 명령합니다. 그리고 캐릭터 AI는 명령 수행 여부를 보고합니다. 이처럼 의사소통을 간소화하면 쉽게 제어할 수 있는 유닛을 만들 수 있습니다. 그러나 멤버끼리 협력을 통한 유연한 행동은 사라집니다. 앞으로 게임이 개방되고 복잡해질수록 게임 안에서 캐릭터 사이의 의사소통은 더 필요해질 것입니다.

상위 AI로는 메타 AI와 팀 AI가 있습니다. **메타 AI**는 게임 전체를 제어하는 인공지능입니다. 게임은 엔터테인먼트이므로 정확한 시뮬레이션보다는 게임마다 사용자 경험을 만드는 것이 더 중요합니다. 따라서 메타 AI는 플레이어 이외의 모든 캐릭터, 즉 적과 아군 모두에게 명령을 내리고 기후나 이벤트를 제어하는 권한과 능력을 가집니다.

이와 달리 **팀 AI**는 적이나 아군 가운데 한쪽 캐릭터에만 지시를 내리는 인공지능입니다. 팀 AI는 게임 상태나 전장을 전체적으로 파악하고 캐릭터에게 지시를 내립니다. 어느 쪽이든 메시지를 이용한 캐릭터 사이의 의사소통을 없앰으로써 간단한 시스템을 만들고자 한다는 공통점이 있습니다. 또한 캐릭터는 명령을 받을 뿐 아니라 메타 AI나 팀 AI에게 자신의 주위 상황을 보고하거나 행동할 수 있도록 허락을 구합니다. 그림 2-14를 참고해 이해해 봅시다.

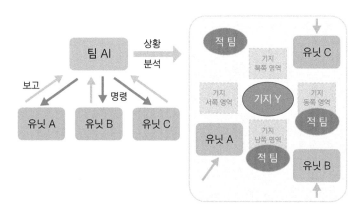

그림 2-14 팀 AI를 이용한 지휘

2.5.8 게임 과제 7: 공격 위치와 타이밍 정하기

유닛 3개가 적 기지를 동시에 공격하도록 해봅시다. 이때 그림 2-14 처럼 어떤 유닛이 어느 방향으로 기지를 공격할 것인지 정해야 합니다. 진행 영역으로는 기지 북쪽, 동쪽, 남쪽, 서쪽 영역이 있습니다. 먼저 4개 영역에 대한 적 기지의 위험도(리스크)를 계산합니다. 위험도는 각 영역에 접근했을 때 적이 어느 정도 있는지를 계산하면 된다. 예를 들어 표 2-5와 같이 적 유닛이 가까운 곳에 있다면 이 영역에 0.4를 각각 더합니다.

표 2-5 기지별 위험도와 각 유닛의 효율

구분	기지 북쪽 영역	기지 동쪽 영역	기지 남쪽 영역	기지 서쪽 영역
위험도	0.4	0.4	0.4	0.0
유닛 A	0.1	0.1	0.7	0.8
유닛 B	0.1	0.6	0.9	0.1
유닛 C	0.8	0.2	0.1	0.1

다음으로 4개 영역의 효율(쉽게 갈 수 있는지 등의 장점)을 계산합니다. 이번에는 간단하게 가깝다면 높은 평가를 주겠습니다. 예를 들어 1-B/거리(B는 적당한 계수)라고 하겠습니다. 그러면 이번에는 표 2-6처럼 위험도와 효율을 0.6 × (1-위험도) + 0.4 × 효율과 같은 지표로 만들어 평가합니다. 이는 위험이 없는 것과 효율의 중요도를 6 : 4로 배분한다는 뜻입니다. 이러한 지표를 **효용**(utility)이라고 합니다. 즉, 이는 **효용에 기반한 의사결정** 방법입니다. 물론 7 : 3이나 5 : 5 등이라면 계수를 조정하면 됩니다.

표 2-6 최종 효용

구분	기지 북쪽 영역	기지 동쪽 영역	기지 남쪽 영역	기지 서쪽 영역
유닛 A	0.4	0.4	0.64	0.92
유닛 B	0.4	0.54	0.72	0.64
유닛 C	0.68	0.44	0.4	0.64

표 2-6에서 보듯 효용을 계산했습니다. 그림 2-15와 같이 지금부터 유닛 A는 서쪽 영역으로, 유닛 B는 남쪽 영역으로, 유닛 C는 북쪽 영역으로 향하도록 합니다.

다음으로 동시 공격 타이밍을 정해야 합니다. 유닛 3개가 각 영역에 도착할 예정 시각을 모두 같게 하여 도착하자마자 공격하도록 제어하겠습니다. 도착 시각을 지금부터 50초로 하여 유닛의 이동 속도를 각각 다르게 합니다. 이렇게 하면 동시에 도착하여 집중 공격을 할 수 있습니다.

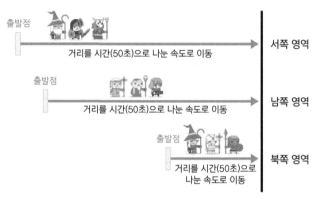

그림 2-15 속도를 다르게 하여 동시에 도착하도록 제어

2.5.9 마법사 게임 정리하기

지금까지 살펴본 마법사 게임에서 총 7개의 과제가 있었습니다. 이러한 과제들을 해결하려면 표 2-7과 같은 전략 게임에 사용하는 최소한의 인공지능 기술이 필요합니다.

표 2-7 전략 게임에서 사용하는 인공지능 기술

기술	기능
유닛 편성	캐릭터의 성능을 평가하고 유닛에 각각 할당합니다.
경로 검색 기술	내비게이션 데이터를 이용하여 최소 비용을 검색합니다.
센서	센서 영역을 설정하여 주위 상황을 인식합니다.
에이전트 아키텍처	캐릭터의 지능 구조입니다.

기술	기능
의사결정 기술	규칙에 기반해서(rule-based) 판단합니다.
유닛 이동	유닛이 진형을 유지하며 이동합니다.
메타 AI	게임 전체를 조감하고 통제하는 인공지능입니다.
캐릭터 AI	캐릭터가 의사결정을 내리는 데 필요한 인공지능입니다.
내비게이션 AI	캐릭터를 이동하는 데 필요한 인공지능입니다.
팀 AI	더 높은 위치에서 유닛을 통솔하는 인공지능입니다.
멀티 에이전트 기술	여러 개의 인공지능을 협조하도록 합니다.
효용(유틸리티)	판단에 따른 이익입니다.
동기화된 행동	타이밍을 맞추어 행동합니다.

이러한 인공지능 기술은 간단해 보이지만, 이를 조합하면 다양한 효과를 만들어 낼 수 있다는 것을 지금까지 살펴보았습니다.

◎ 그러나 이것이 전부는 아닙니다. 이와 관련해서는 3장부터 자세하게 알아봅니다.

한쪽정리 ┃ **2장에서 꼭 기억해야 할 내용**

이 장에서는 전략 게임에 사용한 게임 AI 기술의 전체 모습을 살펴보았습니다. 전략 게임에서 플레이어를 상대하는 인공지능은 2가지라고 설명했습니다. 대전 상대인 인공지능 플레이어, 그리고 캐릭터의 두뇌인 캐릭터 AI가 바로 그것입니다. 대전 상대로서의 인공지능은 플레이어와 같은 위치에서 지휘관 역할을 합니다. 액션 게임처럼 캐릭터 액션을 반드시 빠르게 처리할 필요는 없지만, 게임의 다양한 측면을 인식하여 게임을 현명하게 진행해야 합니다.

이러한 인공지능 기술은 환경을 다방면으로 해석하고 전략을 세워 자신의 유닛 멤버에게 명령을 내려야 하는 복잡한 상황에서 올바른 의사결정을 해야 합니다. 또한 전략 게임에서 캐릭터 AI는 플레이어나 AI 지휘관의 명령을 받고 자율로 행동해야 합니다. 캐릭터 AI는 대전 상대로서의 인공지능은 물론 플레이어도 사용합니다. '이러한 캐릭터 AI가 얼마나 똑똑하게 맵 안을 움직이는가?'로 플레이어가 어떻게 게임을 경험하는지가 달라지고, 대전 상대를 이루는 유닛 전체의 인공지능 구성에도 차이가 있습니다. 즉, 전략 게임의 디자인이나 설계 방법이 달라집니다.

이 장 앞부분에서는 전략 게임의 3가지 종류를 설명했는데 4~6장에서 이 3가지 게임을 나누어 자세히 살펴보겠습니다.

😊 다음 3장에서 게임 AI의 기초 기술을 간단히 설명하고 나서 4장부터 3가지 전략 게임의 인공지능 기술을 본격적으로 살펴봅니다. 3장은 필요에 따라 지금은 건너뛰고 나중에 읽어도 상관없습니다.

게임 AI 간단히 살펴보기

2장에서는 간단한 예를 이용해서 전략 게임의 인공지능 기술을 설명했습니다. 이 장에서는 게임 AI 기술의 기초를 정리하려고 합니다. 디지털 게임 AI의 역사부터 게임 디자인과 인공지능의 관계를 설명합니다.

이 장을 읽고 나면 디지털 게임 인공지능의 전체 모습을 이해할 수 있을 것입니다. 만약 이미 아는 내용이라면 건너뛰고 4장부터 읽다가 필요할 때 다시 돌아와도 괜찮습니다.

3.1 간추린 게임 AI의 역사

1980년대 대부분의 디지털 게임에서는 인공지능 부분이 구별되지 않았습니다. 1980년대뿐만 아니라 1990년대 전반에 들어서도 게임은 대부분 어셈블리 언어 또는 C 언어 등 비교적 고급 언어로 프로그래밍을 했습니다. 이처럼 하드웨어의 성능을 최대한 이끌어 내는 고속화, 최적화를 구현함으로써 일반적인 프로그래밍으로는 구현할 수 없었던 풍부한 화면 표현과 정교한 게임 시스템을 만드는 데 힘을 쏟았습니다. 캐릭터 사고 로직은 게임 스테이지에 맞춘 간단한 패턴을 조합한 것이었습니다. 따라서 캐릭터는 게임 안에서 자율로 존재하기보다 게임 스테이지에서 하나의 독특한 장치(기믹)에 불과했습니다. 캐릭터의 행동도 규칙에 따라 움직이거나 적의 위치에 대응해서 달라졌습니다.

☺ 공간 AI의 주요 기능 4가지 가운데 이동과 관련된 기능만을 나타낼 때 **내비게이션 AI**라고 합니다. 3.5절을 참고하세요.

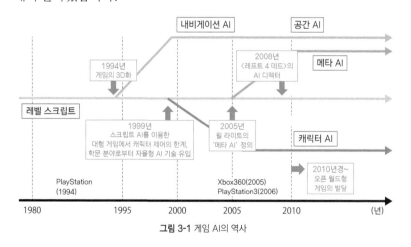

그림 3-1 게임 AI의 역사

3.1.1 스크립트 AI

게임에는 그래픽, 시스템, 메뉴 등 명확히 구분되는 영역이 있으나 게임 실행 부분과 인공지능을 구별하기는 어렵습니다. 그러므로 여러 개의 인공지능이 콘텐츠의 중심이 되는 몇 가지 게임이나 잘 정비된 프로그램을 제외하면 인공지능 구현 코드가 여기저기 흩어져 있었습니다. 특히 게임 전체 시스템의 레벨 디자인과 캐릭터 시스템이 뒤섞이는 바람에 스테이지의 일부로 캐릭터 제어를 구현하곤 했습니다. 즉, 전체 시스템이 인형을 조종하듯이 캐릭터를 움직였는데 이를 **스크립트 AI**(script AI)라고 불렀습니다. 캐릭터 대부분이 스크립트 언어 시스템에 따라 행동했기에 붙인 명칭인데, 여기에는 미리 준비된 행동을 반사적으로 수행할 뿐이라는 뜻도 담겨 있습니다.

게임에서 인공지능 부분이 명확하지 않았던 것은 코드 정리를 잘못해서가 아니라 게임에서 인공지능이란 무엇인가를 정의하기까지 긴 시간이 필요했기 때문입니다. 1980년대부터 1990년대 초까지는 **게임 AI 미분화 시대**라 할 수 있습니다. 이후 스크립트 AI에서 캐릭터 AI로 발전합니다. 다만 모든 게임이 그렇지는 못했으며 오늘날에도 많은 중소 규모 게임에서는 여전히 스크립트 AI 기술을 사용하고 캐릭터 AI 기술은 대규모 게임 중심으로 채용하고 있습니다.

3.1.2 MCS-AI 동적 협력 모델

1995년 전후로 게임이 3D로 발전함과 동시에 규모가 커지고 복잡해지면서 게임 안에서 AI를 독립 요소로 재발견하게 됩니다. 이런 과정에서 발견한 것이 메타 AI(meta AI), 캐릭터 AI(character AI), 공간 AI(spatial AI)입니다. 그림 3-2처럼 이들은 각각 서로 다른 역할을 맡습니다. 앞서 이야기한 것처럼 전략 게임에서는 이 3가지를 사용합니다. **메타 AI는 게임 그 자체를 제어하는 인공지능**이고 캐릭터 AI는 캐릭터의 두뇌, 그리고 공간 AI는 경로 검색을 시작으로 **지형, 상황 등의 공간 정보를 추출하여 사고하는 인공지능**입니다. 메타 AI, 캐릭터 AI, 공간 AI가 동적으로 협력하는 모델을 **MCS-AI 동적 협력 모델**(meta-character-spatial AI dynamic cooperative model)이라고 합니다.

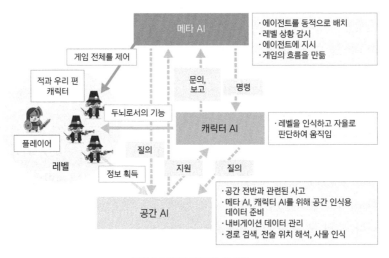

그림 3-2 3가지 인공지능의 협력

3.2 3가지 인공지능의 역할과 크기에 따른 플레이어 경험

디지털 게임에서 플레이어의 경험은 그림 3-3을 보면 알 수 있듯이 메타 AI, 캐릭터 AI, 공간 AI에 따라 달라집니다. 그리고 3가지 인공지능은 역할과 크기에 따라 구분됩니다.

캐릭터 AI는 캐릭터에 내장된 두뇌입니다. 캐릭터는 대부분 플레이어와 직접 대결합니다. 즉, 캐릭터 AI 수준에서는 **좁은 지역과 짧은 시간**의 사용자 경험을 만듭니다. **공간 AI**는 지형 정보를 해석하여 목적지까지의 경로나 전략적 위치를 실시간으로 계산하는 기능을 수행합니다. **내비게이션 AI**는 메타 AI, 캐릭터 AI가 맵 전체에서 이용할 수 있는 공간 정보를 제공하므로 지형을 이용하여 다양한 활동을 할 수 있도록 합니다. 이에 따라 사용자 경험을 공간 안에서 디자인하는 힘을 갖습니다. 즉, 메타 AI, 캐릭터 AI가 공간을 잘 이용할수록 공간은 사용자에게 다양한 의미를 지닙니다. **메타 AI**는 공간 AI의 도움을 받아 게임 공간 전역을 변화시키는 힘을 가지며 동시에 게임의 시간 방향 진행을 만듭니다. 즉, **넓은 지역과 긴 시간**의 사용자 경험을 만듭니다.

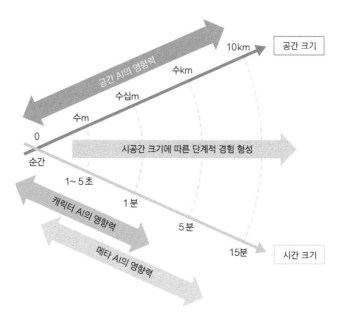

그림 3-3 시공간의 크기에 따른 사용자 경험

디지털 게임의 목적은 사용자 경험을 만드는 것입니다. 이 경험의 질은
게임이나 분야마다 다릅니다. 사용자 경험은 시간과 공간을 단위로 해
서 단계적으로 형성됩니다. 즉, 짧은 시간과 좁은 지역의 경험에서 몇 초
의 시간과 몇 미터 범위의 경험, 몇 분과 몇백 미터 범위의 경험과 같이
시공간의 크기에 따라 인공지능도 달라집니다. 예를 들어 전략 게임이
라면 자원을 모으는 생산 공장은 자신의 기지 주위의 좁은 영역에 만들
지만, 점점 영역을 넓혀 마지막으로는 맵 전체를 지배하는 시간적·공간
적 규모를 이룹니다. 전략 게임에서는 대부분 전체를 조감하면서 많은
유닛(캐릭터 또는 캐릭터 집합)을 조작합니다. 캐릭터의 자율성 강도도 서
로 다릅니다.

전략 게임에서는 공간 AI의 역할이 상대적으로 커집니다. 지형의 특징을 파악하여 활용하는 것이 전략 게임에서는 본질이기 때문입니다. 이와 함께 게임의 흐름을 만든다는 의미에서 메타 AI도 큰 비중을 차지합니다. 액션 게임에서는 먼저 캐릭터 AI를 이용하여 사용자와 **좁은 지역에서 짧은 시간 동안 이루어지는 상호작용**을 만든 다음, 공간 AI를 이용하여 지형을 더 잘 활용할 수 있도록 합니다. 마지막으로 메타 AI를 이용하여 게임 전체의 흐름을 만듭니다.

3.3 게임을 제어하는 메타 AI 기술

메타 AI 기술은 전체를 조감하며 게임을 제어하는 인공지능입니다. 메타 AI 기술에는 고전적 메타 AI와 현대적 메타 AI가 있습니다. 고전적 메타 AI로는 〈제비우스〉(반다이 남코 엔터테인먼트, 1983년)와 같은 이전 남코 게임을 들 수 있습니다. 이는 **동적 난이도 조정**(dynamic difficulty adjustment, DDA)이라는 기술이기도 하며, 게임의 난이도를 게임 진행과 사용자의 조작 능력에 따라 동적으로 달리합니다. 이러한 기술은 1980년대 일본 디지털 게임에서 발전했는데, 이와 달리 현대의 메타 AI는 미국의 게임에서 비롯합니다. DDA는 게임에 더 적극적으로 개입하여 적 배치, 적 등장, 스토리, 레벨 생성 등 게임의 여러 요소에 간섭합니다. 특히 중요한 것이 게임 자원을 자동으로 생성하는 능력입니다. 이를 **절차적 기술**(procedural technique)이라고 하는데 메타 AI는 이러한 기술을 이용하여 게임을 더 창조적으로 만들 수 있었습니다.

〈레프트 4 데드〉(밸브 코퍼레이션, 2008년)는 현대 메타 AI의 시작이라 할 수 있는 온라인 액션 게임입니다. 이 게임은 사용자의 긴장도를 실시간으로 측정하여 그에 따라 적 출현 수를 정했습니다. 즉, 그림 3-4와 같이 사용자의 상태가 안정될 때에는 적이 다수 출현하도록 하고 긴장 상태일 때에는 출현하지 않도록 했습니다.

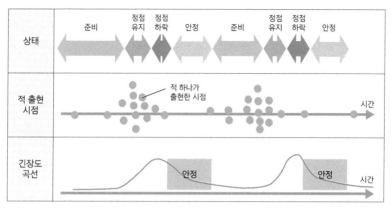

그림 3-4 〈레프트 4 데드〉에서 AI 디렉터(캐릭터를 감독하는 AI)를 이용한 적 출현의 완급 조절

이처럼 메타 AI는 적의 출현 수를 동적으로 변화함으로써 사용자의 긴장도를 인위적으로 높이거나 낮춥니다. 이런 장치를 **AI 디렉터**라고 합니다. AI 디렉터는 메타 AI 중에서도 캐릭터 조작에 한정한 게임 제어 장치입니다. 영화감독처럼 캐릭터의 역할을 동적으로 변화하도록 함으로써 게임의 흐름을 만듭니다. 즉, 이전에는 출하할 때 설정한 레벨 디자인에 따라 사용자가 즐기도록 맵을 만들었으나 오늘날에는 게임 규모가 커져서 전투 상황을 미리 정할 수 없는 등 모든 것을 미리 결정할 수가 없습니다. 그 결과 사용자의 감정을 인위적으로 올리고 내리는 장치로서 메타 AI가 등장했습니다.

전략 게임에서도 사용자의 게임 진행에 따라 다양한 변화가 일어납니다. 이렇듯 게임 내용을 미리 정하지 않고 상황이나 사용자의 진행 정도를 인식하여 게임을 동적으로 변화시키는 기능은 메타 AI가 담당합니다.

3.4 캐릭터에 사용하는 AI 기술

디지털 게임에서는 아군이나 적 캐릭터 모두 각각 한 가지 역할을 합니다. 적 캐릭터도 마찬가지로 '저지하다', '안내하다', '보급하다', '보스로서 행동하다' 등의 역할을 합니다. 이러한 역할을 수행하는 캐릭터를 **에이전트**라고 합니다. 게임에서는 적의 졸병을 비롯하여 다양한 캐릭터에 역할을 부여하므로 캐릭터와 에이전트는 거의 같은 뜻으로 사용합니다. 게다가 직접 세계를 인식하고 사고·판단하여 행동하는, 요컨대 **자기 자신과 관련된 일은 스스로 결정할 수 있는** 인공지능을 자율형 AI라고 합니다. 그리고 자율성이 있는 에이전트를 **자율형 에이전트**라고 합니다.

자율형 에이전트에는 목적(역할)이 있습니다. 주어진 역할에 따라 직접 느끼고 생각하여 스스로 행동합니다. 즉, 게임 안에 인공지능을 풀어 놓고 목적만 주면 그다음은 스스로 움직이는 것이 자율형 에이전트입니다. 전략 게임의 발전은 이 자율형 에이전트의 발전과 깊이 관련됩니다.

1980~1990년대의 캐릭터 AI는 대부분 행동하는 영역을 정해 두고 그 안에서 통용되는 간단한 로직으로 구성되었습니다. 이는 대부분 스크립트 언어로 만들어졌으므로 앞서 언급한 대로 스크립트 AI라고 합니다. 예를 들어 적(=플레이어)이 그 영역에 들어오면 직진하거나 마법으로 공격하는 행동 등을 합니다. 그러나 오늘날의 캐릭터 AI는 그렇게 간단하지 않고 자율형 에이전트로서 기능을 합니다. 자율형 에이전트는 **에이전트 스스로 자신의 지식과 사고를** 이용합니다.

인공지능 제작자의 머릿속에 떠올린 게임 상황과 그에 따른 사고를 반영하는 것이 스크립트 AI라면, 이와는 달리 인공지능 제작자(인간)가 자신의 지식과 사고를 이용하여 스크립트를 만드는 것이 아니라 인공지능이 자신의 지식과 사고를 이용하여 의사결정하고 행동하는 것이 바로 자율형 에이전트입니다. 이렇게 되면 자율형 에이전트를 만드는 기술은 '에이전트에게 지식을 얼마만큼 부여하고 직접 사고하도록 할 수 있는가?'에 달려 있습니다. 에이전트와 환경 세계의 관계는 간단합니다. 센서에 따라 환경 정보를 수집하고 인식을 형성하여 의사결정에 따라 정책을 결정한 뒤 액션 메이킹에 따라 행동을 만듭니다. 또한 이를 기억할 메모리도 있습니다. 이러한 전체 아키텍처를 ⓒ 에이전트 아키텍처는 2.5.5항에서 설명했습니다. **에이전트 아키텍처**라고 합니다.

전략 게임에 사용하는 에이전트 하나를 예로 들어 봅시다. 그리고 그 역할은 '정찰'이라 하겠습니다. 2.5절에 ⓒ 자율형 에이전트는 2.5.5항에서 설명했습니다. 서 예를 든 것처럼 에이전트마다 전방 센서 영역을 각각 설정합니다. 에이전트는 이 센서 영역에 들어온 사물을 인식합니다. 그리고 필드를 돌아다니며 적이 있는 곳을 발견합니다. 적이 시야에 들어오면 에이전트는 그 장소와 시각, 적의 종류를 기억하고 기지로 돌아옵니다. 그다음에 에이전트는 상관에게 기억한 내용을 보고하고 자신의 역할을 끝냅니다. 이처럼 캐릭터는 일련의 정해진 원리에 따라 움직입니다.

3.5 공간 정보를 추출하여 사고하는 AI 기술

게임에는 다양한 지형과 공간이 있습니다. 사용자가 캐릭터의 지능을 느끼는 것은 첫째, 공간을 잘 사용할 때와 둘째, 시간 안에 전략을 현명하게 세워 행동할 때입니다. 예를 들어 침팬지가 나무를 잘 타거나 해달이 돌로 조개를 깨거나 듀공이 좁은 수로를 헤엄치는 모습 등을 볼 때 동물의 행동이 대단하다는 것을 느낍니다. 또한 다람쥐가 겨울을 대비해 열매를 모으거나 곰이 식량을 준비하고 동면하거나 비버가 둥지를 만들거나 매가 먹이를 잡으려고 멋진 곡선을 그리며 날 때도 마찬가지입니다. 이처럼 공간과 시간을 이용하는 것이 지능의 특성이라는 것을 알수 있습니다. 여기서는 공간 AI의 4가지 주요한 기능을 알아보겠습니다.

> **🐾 공간 AI의 4가지 주요 기능**
>
> ① 경로 검색: 목적지까지의 경로를 검색합니다. ─┐ ①과 ②처럼 이동과 관련된 기능만을
> ② 위치 검색: 목표로 삼은 목적지를 발견합니다. ─┘ 나타낼 때 **내비게이션 AI**라고 합니다.
> ③ 사물 표현: 사물의 사용 방법과 사용 효과를 전달합니다.
> ④ 세력 분석: 적과 아군 세력의 전체 분포를 계산합니다.

먼저 **경로 검색**은 2.5.3항에서 본 것처럼 목적지까지의 경로를 계산합니다. 또한 적의 목적지를 알 때는 적의 현재 지점부터 목적지까지의 경로를 검색하여 적의 경로를 예측할 수도 있습니다. 이러한 예상 경로를 **골든 패스**라고 합니다. 그림 3-5처럼 골든 패스를 계산하면 캐릭터가 적의 행동을 예측하여 잠복이나 습격과 같은 행동을 할 수 있습니다. 골

든 패스는 또한 아군에게도 도움을 줍니다. 지키거나 보호해야 할 같은 팀 멤버의 골든 패스를 계산하여 전방으로 이동하도록 할 수 있습니다.

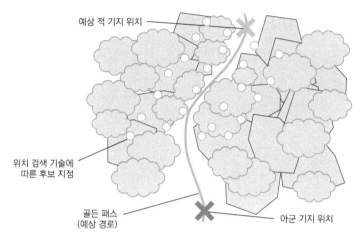

그림 3-5 골든 패스와 전술 위치 검색에 따른 주변 지점

또한 **위치 검색**은 후보 지점 몇 곳 중에서 평갓값에 따라 가장 적절한 장소를 발견합니다. 2.5.8항의 게임 과제 7에서처럼 평갓값을 이용하여 미리 설정한 동서남북 4곳의 영역 가운데 하나를 고릅니다. 일반적으로 맵 위에는 여러 후보 지점이 있으며 그중에 가장 목적에 맞는 곳을 찾아내는 방법을 **전술적 위치 검색**(tactical point system)이라고 합니다. 예를 들어 그림 3-5에서는 골든 패스 양쪽의 여러 지점을 평가하고 그 값을 계산하여 가장 잠복하기 좋은 곳을 선택합니다.

게임에 등장하는 사물 중에는 메타 AI나 캐릭터 AI가 이를 인식하여 사용하는 데 필요한 보조 데이터가 있기도 합니다. 메타 AI나 캐릭터 AI는 이 데이터를 이용하여 필요에 따라 사물을 조작할 수 있습니다. 예를 들어 그 사물이 바위라면 '움직이는가?', '움직이지 않는가?' 등의 정보가 있습니다. 이러한 데이터 표현을 **사물 표현**이라고 합니다. 인공지능은

지식 × 사고로 이루어지므로 환경이나 사물에 관한 지식이 얼마나 많은지, 또한 이를 얼마나 현명하게 사용할 수 있는지가 고도의 인공지능을 만들기 위한 조건이 됩니다. 이러한 것은 다양한 게임 분야에서 사용하는 범용 기술입니다.

3.6 전략 게임에서 빼놓을 수 없는 영향 맵

전략 게임에서 특히 자주 사용하는 영향 맵을 이용한 세력 분석을 알아봅시다. 영향 맵은 공간 AI의 기능으로, 특히 전략 게임에서 자주 사용하는 기술입니다. 이 절에서는 영향 맵의 원리를 살펴봅니다.

여러 개의 캐릭터(말)가 맵 위에 있다고 합시다. 이때 어디까지가 아군 영역이고 어디까지가 적의 영역일까요? 이때 사용하는 것이 **영향 맵**(influence map)입니다. 이 기술을 사용하면 실시간으로 세력도를 그릴 수 있습니다.

원리는 간단합니다. 적을 열원, 아군을 냉원으로 하여 간단한 열 전파 시뮬레이션을 수행합니다. 먼저 적 하나를 살펴봅시다. 적이 있는 칸의 온도를 10℃라고 하면 그 주변 온도는 6℃, 그다음 주변 영역은 0℃가 된다고 하겠습니다. 그러면 적이 있는 주변 칸의 온도는 오르게 됩니다. 적이 밀집한 곳은 온도가 가산되므로 온도가 높아집니다. 예를 들어 적이 1칸 떨어져 있다면 그 사이는 6 + 6 = 12℃가 됩니다. 규칙을 정해 상한을 10℃로 고정하면 온도는 10℃가 됩니다. 이곳을 중심으로 온도가 오르고 주변으로 갈수록 내려갑니다.

다른 편은 냉원이므로 아군이 있는 칸은 -10℃로 설정합니다. 그리고 그 주변은 -6℃, 그 밖은 0℃로 정합니다. 그러면 아군이 모인 지역은 꽤 추워집니다. 마찬가지로 적이 1칸 떨어져 있다면 그 사이는 -6 -6 = -12℃가 됩니다. 또한 규칙을 정해 하한을 -10℃로 하면 온도는 -10℃가 됩니다.

이처럼 영향 맵은 전략 게임에서 흔히 쓰는 기술입니다. 예에서 본 것처럼 적을 열원, 아군을 냉원으로 하는 영향 맵을 만들면 적이 밀집한 곳은 뜨거워지고 아군이 많은 곳은 차가워지므로 온도가 낮은 곳은 아군이 많은 곳이 됩니다. 또한 그림 3-6처럼 적과 아군의 중간에 있는 0℃ 지역을 **전선**이라고 하며, 세력이 서로 균형을 이루는 것을 뜻합니다.

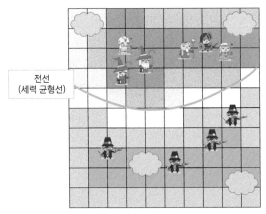

그림 3-6 영향 맵으로 표현한 세력도와 전선

예를 들어 부대를 추가로 보내면 이 균형이 무너집니다. 전선은 세력 변화를 나타내기도 하므로 메타 AI는 전선을 바꾸려고 날씨나 바람 등을 달리하거나 적을 증원하기도 합니다. 이처럼 영향 맵을 사용하면 게임 상황을 동적으로 제어할 수 있습니다.

3.7 지능 방정식이란?

지능 방정식은 필자가 만든 용어로, 게임 AI를 다룰 때 하나의 지침으로 이용합니다. 사용자가 인공지능에서 지성을 느끼는 **지적 경험**은 캐릭터의 똑똑함만으로 정해지지는 않습니다. 사용자가 어떤 심리 상태인가에 따라 느끼는 방식이 다르기 때문입니다. 예를 들어 게임에서 위기 상황에 처하면 사용자는 그때까지 적 캐릭터가 똑똑하지 않더라도 그렇다고 느낍니다. 즉, 상황에 따라 사용자가 느끼는 지적 감도가 달라집니다. 필자는 이 감도를 **지능 감수성**이라고 일컫습니다.

지능 감수성은 다음 3가지 요소로 이루어집니다.

> **지능 감수성의 3가지 요소**
>
> ① 플레이어의 의도가 얼마나 강한가?: 무언가를 강하게 할수록 방해하는 적에 민감해집니다.
> ② 플레이어가 얼마나 위험한 상황인가?: 생존이 위험할수록 위기를 일으키는 적에 민감해집니다.
> ③ 적과 얼마나 비슷한가?: 적이 사람과 비슷한 모습이나 행동을 보일수록 민감해집니다.

플레이어가 캐릭터에게 느끼는 지능은 지능 감수성의 강도와 적의 현명함을 곱한 것이 됩니다. 이것이 사용자가 경험하는 **적의 똑똑함**입니다. 필자는 여기서 사용자가 경험하는 적의 똑똑함을 '지능 방정식'이라고 부릅니다.

지능이 높다는 것은 순수 인공지능 면에서 본다면 성능이 높다는 말입니다. 즉, 지능 방정식에 따르면 지능 감수성이 높을수록 적의 지능이 그리 높지 않더라도 똑똑하다고 느낄 수 있고, 반대로 적의 지능이 높더라도 지능 감수성이 낮다면 적이 똑똑하지 않다고 느낄 수 있습니다. 양쪽 모두 지능 감수성이 높을수록 이상적인 상태라 할 수 있습니다. 지능 감수성을 높이는 노력은 게임 디자이너의 몫이고 적의 지능을 높일 책임은 기술자의 영역입니다. 그러므로 지능 방정식은 이 2가지를 모두 이용하여 지능을 느낄 수 있는 경험을 사용자에게 제공해야 한다는 것을 뜻합니다.

> 플레이어가 적에게서 느끼는 지성 = (지능 감수성) × (적의 지능)

디지털 게임에서는 사용자를 얼마나 위기 상황으로 몰아붙일 수 있는지가 중요합니다. 사용자를 몰아붙이는 것은 게임 디자이너의 역할입니다. 학문에서는 순수하게 캐릭터의 똑똑함만을 추구하지만, 게임에서는 게임 디자이너가 어느 정도 상황을 완성한 상태에서 인공지능을 만드므로 캐릭터의 똑똑함을 생생하게 느낄 수 있습니다.

순수한 로직만으로 만든 게임(장기나 바둑)이라면 강한 인공지능이면 충분하지만, 엔터테인먼트 게임이라면 단순히 로직을 통해 승부가 나는 것이 아니므로 재미있는 상황이나 위기 상황을 적절하게 활용하여 사용자가 경험을 하며 즐길 수 있어야 합니다. 이때 지침이 되는 것이 '지능 방정식'입니다.

전략 게임에서도 단순한 로직 승부만으로는 게임의 재미를 느낄 수 없습니다. 보드게임은 로직만 있는 게임도 많지만, 디지털 게임은 더 많은 연출 요소가 필요하고 이를 통해 사용자를 얼마나 즐겁게 하는지가 과제입니다. 그리고 전략 게임에서 대전 상대가 인공지능이든 캐릭터 AI든 사용자가 적의 똑똑함을 느낄 수 있도록 하는 것이 게임 디자인에 중요한 요소입니다.

한쪽정리 ┃ **3장에서 꼭 기억해야 할 내용**

디지털 게임 기술이 본격적으로 발전하는 것은 2가지 흐름으로 이루어집니다. 바로 액션 게임의 인공지능과 전략 게임의 인공지능입니다. 액션 게임의 인공지능은 변화하는 상황에서 한 캐릭터를 얼마나 잘 움직여서 극복할 수 있게 하는지가 문제입니다. 이와 달리 전략 게임의 인공지능은 전체를 조감하며 캐릭터 무리를 이용하여 상황을 해결합니다. 이 2가지 흐름은 최근 10년 동안 게임 산업에 자연스럽게 녹아들어 지금에 이르렀습니다.

액션 게임의 인공지능 역사는 3.1절에서 살펴본 것처럼 1990년대 중반부터 시작합니다. 액션 게임 AI가 주로 1인칭 슈팅 게임(FPS)에 로보틱스 기술을 도입하는 흐름이 강했다면, 전략 게임 AI는 시간과 함께 기술을 꾸준히 쌓았다고 할 수 있습니다.

이 장에서 소개한 게임 AI 기술은 액션 게임과 전략 게임에 모두 사용하는 최소한의 종류입니다. 4장부터 각 전략 게임에 필요한 인공지능 기술을 살펴봅시다. 전략 게임이라는 깊은 숲속에서 눈에 띄게 진화한 게임 AI를 소개합니다.

전략 게임에 사용한
AI 기술

둘째마당은 이 책의 핵심 내용을 담고 있습니다. 다양한 전략 게임을 예로 들어 그 안에서 사용한 인공지능 기술을 알아봅니다.

전략 게임은 전체를 조망하는 지휘관이 되어 간접적으로 세계에 간섭하면서 변화시킵니다. 전략 게임에 사용하는 인공지능은 지휘관으로서의 인공지능, 플레이어와 함께 만드는 인공지능, 학습하고 성장하는 인공지능 이렇게 3가지로 분류할 수 있습니다.

이 마당을 통해 인공지능을 이용한 전략 게임의 근본적인 운동 능력을 느낄 수 있었으면 합니다.

지휘관으로서의 인공지능
— 멤버나 유닛을 지휘하는 게임

전략 게임에는 팀을 움직이는 2가지 패턴이 있습니다. 첫 번째는 플레이어가 지휘관이 되어 멤버나 부대에 명령을 내리는 패턴입니다. 여기서는 인공지능이 지휘관의 부하나 하위 부대의 두뇌가 되도록 만들어야 합니다. 두 번째는 멤버끼리 자유롭게 협력하는 패턴으로, 멀티 에이전트 기술이 필요합니다. 전략 게임에서는 대부분 전자를 채택합니다. 첫 번째 패턴은 위에서 아래로 내려가는 명령 계통과 아래에서 위로 올라가는 보고 체계가 필요합니다.

이 장에서는 이러한 상하 구조로 이루어진 조직의 인공지능 기술을 설명합니다. 이 장을 통해 지휘관으로서의 인공지능이 게임 상황을 제어하고자 어떤 시간과 공간, 팀 전략을 취했는지 알아봅니다.

4.1 전략 게임 AI에 필요한 3가지 계층화

지휘관에서 멤버로, 위에서 아래로 명령을 내리는 전략 게임에는 그림 4-1과 같이 3가지 계층화가 필요합니다.

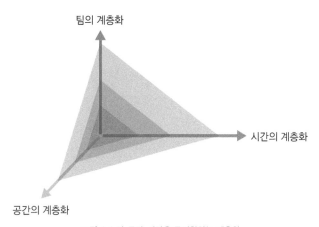

그림 4-1 팀·공간·시간을 동기화하는 계층화

그리고 전략 게임의 인공지능을 설계할 때에는 이 3가지 계층을 동기화해야 합니다. 왜냐하면 지휘관은 자신의 팀을 전략 게임의 시공간에 따라 통솔하는 것이 첫 번째 미션이며, 이를 위해서는 팀의 계층 구조를 이용하여 시공간의 계층 구조를 제어해야 하기 때문입니다. 가장 간단한 해결 방법은 시공간과 팀의 계층 구조를 동기화하는 것입니다. 이제부터 3가지 계층화를 하나씩 살펴봅시다.

팀의 계층화는 지휘관에서 중간층 리더를 거쳐 말단 캐릭터에 이르는 상하 구조입니다. 여기서는 어떤 메시지를 주고받는지, 그리고 층마다 권한을 얼마만큼 부여할지가 중요합니다.

시간·공간의 계층화는 팀의 계층화와 밀접하게 관계됩니다. 지휘관이 생각하는 작전은 어디까지나 상상이므로 이를 구체화하는 것은 세계 안에서 실제로 움직이는 캐릭터입니다. 그러나 상위 계층을 담당하는 지휘관은 넓은 지역을 아우르며 장기적인 계획을 세우는 역할을 하고, 하위 계층을 담당하는 캐릭터는 자기 주변의 공간과 짧은 시간 안에서 활동합니다.

ⓒ 중간층인 리더는 중기적으로 일정 영역 안에서 캐릭터를 지휘합니다.

이러한 3가지 계층화는 팀 전체의 구조를 만듭니다. 팀의 계층화는 팀 전체의 운동에 질서를 부여하고, 공간의 계층화는 공간에서 어떻게 움직일 것인지를 정의하고, 시간의 계층화는 팀 전체의 시간 방향 운동을 정의합니다. 이처럼 3가지 계층이 상호작용하며 팀 전체의 운동을 만듭니다.

4.2 팀의 계층화

팀 계층화의 기본은 조직 계층도(계층 그래프)입니다. 지휘관을 정점으로 계층 관계를 형성하도록 사회망을 만들어야 합니다. 이러한 조직에는 엄격한 조직, 느슨한 조직, 상하가 깊은 조직, 좌우가 넓은 조직 등 형태가 다양합니다. 예를 들어 엄격한 조직에서는 그림 4-2와 같이 지휘관을 정점으로 부대의 대장과 멤버가 상하 관계를 이룹니다. 우두머리를 정점으로 사회 구조가 복잡해지고, 주요 인물 사이에서 흐르는 힘의 균형을 볼 수 있습니다.

인공지능이 이러한 계층도를 이해하려면 그림 4-2처럼 노드의 관계를 표시한 그래프 구조로 표현할 수 있어야 합니다. 전체를 제어하는 인공지능은 이러한 그래프 구조를 통해 멤버의 관계성을 파악할 수 있습니다.

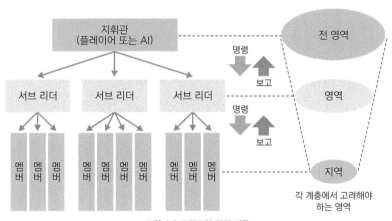

그림 4-2 조직도와 명령 계통

그다음으로 에이전트에게 역할을 부여합니다. 이처럼 인공지능이 에이전트에게 역할을 부여하는 것을 **역할 할당**(role assignment)이라고 합니다. 역할 할당은 게임 시작과 함께 정적으로 정해질 때도 있고 게임을 진행하면서 상황에 따라 동적으로 정해질 때도 있습니다. 후자를 특별히 **동적 역할 할당**이라고 합니다.

예를 들어 지휘관이라면 전체 전장 상황을 이해하고 분대장(서브 리더)에게 전략 정보를 전달합니다. 이때 분대장의 역할은 병졸(멤버)에게 전략 명령을 내리는 것입니다. 지휘관으로서의 인공지능에는 이처럼 역할을 할당하는 기능이 있어야 합니다. 또한 에이전트 여럿이 협력하여 행동하도록 만드는 멀티 에이전트 기술이 필요한데, 이는 전략 게임에서는 **빼놓**을 수 없는 기술입니다.

ⓒ 멀티 에이전트 기술은 1장에서 살펴보았습니다.

조직이 커진다는 것은 에이전트가 파악할 시간의 폭과 공간 영역이 달라진다는 것을 뜻합니다. 예를 들어 지휘관은 대국적인 공간 상황을 파악하고 과거부터 미래까지 장기간에 걸친 계획을 세워야 합니다. 그 아래 서브 리더는 중간 정도의 시간 폭과 공간 영역을 파악하고 이에 따른 계획을 세웁니다. 그리고 그 밑의 멤버는 아주 짧은 시간과 자기 주변의 좁은 공간을 생각해야 합니다. 즉, 전략 게임에는 시공간을 계층화하는 인식이 필요하며 이것을 통해 의사결정을 수행해야 합니다.

4.3 공간의 계층화

전략 게임의 인공지능이 공간 전체를 인식하려면 공간을 계층화해야 합니다. 즉, 전체 규모에서 점점 더 작은 영역으로 계속 분할하면서 공간을 다양한 크기로 인식할 수 있어야 합니다. 공간의 계층화는 내비게이션 AI로 구현하는 것이 좋습니다. 지금부터 예를 들어 설명하겠습니다.

4.3.1 공간의 계층화 예

〈헤일로〉(번지, 2001년) 시리즈는 FPS(1인칭 슈팅 게임)로, 적 팀의 제어를 전술적으로 수행하므로 커다란 하나의 영역을 전위·중위·후위 지역으로 분할합니다. 또한 지역마다 캐릭터가 이동할 곳을 가리키는 스탠딩 포인트(서는 위치)가 있습니다.

지역에서는 행동 트리(behavior tree) 형태로 전투 방법을 정의합니다. 행동 트리는 캐릭터의 동작을 정의하는 데 가장 널리 사용하는 방법으로, 노드를 트리 모양으로 연결하여 그래프 형식으로 나타냅니다.

적 캐릭터는 새로운 지역으로 이동하면 그곳에 정의된 행동 트리를 자신의 의사결정 모듈로 이용하므로 그 지역에 맞는 전투 방법을 선택합니다. 그러면 지역 사이를 어떻게 이동할까요? 바로 자기 팀의 상태에 따라 있어야 할 장소가 정해집니다. 예를 들어 아군 캐릭터가 3대 이상 쓰러지면 뒤로 후퇴하고 상대 캐릭터를 3대 이상 쓰러뜨리면 앞으로 전진하는 등입니다. 이처럼 공간을 분할하면 공간에 기반을 두고 집단을 지휘할 수 있으므로 행동을 정의하기가 더 쉬워집니다. 또한 영역마다 캐릭터가 위치해야 하는 스탠딩 포인트가 그림 4-3처럼 여러 곳에 지정됩니다.

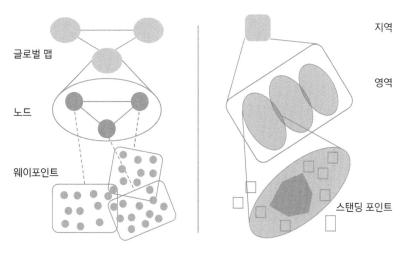

그림 4-3 〈킬존 2〉(왼쪽)와 〈헤일로〉(오른쪽)의 공간 계층도

특히 전략 게임에서는 공간을 얼마나 잘 이용하는가에 따라 인공지능의 똑똑함이 결정됩니다. 〈킬존 2〉(게릴라 게임즈, 2009년)는 인공지능 지휘관이 맵 전역을 인식할 수 있도록 먼저 맵 전체에 웨이포인트를 고르게 두었습니다. 맵이 작다면 지휘관인 인공지능은 모든 웨이포인트의 게임 상태를 수집하여 게임 전체 모습을 파악할 수 있습니다.

ⓖ 참고로 〈헤일로〉는 전략 게임이 아닙니다.

그러나 실제로 맵은 무척 넓습니다. 따라서 그림 4-3처럼 흩어진 웨이포인트를 될 수 있는 한 정사각형이 되도록 평균 200개를 1노드로 집단을 만듭니다. 그리고 이 노드를 계층화하여 하나의 상위 노드를 만들어 글로벌 맵을 생성합니다. 이렇게 하여 아래층부터 위층을 향해 정보를 추상화합니다. 포인트 수준이란 해당 포인트에 적 멤버가 있는지, 아군 멤버가 있는지, 포대가 있는지 등의 정보를 말합니다. 하나 위의 노드로 올라가면 그 노드가 포함하는 웨이포인트 전체의 적과 아군 세력을 모두 합친 숫자 정보를 갖습니다. 글로벌이 되면 특정 영역에 포함된 노드의 적과 아군 세력을 모두 더한 숫자 정보를 갖습니다.

이렇게 하면 지휘관으로서의 인공지능이 대국적으로 게임 상황을 인식하고 싶을 때는 글로벌 맵을 보고 적과 아군의 세력 분포를 확인하면 됩니다. 특정 영역을 상세하게 알고 싶다면 각 노드의 상태를 인식하면 됩니다. 어느 때든 계층화가 열쇠입니다. 따라서 전략 게임의 인공지능에서는 공간을 계층으로 인식하는 것이 필수 기술입니다.

4.3.2 점유도 맵

3.6절에서 설명한 영향 맵은 전략 게임에서 자주 사용하는 기술입니다. 여기서는 공간을 인식하는 방법으로 영향 맵을 어떻게 이용하는지 알아봅니다.

예를 들어 〈킬존 2〉에서는 영향 맵을 사용하여 전투 상황의 세력 밸런스를 계산하고 전략을 세웁니다. 최근 FPS는 맵이 넓어짐과 함께 전략 요소가 포함되면서 전략 게임 기술을 사용하게 되었습니다. 〈킬존 2〉의 멀티 플레이어 모드에서는 NPC가 드넓은 16 : 16의 맵에서 싸웁니다. 그 가운데 플레이어가 한 사람 참여하여 동료 캐릭터 AI와 협력하며 적 팀과 싸웁니다.

각 팀은 3층 구조의 조직도를 구성하며 위에서부터 순서대로 지휘관 AI, 스커드 AI, 인디비듀얼 AI라고 부릅니다. 이것은 각각 총지휘관, 부대장, 병사를 뜻합니다. 이 캐릭터 계층 사이에는 정보망이 있으며, 아래 캐릭터는 위 캐릭터에 성과를 보고하고, 위 캐릭터는 이렇게 모은 정보로 전체 국면을 파악해서 전략을 결정합니다. 지휘관 AI와 스커드 AI는 계층형 태스크 네트워크라는 의사결정 방법을 이용합니다.

ⓒ 계층형 태스크 네트워크는 4.4.1항에서 더 자세히 알아봅니다.

여기서는 지휘관 AI가 전투 상황을 파악하는 방법을 알아보겠습니다. 지휘관 AI는 전장 전체의 상황을 파악하여 어디에 어느 부대를 파견할지를 결정합니다. 이를 위해 맵을 자동으로 해석합니다. 맵을 해석할 때는 다양한 규모와 관점에서 봐야 합니다. 지금부터 사용할 **노드**라는 용어는 계층에서 이용하는 단위를 뜻합니다.

먼저 맵에 분포된 웨이포인트라는 포인트 데이터가 있습니다. 이 데이터는 병사를 움직이는 데 사용하는 포인트입니다. 앞서 설명한 것처럼 한 무리의 포인트를 가능한 한 정사각형에 가까운 형태로 하여 200개 정도를 포함하도록 분할합니다. 이렇게 분할한 영역을 1전술 노드로 하여 전술 노드 사이를 연결한 그래프를 **전술 그래프**라고 합니다. 이 전술 그래프를 연결하여 하나의 전략 노드로 보고, 이를 모두 연결한 것을 **전략 그래프**라고 합니다. 이처럼 계층은 그 하위 계층의 노드를 하나로 모은 것을 하나의 단위로 합니다.

지금까지 설명한 내용을 바탕으로 영향 맵을 만드는 몇 가지 방법을 살펴봅시다. 전략 게임에는 해당 노드를 어느 세력이 지배하는가를 나타내는 **점유도**(occupancy)라는 개념이 있는데, 보통 이 개념을 이용하여 영향 맵을 만듭니다. 점유도는 아군이나 적의 영향력이 어느 정도인가를 숫자로 나타냅니다. 점유도 맵에는 점유도를 1과 0으로 나타내는 **이진 점유도 맵**과 확률로 나타내는 **확률 점유도 맵**(probabilistic occupancy map)이 있습니다.

확률 점유도 맵에서는 아군이 있는 위치는 1.0이고 그 주변은 0.8, 또 그 주변은 0.6처럼 거리가 멀어질수록 영향력이 줄어듭니다. 점유도를 하나하나 겹치면 그림 4-4처럼 적이 많은 곳은 적의 점유도가 높으므로 이를 회색으로 표시합니다. 여기서는 아군을 주황색으로 표시했습니다. 4.3.1항에서 살펴보았듯이 웨이포인트를 1노드로 하여 클러스터화한 각 노드의 점유도를 계산합니다. 예를 들어 주황색 동그라미는 아군의 점유도, 회색 동그라미는 적의 점유도가 됩니다.

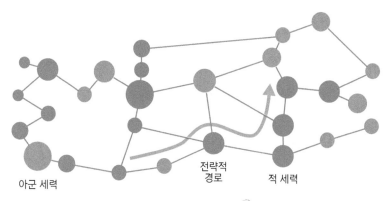

ⓘ 주황색과 회색 동그라미의 크기는
반지름에 비례합니다.

그림 4-4 〈킬존 2〉의 점유도 맵(영향 맵)

자신의 세력이 센 곳도 있고 약한 곳도 있습니다. 이를 바탕으로 지휘관
은 자신의 세력이 약한 곳에 병사를 보내도록 명령을 내릴 수도 있습
니다. 그 장소로 이동할 때는 안전한 경로를 선택하도록 해야 합니다.
즉, 점유도를 비용으로 보고 노드 사이의 경로 검색을 수행합니다. 이러
한 경로를 **전략적 경로**(strategic path)라고 합니다.

4.4 시간의 계층화

시간의 계층화란 무슨 뜻일까요? 회사원의 하루 일과를 생각해 봅시다. 아침에 일어나 출근해서 서류 작업이나 시장 조사를 하고 휴식하는 등 대체로 일정이 정해져 있고, 일정 안에서 다시 시간을 쪼개어 효율적으로 사용하려고 합니다. 이러한 것이 바로 **시간의 계층화**입니다. 사람이 '해야 할 일'이 인공지능에서는 '태스크'가 됩니다. 그리고 큰 태스크를 중간 크기의 태스크, 더 작은 크기의 태스크로 분할하여 계획합니다. 이렇게 큰 태스크를 작은 태스크로 계속 분할하고 이를 연결하는 의사결정 방법을 **계층형 태스크 네트워크**(hierarchical task network, HTN)라고 합니다.

4.4.1 계층형 태스크 네트워크

계층형 태스크 네트워크는 태스크 자체에 지적 기능을 두어 계층 모양의 명령을 자동으로 만드는 방법입니다. 먼저 태스크란 무엇인지를 정의해야 합니다. 태스크는 다음처럼 정의할 수 있습니다.

> ♟ **태스크의 정의**

- 명확한 범위와 행동을 지정하는 일입니다(도메인).
- 상황에 따라 몇 가지 더 작은 태스크로 분할합니다(메서드).
- 실행하는 데 필요한 전제 조건이 있습니다(프리컨디션).

예를 들어 찬장에서 접시를 꺼내 싱크대로 옮기거나 쌓기나무 A를 쌓기나무 B 위에 놓는 태스크가 있다면 도메인은 '접시, 찬장, 싱크대'와 '쌓기나무'이며 그 외의 정보는 고려하지 않습니다. 전략 게임이라면 적 A와 사막에서 교전 등이 태스크에 해당합니다.

또한 태스크마다 실행하는 데 필요한 **전제 조건**(precondition)이 각각 있습니다. 예를 들어 '아군을 도우러 가다'라는 태스크의 전제 조건은 '30초 이내에 도착할 수 있는 곳에 있을 것'이고, '아군 엄호'라는 태스크의 전제 조건은 '체력이 충분한 남아 있을 것'입니다.

태스크는 **컴포지트 태스크**(합성 태스크)와 **프리미티브 태스크**(기초 태스크)로 나눌 수 있습니다. 컴포지트 태스크는 더 작은 태스크(서브 태스크)로 분할할 수 있으며 여기에는 분해하는 방법으로 **메서드**가 있습니다.

예를 들어 그림 4-5에서 '라떼를 만든다'는 컴포지트 태스크이고 메서드를 이용해 '우유를 따른다', '에스프레소를 붓는다'라는 태스크로 분해할 수 있습니다. '우유를 따른다', '에스프레소를 붓는다'는 더 이상 분해할 수 없으므로 프리미티브 태스크가 됩니다. 특히 중요한 것은 이 2가지 태스크에는 순서가 있다는 점입니다.

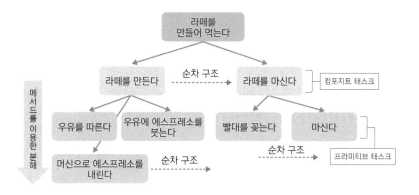

그림 4-5 계층형 태스크 네트워크의 계층도

이러한 계층도로 그림 4-6과 같은 태스크 네트워크를 만듭니다. 태스크에는 순차 구조가 있으나 순서 없이 실행해도 되는 곳에서는 그림 4-6과 같이 병렬로 나열합니다. 이러한 태스크 네트워크가 일단 만들어지면 실행기(executor)에 이 네트워크를 전달하여 실행합니다.

그림 4-6 계층형 태스크 네트워크가 생성한 네트워크

여기까지 읽었다면, 처음부터 그림 4-5처럼 트리 구조를 만드는 게 더 좋겠다고 생각할 수도 있습니다. 계층형 태스크 네트워크의 다양성은 메서드에 따른 다양한 분해 방법에서 비롯합니다. 앞에서는 메서드를 이용해 분해하는 방법만 예를 들었지만 실제로는 메서드 조건에 따라 다른 분해 방법을 사용하기도 합니다. 그러므로 이와는 전혀 다른 방법을 정의하면 다른 태스크 네트워크가 만들어집니다. '에스프레소 머신이 없을 때', '빨대가 없을 때'에는 다른 분해 방법을 사용하도록 메서드를 작성해 두면 그림 4-7과 같이 '모카 포트를 사용한다', '커피 전용 리드를 사용한다'라는 태스크 네트워크를 이룹니다.

이처럼 태스크는 상황에 따라 분해 방법이 다를 수 있으며, 다양한 조합에 따라 여러 가지 태스크 네트워크를 만들 수 있다는 점이 계층형 태스크 네트워크의 장점입니다.

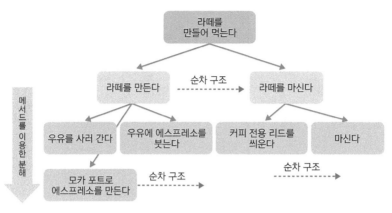

그림 4-7 메서드를 이용한 다른 분해 방법

4.4.2 시간의 계층화 응용 예 — 전투와 합류

예를 들어 그림 4-8처럼 마법사 부대가 2개 있고 인공지능 지휘관이 지시를 내린다고 합니다. 적은 부대가 3개 있는데 마지막 한 부대는 규모가 무척 커 전력을 다해 싸워야 한다고 합시다. 이때 2개의 마법사 부대는 첫 전투가 끝나면 다른 쪽 부대로 합류해야 한다고 합니다. 이럴 때 지휘관은 먼저 각 부대의 리더인 분대장(서브 리더)에게 전투를 명령합니다. 다음으로 부대 2개가 합류하여 세 번째 적에게 한꺼번에 공격하도록 명령을 내립니다. 이러한 명령을 인공지능 지휘관이 내릴 때는 **전투**와 **합류**라는 큰 태스크 순서로 합니다.

이번에는 이 태스크 순서를 고정하도록 합시다. 태스크에는 더 자세한 하위 태스크가 각각 있습니다. 예를 들어 초반 전투에서는 팀마다 다른 전투를 할당합니다. 그리고 합류에서는 모든 팀에게 합류 포인트로 모이도록 지시를 내립니다. 그리고 마지막 전투에서는 적을 어느 쪽부터 공격할지를 지정합니다.

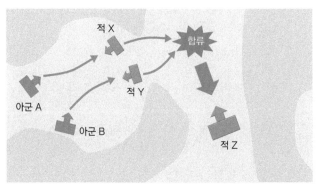

그림 4-8 아군 2개 팀이 협력하여 적을 무찌름

이때 전투 태스크는 '적 팀에 아군 팀을 할당하고 감싸도록 한다'라는 기능으로 이루어집니다. 즉, 아군 A, B의 주위에 있는 적 X, Y, Z를 선택하고 A, B를 대상으로 할당하는 기능입니다. 이 전투 태스크에는 호출 상황에 따라 다양한 분해 방법이 있습니다. 이 지휘관의 태스크 네트워크는 그림 4-9와 같습니다. 이때 가까운 쪽이 아니라 전력이 비슷하도록 할당하는 분해 방법을 채택하면 때에 따라서는 아군 A를 적 Y에, 아군 B를 적 X에 할당할 수도 있습니다.

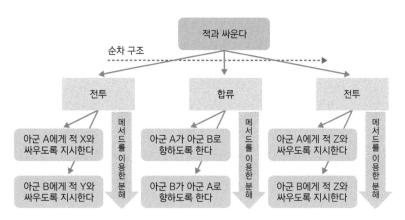

그림 4-9 아군 2개 팀에 지시하는 계층형 태스크 네트워크의 계층도

여기에 새로운 장치를 추가합니다. 지금까지는 모든 태스크를 미리 분해해 두었지만, 이렇게 하면 상황에 따라 변화가 일어날 때 계획이 틀어질 수 있습니다.

이번에는 각 태스크를 실행하는 시점에 분해하겠습니다. 즉, 처음에는 전투, 합류, 전투라는 제1계층 태스크만 준비합니다. 먼저 게임 시작과 함께 첫 번째 전투 태스크를 분해 메서드에 따라 분해합니다. 그러면 2가지 프리미티브 태스크가 됩니다. 다음으로 적을 쓰러뜨리면 합류를 분해합니다. 지휘관 AI가 합류를 지시했을 때 메서드에 따른 분해 방법은 2가지인데, 합류 지점을 지시하여 집합하도록 하는 메서드와 서로에게 향하도록 하는 메서드입니다. 여기서는 후자를 선택하겠습니다. 합류하면 마지막 전투를 분해합니다. 그러면 2가지 프리미티브 태스크로 분해됩니다. 지금까지 태스크를 연결(네트워크)하면 그림 4-10처럼 2가지 태스크의 흐름이 만들어집니다.

그림 4-10 아군 2개 팀에 지시할 때 만들어지는 태스크 네트워크

이처럼 일단 계획(제1계층)을 만들고 상세한 계획(제2계층)은 상황에 따라 실행하도록 계층을 분해하여 생성하는 방법을 **느긋한 계산법**(lazy evaluation)이라고 합니다. 이 방법을 사용하면 계획을 어느 정도 튼튼하게 세우면서 동시에 게임 상황에 따라 변화할 수 있습니다. 예를 들어 적 C, D가 갑자기 나타난다면 마지막 전투 태스크는 '아군 A에게 적 C와 싸우도록 지시한다', '아군 A에게 적 D와 싸우도록 지시한다'처럼 분해할

수 있습니다. 이처럼 같은 태스크라도 상황에 따라 다르게 분해할 수 있다는 데 이 방법의 다양성이 있습니다.

4.4.3 시간의 계층화 응용 예 — 수송

이번에는 그림 4-11과 같이 아군인 마법사 팀 A, B와 소환 몬스터로 적 몬스터 본거지를 공격하고 차지하는 상황을 살펴봅니다. 적 몬스터 거점 앞에는 숲이 있고 이곳에서 아군의 체제를 정비한다고 합시다. 이때 마법사 수송차는 한 팀을 수송할 수 있고 도로로만 이동할 수 있습니다. 이와 달리 마법사 팀은 도보로 움직이므로 숲을 가로지를 수 있습니다. 여러분이 지휘관이라면 적 본거지를 공격할 때 어떤 작전을 세우겠습니까?

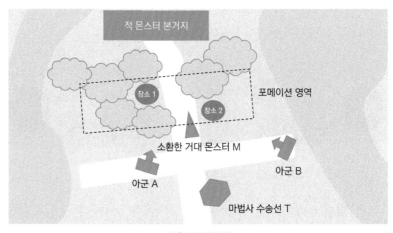

그림 4-11 작전 맵

먼저 태스크를 **적 본거지 공격, 적 본거지 차지**로 크게 나눌 수 있습니다. 여기서 적 본거지 공격은 적 본거지에 있는 적을 쓰러뜨리는 것이고, 적 본거지 차지는 적 본거지에 주둔하며 주변의 적을 모두 쓰러뜨려 그 지역을 차지하는 것입니다. 적 본거지 공격이라는 태스크는 그림

4-12처럼 **팀 이동, 팀 공격** 등의 태스크로 더 작게 분해할 수 있습니다. 팀 이동이란 그림 4-11의 포메이션 영역까지 이동하는 것입니다. 적 본거지 차지는 팀 이동, 적 본거지 방어(농성하며 주변의 적을 물리침)로 다시 분해할 수 있습니다. 이때 이동은 적 본거지에 집합하는 것을 뜻합니다.

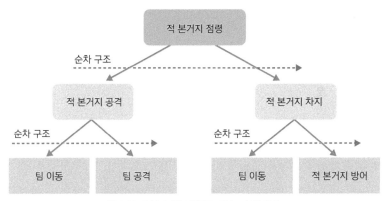

그림 4-12 적 본거지를 점령하는 태스크 분해 메서드

먼저 팀 이동을 살펴보겠습니다. A, B 두 팀이 있으므로 어느 한쪽을 마법사 수송차로 목적지까지 수송(T)할 수 있습니다. 그러므로 팀 이동은 A팀과 B팀의 진행 상황에 따라 나눌 수 있습니다. 소환 몬스터는 걸어가야 하므로 여기서는 고려할 필요가 없습니다. 그러나 A, B 두 팀 모두 이미 목적지 근처까지 왔다면 수송하지 않아도 되므로 수송차만 해당 영역으로 보내면 됩니다. 또는 A팀과 B팀을 비교하여 목적지에서 더 멀리 떨어져 있는 팀을 수송합니다.

수송 방법은 이렇게 3가지가 있으므로 A, B 두 팀과 목적지까지의 거리를 판정하여 메서드를 할당합니다. 즉, 팀 이동만으로도 그림 4-13과 같이 분해할 수 있습니다.

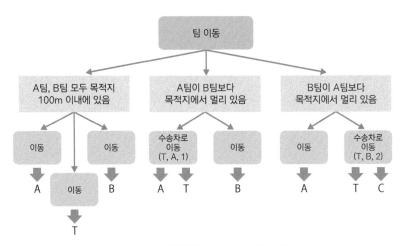

그림 4-13 팀 이동의 태스크 분해 메서드(3가지)

또한 마법사 수송차는 도로를 따라 이동하므로 '장소 1'과 '장소 2' 중 한 곳에서 멈추어야 합니다. 이러한 할당 역시 메서드로 수행하여 어떤 장소에서 수송차를 멈출지를 결정합니다. 여기서 **수송 이동** 태스크를 분해할 필요가 있습니다. 수송차 X가 Y팀을 태우고 장소 N까지 이동한다는 태스크로 만들면 이 태스크는 여러 장소에서 사용할 수 있습니다. 이러한 수송차 이동은 그림 4-14와 같이 분해할 수 있습니다.

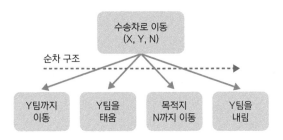

그림 4-14 수송차 이동 태스크 분해 메서드

이러한 분해 메서드를 겹치면 분해 메서드마다 생성되는 버전이 늘어나므로 곱셈으로 만드는 태스크 네트워크 종류가 늘어납니다. 생성한 태스크 네트워크의 예는 그림 4-15와 같습니다. 여기서는 팀 공격과 적 본거지 방어 메서드는 생략했습니다.

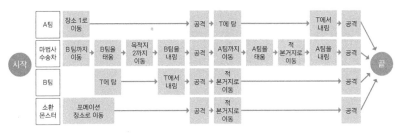

그림 4-15 생성한 태스크 네트워크

예를 들어 게임을 시작했을 때 B팀이 늦었다고 합시다. 그러면 마법사 수송차는 B팀을 수송합니다. 다음으로 포메이션 영역에서 각 팀이 공격을 시작한 다음, 적 본거지에 집합할 때는 A팀이 늦어지므로 마법사 수송차로 A팀을 수송하는 네트워크를 이룹니다. 이 역시 실행할 때 평가에 따라 그 결과로 얻은 태스크 네트워크입니다.

이러한 기술은 〈아르마/아르마 2〉(암드 어설트, 보헤미안 인터랙티브, 2006년, 2009년)에서 '플랜드 어솔트(Planned Assault)'라는 시뮬레이션 생성기로 응용되었습니다. 앞서 설명한 내용도 이 시뮬레이션 생성기의 구현 방식을 참고한 것입니다.

4.5 건설

지금부터는 블리자드 엔터테인먼트의 〈스타크래프트〉, 〈워크래프트〉 등의 크래프트 시리즈를 주제로 살펴봅시다. 블리자드 엔터테인먼트는 줄곧 전략 게임을 만들었습니다. 크래프트 시리즈의 시작은 〈워크래프트〉입니다. 이 게임은 무척 인기가 있었던 시리즈로, 이를 바탕으로 온라인 게임인 〈월드 오브 워크래프트(World of Warcraft, WoW)〉도 개발되었습니다. 〈워크래프트〉의 무대는 기사와 몬스터가 등장하는 판타지 세계인 반면, 〈스타크래프트〉는 혹성과 여러 종족이 등장하는 우주를 무대로 한 SF물입니다.

건설(construction)과 전투를 합친 게임 디자인과 속도감을 느낄 수 있는 게임 진행이 이 회사가 만든 크래프트 시리즈의 특징입니다. 여기서 건설이란 주위에서 자원을 모아 성이나 기지를 건설하고 이를 이용하여 병사나 우주선을 생산하는 시스템입니다. 〈스타크래프트〉에서는 공장을 건설하고 전투함을 만듭니다. 이러한 게임에서는 건설과 전투를 번갈아 효율적으로 수행해야 합니다. 건설만 해서는 늘어나는 적을 물리칠 수 없고, 적만 공격해서는 건설이 진행되지 않아 물량 면에서 적에게 지게 되므로 이 균형이 중요합니다.

20년이 넘는 실시간 전략 게임의 역사와 함께 적 AI 역시 발전했습니다. 이 시리즈에서 적은 정찰이나 전투를 진행합니다. 정찰이나 전투에는 당연히 이동이 따르는데, 3장에서 살펴본 것처럼 내비게이션 AI가 캐릭터를 환경 안에서 움직입니다. 내비게이션 AI에 포함된 경로 검색은 지형을 파악하고 최단 경로를 발견해서 그에 맞게 움직이는 알고리즘입니다. 이와 함께 **웨이브**(wave)라는 개념도 있는데, 이는 적이 한순간에 몰려오는 현상을 말합니다. 상위 AI(예를 들어 메타 AI)가 '웨이브를 플레이어 집단에 어떻게 보낼 것인가?'를 정합니다.

지금부터는 AAAI(Association for the Advancement of Artificial Intelligence) 분과회인 AIIDE 2011(Artificial Intelligence and Interactive Digital Entertainment)에서 행한 밥 피치(Bob Fitch)의 기조 강연을 바탕으로 설명합니다.

4.6 정찰

정찰(scout)은 적의 위치나 진행 방향을 알아내어 사령부에 전달하는 것입니다. 사람과 인공지능이 대전하는 전략 게임에서 정찰을 신중하게 수행해도 적을 전혀 발견하지 못할 때가 많습니다. 인공지능 쪽이 정찰에 실패하거나 정보를 수집하지 못한다는 것은 플레이어 쪽에서도 적과 만나지 못한다는 것을 뜻하므로 전투 없이 시간만 흐르고 게임이 지루해집니다.

이 때문에 〈스타크래프트〉, 〈워크래프트 III〉(블리자드 엔터테인먼트, 1998년, 2002년)에서 인공지능은 플레이어가 어디에 있는지를 이미 알고 그곳으로 유닛을 보내어 마치 정찰을 하는 듯한 모습을 연출합니다. 게임은 시뮬레이션이 아니라 엔터테인먼트이기 때문에 이러한 치트는 다른 게임에서도 자주 사용합니다.

> ⓒ 치트란 원래 캐릭터의 위치나 시야에서는 알 수 없는 정보를 이용하여 행동하는 것을 말합니다.

그러나 〈스타크래프트 2〉(블리자드 엔터테인먼트, 2010년)에서는 정찰을 정당하게 수행해서 상대의 위치와 유닛의 종류 등의 정보를 얻도록 합니다. 정찰에서 얻은 정보는 각 좌표에서 적의 종류와 관측한 시각이 됩니다. 여기서 말하는 정보란 처음으로 탐색한 영역, 주요 길이 있는 영역, 우연히 탐색한 영역 등의 특성을 나타냅니다. 이처럼 정찰을 정당하게 수행하도록 한 것은 하드웨어의 성능이 높아져서 정찰에 충분한 계산 리소스를 할당할 수 있게 되었고 시뮬레이션을 정확히 수행하더라도 게임으로 충분히 즐길 수 있다는 판단이 있었기 때문일 것입니다.

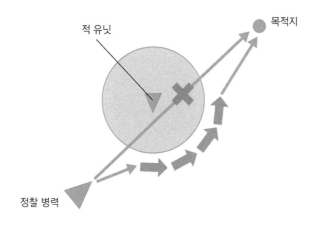

적 유닛

목적지

정찰 병력

그림 4-16 〈스타크래프트 2〉의 적 유닛에 대한 정찰 병력의 경로 조정

또한 정찰 행동 역시 고도화되었습니다. 이전 게임에서는 적 유닛을 향해 직진하는 바람에 공격당하는 때가 흔했던 정찰 병력의 움직임을 조정하고자 〈스타크래프트 2〉에서는 적 유닛을 만났을 때 일정 거리를 유지하며 돌아가도록 그림 4-16처럼 경로를 조정합니다. 그 결과 뜻하지 않게 공격당하는 상황을 개선할 수 있었습니다. 작은 개선이었지만 이렇게 쓸모없는 행동을 하나씩 없애면 사용자가 느끼는 경험의 질은 더 높아집니다. 이렇게 개선을 거듭하는 것이 게임 인공지능에서는 중요합니다.

4.7 경로 검색, 무리 제어, 스티어링

플레이어 또는 인공지능 지휘관이 명령을 내리면 멤버는 그대로 행동해야 합니다. 멤버가 받는 명령은 이동과 관련된 것이 가장 많습니다. 이동 형태는 적의 위치까지 이동, 적 기지까지 이동, 전술 지점까지 이동, 대기 위치까지 이동 등 다양합니다. 3장에서 살펴본 것처럼 이러한 이동 관련 인공지능 기술을 **내비게이션 AI**라고 하며, 특히 경로를 탐색하는 알고리즘을 **경로 검색**이라고 합니다 이 절에서는 게임에 따른 다양한 경로 검색과 함께 무리 제어, 스티어링 등을 설명합니다.

오늘날의 경로 검색은 일반적으로 **내비게이션 메시 위의 A* 알고리즘**을 이용하지만, 이전에는 다른 방법을 사용했습니다. 예를 들어 〈워크래프트 I, II〉에서는 사각형을 이용한 타일 기반 내비게이션 데이터로 사용했습니다. **타일 기반**이란 일정한 도형으로 맵을 채운 다음, 움직일 수 있는 장소를 찾아 경로를 만드는 방법입니다.

이처럼 경로 검색 기술은 다양한 변화를 거쳐 오늘날의 모습으로 발전했다는 것을 알 수 있습니다. 그러나 내비게이션 메시 위의 A* 알고리즘만으로 풀 수 없는 이동 문제도 있습니다. 지금부터 이와 관련된 여러 가지 사례를 소개하고자 합니다. 또한 전략 게임에서는 다른 게임 분야에서 흔히 볼 수 없는 '무리 이동'이라는 특별한 요소도 있습니다. 이 절에서는 전략 게임에서 볼 수 있는 다양한 경로 검색 기술을 살펴봅시다.

4.7.1 타일 기반 경로 검색

〈워해머 40K: 돈 오브 워 II〉(렐릭 엔터테인먼트, 2009년)는 **타일 기반 경로 검색**(tile-based pathfinding)을 이용합니다. 이 기법은 좁은 영역에서 많은 캐릭터가 만날 때 경로 검색을 이용하여 이동하는 캐릭터 사이에 일어나는 충돌 문제를 피하는 데 효과적입니다.

😊 이 방법은 캐릭터가 점유한 타일을 표시하므로 4.3.2항의 점유도 맵(occupancy map)에 해당합니다.

그리고 경로 검색을 수행할 때는 그림 4-17처럼 점유한 공간 이외의 부분에 A* 경로 검색을 수행합니다. 또한 A* 경로 검색을 수행하기 전에 직진할 수 있는지를 확인하고, 공간이 비었을 때는 직진하도록 하여 경로 검색의 부하를 줄입니다.

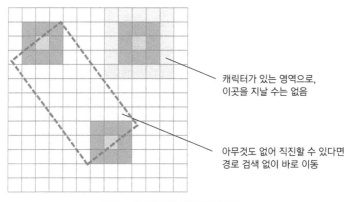

캐릭터가 있는 영역으로,
이곳을 지날 수는 없음

아무것도 없어 직진할 수 있다면
경로 검색 없이 바로 이동

그림 4-17 타일 기반 내비게이션 공간

이 기법에는 장점이 있습니다. 예를 들어 적 캐릭터 1대를 아군 캐릭터 여러 대가 공격할 때 캐릭터끼리 충돌하여 적을 제대로 포위하지 못할 수 있습니다. 이때 그림 4-18처럼 타일 기반 방식을 이용하면 적 캐릭터 주변의 빈 영역을 찾아 그곳으로 새로운 아군 캐릭터를 보낼 수 있습니다.

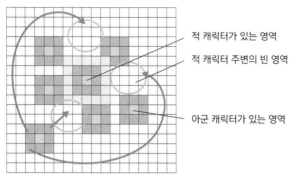

적 캐릭터가 있는 영역

적 캐릭터 주변의 빈 영역

아군 캐릭터가 있는 영역

그림 4-18 타일 기반을 이용한 포위 공격

4.7.2 고정 경로

〈워크래프트〉에서는 개발자가 웨이포인트를 곳곳에 두어 긴 경로를 처
리했습니다. 이 방법은 1990년대 게임에서 가장 많이 사용했습니다. 지
형이 좁고 고정된 곳이라면 이 방법으로도 문제가 없지만, 매번 같은 경
로를 지나게 되므로 적 플레이어에게 들키기 쉽다는 단점이 있었습
니다. 또한 경로를 바꾸려면 웨이포인트 데이터를 그때마다 바꾸어야
했습니다. 참고로, 2004년 필자가 게임 산업에 발을 들였을 때 게임 대
부분에서는 그림 4-19처럼 경로 검색 기술이 아니라 고정 경로를 이용
하여 캐릭터를 제어했습니다.

출발점

목적지

그림 4-19 여러 개의 고정 경로

경로 검색 기술을 도입하려면 개발 팀을 설득해야 했습니다. 왜냐하면 고정 경로에서 경로 검색으로 바꾸려면 고정 경로를 만들기 위한 코드에서 가능했던 완전한 디버깅을 포기해야 하고, 게임 안에서 만들어지는 모든 경로를 확인할 수 없기 때문입니다. 경로 검색을 도입하려면 주요 경로만이라도 확인해야 하고, 시간 내에 도착하지 못하면 다시 검색하거나 워프하도록 하는 등 경로 검색에 여러 번 실패했을 때를 대비한 안전장치를 만들어야 합니다.

4.7.3 영역을 이용한 무리 이동

여러 캐릭터의 집합을 **유닛**이라고 하는데, 전략 게임에서는 대부분 이러한 유닛에 이동 명령을 내립니다. 유닛을 이동할 때는 캐릭터들이 목적지까지 경로를 따라 각각 이동하거나 2장에서 설명했듯이 리더를 따라 이동합니다. 여기서는 전자의 문제점을 살펴봅니다.

캐릭터가 경로를 따라 이동할 때 같은 지역에서 출발하면 세로로 길게 늘어질 수 있다는 단점이 있습니다. 그러면 적은 줄지어 오는 순서대로 그림 4-20처럼 하나씩 공격하면 됩니다. 참고로 〈워크래프트 I, II〉에서는 이런 방식으로 이동합니다.

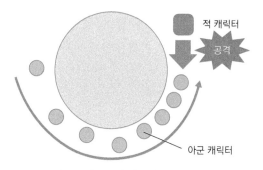

그림 4-20 한 줄로 이동할 때의 각개 격파 문제

이 문제를 해결하고자 〈스타크래프트〉에서는 그림 4-21의 **영역 기반
경로 검색**(zone-based pathfinding)을 채용했습니다. **영역**(zone)이란 맵
을 큰 덩어리로 분할한 것으로, 이 영역 안에서는 캐릭터가 자유롭게 움
직일 수 있습니다. 이 영역을 단위로 하여 이동할 경로를 정하면 이동할
때 전열을 가로로 전개할 수 있으므로 각개 격파될 위험을 줄일 수 있습
니다. 한 걸음 더 나아가 〈워크래프트 III〉에서는 유닛 포메이션의 중심
이 되는 가상의 캡틴을 설정해서 이 캡틴을 기준으로 유닛이 정렬되어
대형을 무너뜨리지 않고 이동할 수 있게 되었습니다.

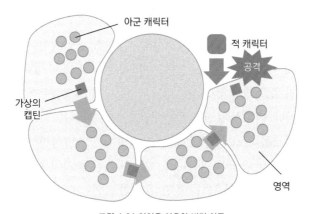

그림 4-21 영역을 이용한 병렬 이동

그림 4-22처럼 〈스타크래프트〉에서는 맵을 영역으로 분할하고 일반적
인 경로 검색과 영역 기반 경로 검색을 함께 이용하여 맵 전체에 걸친 유
닛 이동을 수행합니다.

그림 4-22 맵의 영역 분할 예

4.7.4 쿼드 트리를 이용한 경로 검색

〈스타크래프트〉에서는 그림 4-23처럼 **쿼드 트리**(quad tree)로 경로를 검색합니다. 이 방법은 크기를 달리해서 맵을 4등분하며 반복 검색하는 방법입니다.

여기서는 출발 지점에서 목적지까지의 최단 거리를 구한다고 합시다. 먼저 맵을 4등분합니다. 출발 지점과 목적지가 같은 영역에 있고 직진해서 갈 수 있다면 여기서 검색을 종료합니다. 그러나 그림 4-23에서는 출발 지점은 A 영역에 있고 목적지는 C 영역에 있으므로 우선 A → B → C 라는 경로를 설정합니다. C 영역을 다시 4등분하면 목적지는 E 영역이 됩니다. B는 F와 포털(입구)로 연결되어 있어 A → B → F → E라는 좀 더 상세한 경로를 정할 수 있습니다. 다시 E를 4등분하면 목적지는 I 영역과 연결되므로 결국 경로는 A → B → F → J → I가 됩니다.

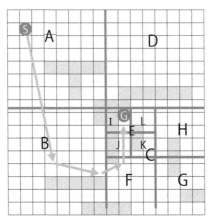

그림 4-23 쿼드 트리를 이용한 경로 검색

쿼드 트리를 이용한 경로 검색은 빠르고 간단하며 특별하게 조정할 필요가 없으므로 게임 산업에서 자주 사용하는 기법입니다. 또한 이를 3차원으로 확장한 옥타 트리(octa tree) 경로 검색도 사용합니다. 그러나 옥타 트리는 빈 평원이나 우주 공간이 많다면 효과가 있지만 세세한 지형이나 통로가 있는 복잡한 동굴이나 던전 등에서는 비효율적이어서 쓰임이 한정됩니다.

> 참고로 초기 3D 게임 〈퀘이크〉(이드 소프트웨어, 1996년)는 BSP(binary space partition)라는 이진 트리를 이용하여 공간을 검색했습니다.

4.7.5 지형과 거리를 두면서 그룹을 이동

〈스타크래프트 2〉에서는 **들로네 삼각분할**(Delaunay triangulation)에 따라 맵을 내비게이션 메시(여기서는 삼각형으로 맵을 채움)로 만듭니다. 메시는 기본적으로 그라운드(통과할 수 있는 지면), 이미 건축물이 있는 장소, 절벽(통행 장벽), 아무것도 없는 곳의 4종류로 분할합니다. 이 메시 위에서 A* 알고리즘을 사용하여 경로를 검색합니다.

> 다만 유닛에는 전체 경로에서 항상 2개 앞의 경로까지 알리도록 합니다.

또한 메시와는 별도로 영역에 따라 맵을 크게 분할합니다. 4.7.3항에서 살펴보았듯이 이렇게 하면 유닛이 한 줄로 이동하지 않습니다. 이와 함께 가능한 한 대형을 유지하면서 이동하도록 포메이션을 유지하는 기능을 추가했습니다. 이는 유닛 이동을 유닛이 차지하는 원 영역의 이동으로 보는 방식입니다. 그림 4-24를 보면 알 수 있듯이 원 영역의 반지름을 미리 결정하고 중심점의 경로를 구할 때 항상 장애물의 끝점부터 이 반지름만큼 유닛의 중심점을 떨어뜨린 상태에서 경로를 검색하도록 구현합니다. 이 반지름은 유닛에 따라 다른 길이로 설정됩니다.

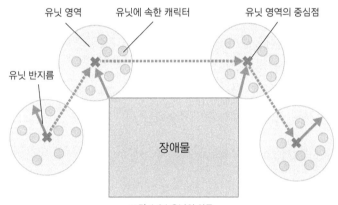

그림 4-24 유닛의 이동

그림 4-25처럼 〈오버로드〉(코드마스터, 2009년)에서는 미니언들이 플레이어의 명령에 따라 포메이션을 이루어 이동할 때 그룹 안에 정해진 규칙에 따라 움직입니다. 삼각형의 왼쪽 끝 한 무리는 선두를 따르는 상태이며 각 열은 오른쪽에서 왼쪽 방향으로 추종 관계를 이룹니다. 이처럼 그룹 안에 상대적 위치에 따른 좌표 규칙을 만들어 두면

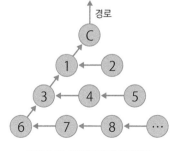

그림 4-25 〈오버로드〉의 포메이션

내부에서는 활발한 움직임이 있는 상태에서 전체가 이동하는 움직임을 만들 수 있습니다. 물론 이러한 내부 질서를 만드는 방법은 다양합니다.

4.7.6 무리 제어

〈스타크래프트 2〉에서는 그룹 전체를 이동하는 데 **무리 제어**라는 방법을 활용했습니다. 무리 제어는 원래 1980년대에 크레이그 레이놀즈(Craig Reynolds)가 고안한 방법으로 **팔로잉**, **그룹화**, **분리**라는 기본 알고리즘으로 이루어집니다. 때에 따라 네 번째로 **회피**를 추가합니다. 가속도나 속도에 따라 캐릭터를 제어하는 것을 **캐릭터 스티어링**이라고 합니다. 이러한 레이놀즈의 알고리즘은 게임이나 CG 영화의 캐릭터 스티어링 등에서 널리 사용합니다.

〈스타크래프트 2〉에서는 레이놀즈의 이론을 확장하여 기본 알고리즘 4가지에 **무리 짓기**, **도착**을 추가했습니다.

> ### 〈스타크래프트 2〉의 무리 제어 6가지 모드
>
> ① 팔로잉(following): 특정 캐릭터나 가상의 리더를 따라갑니다.
> ② 무리 짓기(flocking): 하나의 집단을 이루어 목적지로 향합니다.
> ③ 그룹화(grouping): 한 곳에 모입니다.
> ④ 분리(separation): 서로 거리를 둡니다.
> ⑤ 회피(avoidance): 장애물을 피합니다.
> ⑥ 도착(arrival): 특정 지점에 도착합니다.

이러한 단순 스티어링을 조합하면 무리 제어를 구현할 수 있습니다. 전략 게임의 조작에서는 마우스 포인팅을 이용하여 그룹 이동을 지시하기 때문에 특히 **도착**을 중요하게 여깁니다. 플레이어가 지정한 좌표를 향해 그룹으로 이동하려면 팔로잉뿐만 아니라 좁은 장소에서는 그룹화를 이용

하여 모이거나 넓은 장소에서는 거리를 두고(분리) 도중에 만나는 장애물을 피하면서(회피) 지정된 좌표에 도착해야 합니다. 다다른 지점에서 멤버의 위치 등을 각각 정하는 것이 도착이며, 리더가 그 좌표에 이르면 상대의 좌표 지점에 멤버가 각각 정지한다는 방식으로 동작을 정의합니다.

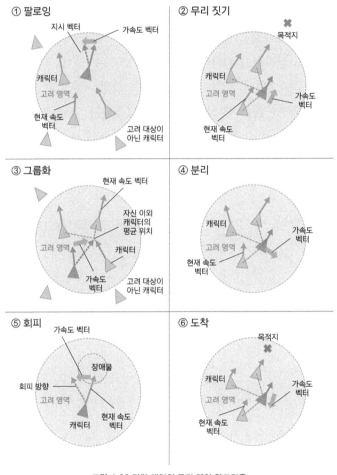

① 팔로잉

지시 벡터
가속도 벡터
캐릭터
고려 영역
현재 속도 벡터
고려 대상이 아닌 캐릭터

② 무리 짓기

목적지
캐릭터
고려 영역
가속도 벡터
현재 속도 벡터

③ 그룹화

현재 속도 벡터
자신 이외 캐릭터의 평균 위치
고려 영역
캐릭터
가속도 벡터
고려 대상이 아닌 캐릭터

④ 분리

캐릭터
가속도 벡터
고려 영역
현재 속도 벡터

⑤ 회피

가속도 벡터
장애물
회피 방향
고려 영역
캐릭터
현재 속도 벡터

⑥ 도착

목적지
캐릭터
가속도 벡터
고려 영역
현재 속도 벡터

그림 4-26 전략 게임의 무리 제어 알고리즘

4.7.7 퍼넬 알고리즘

경로 검색에서 입력은 출발점과 도착점입니다. 반면에 출력은 출발점에서 도착점에 이르기까지의 메시나 포인트 배열로, 이는 메시나 포인트의 크기에 따라 지그재그 형태로 이루어진 많은 경로를 뜻합니다. **퍼넬 알고리즘**(funnel algorithm)은 A* 알고리즘 등으로 경로를 찾아 이를 더욱 최적화(매끄럽게 함)하는 데 필요합니다. 이 과정을 **스무딩**(smoothing) 이라고 합니다. 경로를 발견했다고 해도 내비게이션 메시 위의 A* 알고리즘은 어느 삼각형을 지나야 최단 경로가 되는가를 표시할 뿐입니다. 일반적으로는 변의 중점을 지나는 경로를 선택하지만, 이보다는 특정 꼭짓점과 가까운 쪽을 지나는 것이 더 가깝습니다. 그러나 어느 꼭짓점 쪽을 지나야 좋을지는 알 수 없습니다. 이를 알려 주는 것이 퍼넬 알고리즘입니다. 〈스타크래프트 2〉에서는 내비게이션 메시 위의 경로를 검색한 다음, 이 알고리즘으로 그림 4-27처럼 경로 최적화를 수행합니다.

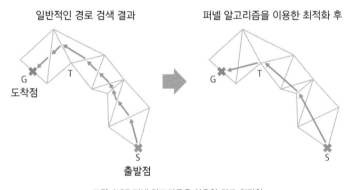

그림 4-27 퍼넬 알고리즘을 이용한 경로 최적화

퍼넬 알고리즘은 단순합니다. 지금부터 그림 4-28을 보면서 퍼넬 알고리즘을 살펴보겠습니다. 먼저 출발점과 이웃한 꼭짓점 2개를 취합니다. 그 꼭짓점 2개에서 차례대로 다음 꼭짓점으로 이동하고 이들 꼭짓점과

출발점을 이은 선이 경로 영역에서 벗어난다면 그다음 출발점을 벗어나기 전의 꼭짓점으로 이동합니다. 이후 과정은 그림으로 살펴봅시다.

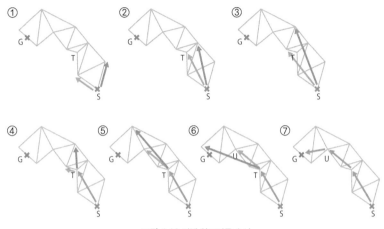

그림 4-28 퍼넬 알고리즘 순서

🐾 퍼넬 알고리즘의 경로 검색 과정

① 출발점 S에서 양쪽 꼭짓점을 선택합니다. 그러면 이 3개의 점은 삼각형이 되는데, 이는 첫 삼각형 메시와 일치합니다.

② 양쪽 꼭짓점을 다음 꼭짓점으로 차례대로 이동합니다. 출발점과 이 2개의 점으로 만든 삼각형이 경로 영역 안에 있다면 계속 이동합니다.

③ 특정 시점에 이 삼각형이 경로 영역을 벗어납니다. 즉, 왼쪽 T와 출발점을 연결한 선이 메시 밖으로 벗어납니다.

④ 이 삼각형이 경로 영역 안에 들어가도록 S를 T까지 이동합니다.

⑤ 다음으로 T부터 마찬가지로 반복하여 번갈아 정점을 이동합니다.

⑥ 이 삼각형이 경로 영역에서 벗어났으므로 T에서 U로 이동합니다.

⑦ U까지 오면 목적지와 직선으로 연결할 수 있으므로 종료합니다.

퍼넬 알고리즘은 이렇게 경로를 검색하여 얻은 결과를 더욱 최적화하여 실용적인 경로로 수정합니다.

그러나 실제 경로 검색은 여기서 끝나지 않습니다. 4.7.5항에서 설명한 것처럼 조금 보정할 필요가 있습니다. 큰 캐릭터의 경우 꼭짓점에 가깝게 이동하면 벽에 부딪힙니다. 그러므로 T와 U에서는 그림 4-29처럼 캐릭터의 반지름만큼 경로를 안쪽으로 조정해야 합니다. 이렇게 하면 캐릭터가 벽에 부딪히지 않고 코너에 바짝 붙어 경로를 지날 수 있습니다.

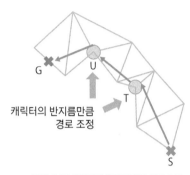

그림 4-29 캐릭터의 반지름만큼 경로 조정

4.7.8 웨이브

전략 게임이나 전투가 장기적으로 이루어진 게임에서 웨이브(wave)라는 개념을 빼놓을 수 없습니다. 웨이브란 전략 게임에서는 이동하여 전투하는 캐릭터 집단을 말하는데 제1파, 제2파, 제3파와 같이 시간 차를 두고 적 웨이브가 공격해 오는 상황이 자주 일어납니다. 〈워크래프트 I, II〉에서는 미리 지정한 지점에 캐릭터를 모으고 스크립트를 이용하여 웨이브를 만듭니다.

〈스타크래프트〉에서는 그림 4-30처럼 히트 맵을 이용하여 핫 포인트에 웨이브를 만들어 공격합니다. 히트 맵은 핫 포인트를 표시하기 위해 만든 맵으로, 영향 맵 중 하나입니다.

ⓒ 여기서 핫 포인트란 적이 가장 크게 지배하는 영역을 말합니다.

먼저 각 영역에서 열을 계산하는데 지상과 공중에서 적의 세기를 열원으로, 아군의 세기를 냉원으로 합니다. 그러면 가열된 영역은 적이 집중해 있는 영역인 핫 포인트가 되는데 그곳에 아군의 웨이브를 보냅니다. 즉, 뜨거운 영역을 냉각하고자 웨이브를 보낸다고 할 수 있습니다. 그러나 웨이브를 보내고 나서는 추가로 제어할 일이 없습니다. 실제 웨이브는 긴 경로나 전투 중에 퍼져 가며 점점 약해집니다. 이에 〈워크래프트 III〉에서는 웨이브를 다음 4가지로 제어합니다.

〈워크래프트 Ⅲ〉의 웨이브 제어 4가지

① 어택(attack): 공격 상태
② 디펜드(defend): 방어 상태
③ 리그룹(regroup): 분산 상태에서 다시 집합 상태(후퇴에 가까움)
④ 리트리트(retreat): 후퇴

이러한 제어는 웨이브의 동적 변화를 가능하게 합니다. 또한 웨이브에는 웨이브 오브젝트가 있는데 이는 웨이브를 만드는 토큰(허가증)입니다. 앞의 웨이브가 적을 섬멸하거나 쫓아내면서 이 토큰을 다음 웨이브로 전달하지 않는 한 다음 웨이브를 만들 수는 없습니다.

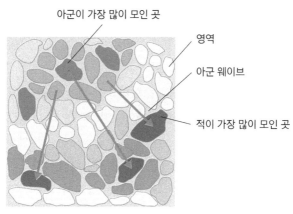

그림 4-30 웨이브의 개념

〈스타크래프트 2〉에서는 이러한 토큰 제한이 사라지고 사실 개수 제한 없이 웨이브를 만들 수 있습니다. 물론 실제로는 게임에서 필요한 개수로 제한합니다. 또한 **하라스**(harass)가 웨이브의 다섯 번째 모드로 추가되었습니다. 이는 '적 기지를 공격할 때 타깃의 약점을 노려서 공격하고 적과는 대적하지 않고 도망쳐 돌아옴' 을 의미하는 모드입니다.

ⓒ 하라스(harass)는 '괴롭히다'라는 뜻인데, 게임에서는 적을 괴롭히는 행동을 말합니다.

캠페인은 오프라인으로 스토리를 진행하는 게임 모드입니다. 스토리를 연출할 때에는 '웨이브를 보낸다', '웨이브를 구성하는 2유닛을 결정한다', '웨이브 발생 시점을 결정한다', '파괴할 때까지 계속 공격한다', '의도한 전술을 실행한다' 등의 장치가 필요합니다. 〈워크래프트〉 이후에는 프로그래밍이나 스크립트 언어, 에디터를 이용한 행동 지정 등으로 캠페인 모드의 AI를 구성했습니다.

〈워크래프트 I, II〉에서는 어셈블리 언어로 작성했으며 〈워크래프트 II〉에는 전용 커스터마이징 에디터도 있었습니다. 〈워크래프트 III〉에서는 JASS라는 자바와 비슷한 가비지 콜렉션 기능을 가진 독자적인 스크립트 언어를 이용했으며 에디터도 크게 개선되었습니다. 〈스타크래프트 2〉에서는 C 언어와 비슷하지만 포인터가 없는 Galax 'C'라는 고유의 스크립트 언어를 이용했습니다. 이에 따라 AI가 아닌 게임 디자이너가 에디터를 이용하여 웨이브 발동 트리거를 설정할 수 있었습니다.

여기서 두 게임의 의사결정을 살펴보겠습니다. 〈워크래프트 I, II〉에는 모든 유닛이 특별한 액션을 수행하도록 하는 루틴이 있습니다. 여러 액션 중 규칙에 따라 하나를 선택합니다. 또한 〈스타크래프트〉 이후로는 특별한 전술마다 포함된 실행 여부를 판정하는 루틴에 따라 이를 순서대로 판정하는 형식으로 의사결정을 수행합니다. 〈워크래프트 III〉, 〈스타크래프트 2〉 이후도 같은 구조이지만 규모가 더 큰 스크립트나 루틴을 이용합니다.

4.7.9 기지 건설을 위한 지형 분석

건설(construction)하는 게임에서는 맵 위에 건축물을 세워야 합니다. 플레이어는 빈 땅을 확인하고 그곳에 건축물을 세우려고 합니다. 만약 건설할 수 없는 영역이 있다면 게임 시스템은 오류를 반환합니다. 물론 인공지능 플레이어도 건설 장소를 직접 찾아야 합니다.

〈스타크래프트〉에서는 제조 공장을 세워 캐리어 등의 우주선을 만듭니다. 순서는 다음과 같습니다. ①과 ②는 그림 4-31을, ③은 그림 4-32를 참고해 더 살펴봅시다.

> **〈스타크래프트〉에서의 건설 영역 탐색 순서**
>
> ① 이미 있던 건축물과 미네랄(광산 자원) 사이를 가로막으면 안 되므로 이 영역은 건설을 금지합니다.
> ② 기지 사이를 이동할 수 있도록 맵 가장자리의 경계 영역을 건설 금지 구역으로 하여 최소한으로 확보해야 합니다.
> ③ 건축물 사이를 쉽게 오갈 수 있도록 가로와 세로로 통로(길)를 만듭니다.

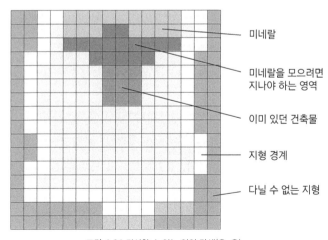

미네랄

미네랄을 모으려면 지나야 하는 영역

이미 있던 건축물

지형 경계

다닐 수 없는 지형

그림 4-31 건설할 수 있는 영역 탐색(①, ②)

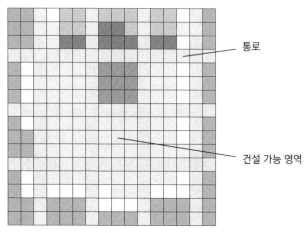

통로

건설 가능 영역

그림 4-32 건설할 수 있는 영역 탐색(③)

①~③의 영역과 통로를 제외한 나머지 영역을 건축할 수 있는 구역으로 합니다. 〈워크래프트〉에서도 같은 알고리즘을 이용합니다. 그러나 〈워크래프트〉보다 〈스타크래프트〉가 건축하는 데 시간이 압도적으로 많이 걸립니다. 드물지만 몇몇 경우에는 300ms 넘게 지연이 발생합니다. 이를 해결하고자 건축할 수 있는 영역을 탐색하는 루틴은 타임 슬라이스로 실행되도록 했습니다. 일반적으로 게임에서는 1프레임(1/30, 1/60초) 단위로 여러 가지를 처리하지만, 타임 슬라이스로 실행하면 여러 프레임에 걸쳐 조금씩 처리하게 됩니다.

ⓖ 타임 슬라이스란 여러 프레임에 걸쳐 계산하는 기법을 말합니다.

지형과 관련해서는 일반적으로 메모리나 CPU 리소스를 많이 사용해서 처리합니다. 이처럼 사람은 직관적으로 공간을 파악할 수 있지만 컴퓨터에게는 부담스러운 일입니다. 경험적으로나 논리적으로도 선형 주소 공간밖에 없는 프로세서가 공간을 파악하는 것은 매우 어렵습니다.

ⓖ GPU를 이용한 멀티 코어 심층 신경망을 이용하면 조금 가볍게 처리할 수 있습니다.

앞서 설명한 대로 〈스타크래프트〉에서는 이러한 건축할 수 있는 영역 탐색을 타임 슬라이스 기법으로 계산하지만, 〈워크래프트 III〉와 〈스타크래프트 2〉에서는 부담을 더욱 더 줄이고자 플러드 필을 이용하여 건축할 수 있는 영역을 미리 구해 두고 앞서 말한 루틴을 실행하여 더 **빠르게** 탐색합니다. 플러드 필(flood fill)은 특정 지점(여기서는 이미 건축물이 있는 장소)에서 도달할 수 있는 영역을 탐색하는 방법입니다.

4.7.10 타임 슬라이스 처리

앞서 살펴본 대로 디지털 게임에서는 일반적으로 처리 부하가 높은 루틴이면서 동시에 한 프레임으로 끝낼 필요가 없는 처리는 무리해서 한 프레임으로 끝내려 하지 않고 그림 4-33처럼 여러 프레임에 걸쳐 분산합니다. 다른 처리도 해야 하는데 무리해서 한 프레임으로 끝내려다 보면 압박을 줄 수 있기 때문입니다. 앞에서 건설할 수 있는 영역 탐색이 바로 이런 예입니다.

타임 슬라이스 처리는 〈워크래프트 I, II〉에서 전혀 이루어지지 않았으나 〈스타크래프트〉에서 처음으로 건설할 수 있는 영역 탐색에 사용했습니다. 이와 더불어 〈워크래프트 III〉에서는 AI 매니저가 **수확, 건설, 공격**이라는 멀티 태스크를 타임 슬라이스로 처리합니다. 실제로 이 게임에서는 이들 태스크를 동시에 진행해야 합니다. 이 3가지 태스크는 순서대로 처리하는 것이 아니라 각 태스크의 일부를 프레임에서 각각 처리하고 결과적으로 여러 개의 프레임 안에서 처리를 완결하는 흐름입니다.

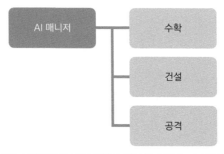

그림 4-33 멀티 태스크를 타임 슬라이스로 처리하는 AI 매니저

〈스타크래프트〉에서는 이에 더해 그림 4-34처럼 AI 관리자 밑에 플레이어 관리자를 두고, 또 그 밑에 **정찰**, **부대 구성**, **건설**, **공격** 태스크를 둡니다. 그리고 이 모든 태스크를 병렬로 타임 슬라이스 처리를 합니다. 이른바 AI 관리자가 뇌의 상위 구조이고 플레이어 관리자가 피질, 즉 다양한 태스크를 분할하여 인식하는 장소이며, 그 아래 태스크는 시냅스에 해당합니다. 이처럼 위에서 아래로 병렬하면서 동시에 실행 능력이 늘어나는 것을 '몇 억 개에 이르는 시냅스가 동시에 움직인다'라고 비유해서 표현하면 여러분도 이해하기 쉬울 것입니다.

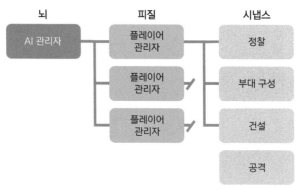

그림 4-34 멀티 태스크를 타임 슬라이스로 처리하는 계층도

4.7.11 수송 문제

수송과 관련하여 4.4.3항에서 잠깐 살펴보았습니다. 수송 문제란 특정 탈것을 이용하여 캐릭터를 먼 지역으로 옮기는 문제입니다. 더 자세히 설명하면 어떤 캐릭터를 어떤 시점에 어떤 수단으로 옮길 것인가를 말합니다. 〈워크래프트〉에서는 캐릭터를 탈것으로 수송할 일이 없었지만, 〈워크래프트 II〉에서는 미리 정해진 장소, 예를 들면 나루 등에서 수송하는 방법이 있습니다. 〈스타크래프트〉에서는 유닛을 픽업하고 드롭오프하기까지 직진하여 이동하는 수송 방법이 있는데, 때로는 적과 아군의 경로가 겹치기도 합니다. 〈워크래프트 III〉에서는 그룹 단위로 픽업하고 경로를 계산하여 드롭오프하는 수송을 구현했습니다. 출발점에서 종점, 종점에서 출발점의 경로를 확인하여 동적인 상황 변화에 대응합니다. 〈스타크래프트 2〉부터는 수송할 때 그 집단의 가상 리더도 포함합니다. 이에 따라 수송이 끝나 캐릭터 그룹이 이동할 때도 그 리더를 중심으로 포메이션을 구성합니다.

4.7.12 경로 검색 정리

여기에서는 크래프트 시리즈를 중심으로 경로 검색, 무리 제어, 스티어링 기술을 살펴보았습니다. 경로 검색은 내비게이션 데이터에 대해 A* 알고리즘을 이용한 최소 비용 검색뿐 아니라 다양한 공간 활용 방법을 제공합니다. 그야말로 공간 AI 기술 그 자체입니다. 또한 각각의 공간 이용 기술이 하나의 회사, 하나의 시리즈에서 계승 또는 발전했다는 것을 알 수 있었습니다. 앞서 설명한 내용의 근간이 되는 밥 비치의 강연 제목도 'RTS AI 의 진화(Evolution of RTS AI)'이었듯이 1994년부터 2011년에 이르기까지 실시간 전략 게임(RTS) 기술이 어떻게 발전했는지를 알아보았습니다. 고도의 기술 발전도 결국은 이러한 치밀한 게임 제작을 거듭한 결과입니다.

4.8 시간당 명령 수

일정 시간당 지정한 액션 수를 **APM**(action per minute)이라고 합니다. 인간 플레이어는 당연히 APM에 한계가 있습니다. 이와 달리 인공지능에서는 APM을 꽤 많이 늘릴 수 있습니다. 건설 계통 게임에서는 액션을 수행할수록 자원을 개척하여 건축물을 늘릴 수 있으므로 인간 플레이어는 이에 대적하기가 어렵습니다.

〈스타크래프트〉, 〈워크래프트 I, II, III〉에서는 APM에 제한을 두지 않았지만, 〈스타크래프트 2〉부터는 제한이 생겼습니다. 그러므로 인공지능 쪽도 캐릭터에 지정하는 액션 수를 조절해야 합니다. 특히 이 게임에서는 다수의 캐릭터가 다수의 적 캐릭터를 상대로 액션을 수행하므로 각각의 캐릭터 액션을 효율적으로 수행해야 합니다.

여기서 중요한 것은 타기팅 문제입니다. 이는 복수의 적을 만났을 때 어느 적을 먼저 공격할 것인가라는 문제입니다. 예를 들어 상대가 아주 약한 캐릭터 3대라면 싸워 이기더라도 액션 대부분이 낭비입니다. 따라서 전력을 적절하게 분산해야 합니다. 이에 〈스타크래프트 2〉에서는 적의 캐릭터마다 우선도가 어느 정도 있는지를 항상 계산합니다. 또한 실행할 액션도 우선도를 정해 순서를 정합니다. 이에 따라 APM 한계에 다다르기 전에 우선도가 높은 적 캐릭터에게 우선도가 높은 액션부터 실행하는 방법을 사용합니다.

4.9 그룹 관리

여기서 살펴볼 기술은 〈토탈 워: 쇼군 2〉(크리에이티브 어셈블리, 2011년)를 예를 들어 설명합니다. 〈토탈 워〉 시리즈는 전술적인 전략 게임으로, 여러 팀을 조작하는 것이 주된 기술입니다. 무대는 게임에 따라 다른데, 예를 들어 〈미디블〉(2002년)의 무대는 중세 유럽이고 〈쇼군 2〉는 일본입니다. 게임 내용은 둘 다 수많은 병사끼리 벌이는 전투입니다. 〈로마 2〉(2012년)에서는 몬테카를로 트리 탐색을 사용하며 〈아레나〉(2019년)에서는 유전 알고리즘을 이용하여 온라인 대전을 위한 매칭을 수행합니다. 이처럼 〈토탈 워〉 시리즈는 인공지능 기술을 적극 도입하며 발전해 왔습니다.

4.9.1 부대를 용도에 따라 나눔

〈토탈 워: 쇼군2〉의 전투 부분에서는 사용자가 여러 부대를 조작합니다. 인공지능 플레이어도 마찬가지입니다. 그러므로 여러 부대를 조합하여 전체 국면에서 우위를 유지하는 것이 이 게임의 목표입니다. 이 게임에서는 그림 4-35처럼 4가지 모듈을 조합하여 전체 의사결정 시스템을 만듭니다.

그랜드 택티컬 애널라이저
국면 전체의 정보를 수집하고 인식하여 목적을 정합니다. 전체를 담당하는 인공지능입니다.

하이레벨 플래너

그랜드 택티컬 애널라이저가 정한 목적을 계층 모양의 실제 태스크로 분해합니다.

디태치먼트 시스템

정해진 태스크를 어느 유닛이 실행하도록 할 것인가를 할당하는 역할을 담당합니다.

ⓒ 여기서 유닛은 복수의 캐릭터로 이루어진 부대 하나를 말합니다.

컨플릭트 매니저

실제로 적과 싸울 때 구체적으로 어떤 전술을 취할 것인가를 결정합니다.

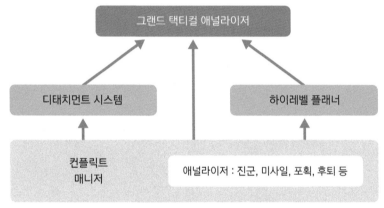

그림 4-35 〈토탈 워: 쇼군 2〉의 전체 의사결정 시스템

그랜드 택티컬 애널라이저(grand tactical analyzer, GTA)는 적 부대의 인공지능 지휘관 그 자체라 할 수 있습니다. 그림 4-36처럼 전투 형세를 조망하고 목적을 정합니다. 나머지 3개의 모듈을 사용하는 중심이기도 합니다. **하이레벨 플래너**는 그랜드 택티컬 애널라이저가 결정한 큰 방향의 방침을 유닛이 실제로 실행할 수 있는 태스크로 분할합니다. 여기서 발생한 태스크를 유닛에 분배하는 것이 **디태치먼트 시스템**입니다. 그리고 적과 컨플릭트(충돌)가 발생했을 때 어떤 전술을 이용할 것인가를 자세하게 결정하는 것이 **컨플릭트 매니저**입니다. 지금부터 구체적인 예를 들어 순서대로 설명하겠습니다.

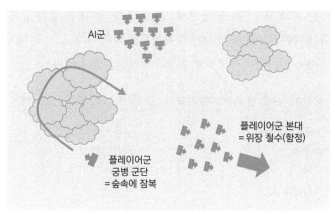

그림 4-36 〈토탈 워: 쇼군2〉의 전투 상황

먼저 플레이어군은 아군 1유닛을 궁병 유격대로 분리하여 숲속에 잠복
시키고 본대는 철수하는 것처럼 위장합니다. 이것은 적을 꾀어 낸 다음
공격하는 작전입니다. AI군의 그랜드 택티컬 애널라이저는 이 움직임을
간파하고 작전을 세웁니다.

그랜드 택티컬 애널라이저의 구조는 그림 4-37과 같습니다. 첫 번째 모
듈이 전쟁 국면을 분석하고 큰 목표를 정합니다.

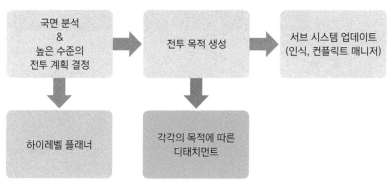

그림 4-37 그랜드 택티컬 애널라이저의 구조

여기서는 큰 목표를 '적 공격'으로 세우고 이를 본대를 향한 정면 공격, 유격대를 향한 측면 공격의 2가지 목적으로 나눕니다. 그리고 현재의 자원(부대 전체 규모)을 바탕으로 다음 2가지 작전을 세웁니다.

♞ 작전 1: 유격대를 향한 측면 공격	♞ 작전 2: 본대를 향한 정면 공격
• 목적 기호: 적 공격	• 목적 기호: 적 공격
• 전술 번호: 1	• 전술 번호: 2
• 유닛 수: 1	• 유닛 수: 10
• 디태치먼트: 1	• 디태치먼트: 1

지금까지 그랜드 택티컬 애널라이저의 역할을 살펴보았습니다. 다음으로 어떤 부대에 어떤 역할을 부여할 것인가를 구체적으로 결정해야 하는데, 이를 담당하는 것이 그림 4-38의 **디태치먼트 시스템**입니다. 활성화된 여러 가지 전술에 부대를 할당하는 기능입니다. 그랜드 택티컬 애널라이저가 세운 전술에 따라 각각의 특성을 고려하여 부대를 나눕니다. 전술에 부대를 할당하는 것이지 부대에 전술을 할당하는 것이 아니라는 것이 중요합니다. 이것으로 다음과 같은 작전을 완성했습니다.

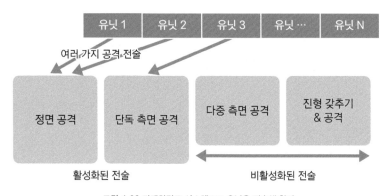

그림 4-38 디태치먼트 시스템으로 유닛을 전술에 할당

다음으로 부대마다 어디로 향하여 언제 싸움을 시작할 것인지, 어느 선을 방어할 것인지, 분산된 부대를 다시 모을 것인지 등의 구체적인 태스크를 부여해야 합니다. 이를 담당하는 것이 **하이레벨 플래너**입니다. 그리고 적과 만나 싸울 때 사용할 전술을 정해야 합니다. 이는 **컨플릭트 매니저**가 수행합니다.

그림 4-39를 보면 알 수 있듯이 컨플릭트 매니저는 여러 가지 전술을 다룹니다. 이에 각각의 전술 애널라이저는 어떤 AI 유닛이 어떤 적 타깃 유닛과 어떤 전투 방법(작업)으로 싸울 것인가를 정합니다. 예를 들어 '원격 공격 애널라이저'라면 원격 공격 타깃과 실행 AI 유닛을 지정하여 그 타깃/작업을 조합한 정보를 컨플릭트 매니저의 메모리에 저장합니다.

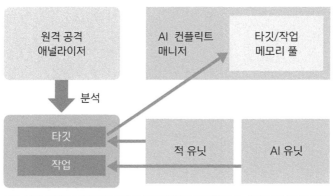

그림 4-39 컨플릭트 매니저가 가진 각 애널라이저의 동작(여기서는 원격 공격 애널라이저)

이처럼 애널라이저가 타깃/작업 정보를 컨플릭트 매니저에 저장하면 이번에는 각 유닛에 우선순위를 정하여 이 작업을 할당합니다. 즉, 각각의 애널라이저가 부여한 여러 가지 작업의 우선순위를 정하여 이를 유닛에 할당합니다. 유닛은 이 작업을 우선순위대로 실행합니다.

전체를 놓고 보면 그림 4-40, 그림 4-41처럼 전술이 위에서 아래를 향해 점점 구체화된다는 것을 알 수 있습니다.

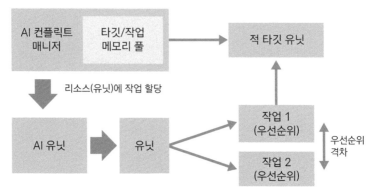

그림 4-40 컨플릭트 매니저의 동작

그림 4-41 〈토탈 워: 쇼군 2〉의 분석 장면

4.9.2 공성전의 그룹 매니지먼트

〈토탈 워: 워해머〉(크리에이티브 어셈블리, 2016년)에도 같은 AI가 탑재되었습니다. 공성전일 때는 그림 4-42와 같은 계층을 이룹니다. 〈토탈 워: 쇼군 2〉와 마찬가지로 택티컬 애널라이저가 목적을 정하고 디태치먼트 시스템이 분해한 전술을 유닛에 할당합니다.

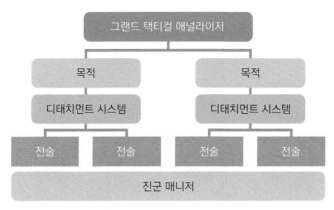

그림 4-42 〈토탈 워: 워해머〉의 AI 계층도

더 자세하게 설명하면 그림 4-43처럼 게임이나 성벽 공략 전술을 분해하여 디태치먼트 시스템이 유닛을 전술에 할당하는 것입니다. 이 중에서 **스톰 전술**은 한 곳에 유닛을 대량 보내는 전술입니다. 또한 **예약 전술**이란 특정 전술에 할당한 유닛이 어떤 이유에서 원래 전술을 중지할 때 일단 예약 전술을 할당하여 대기하도록 하고, 새로운 전술을 할당할 때까지 연결 전술로 사용합니다.

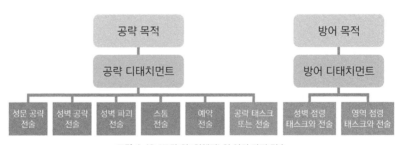

그림 4-43 〈토탈 워: 워해머〉의 여러 가지 전술

각각의 전술은 유한 상태 기계(finite state machine, FSM)로 작성하며 이를 이용하여 유닛 무리를 제어합니다. 예를 들어 **게임 공략 전술**이라면

그림 4-44처럼 포메이션으로 군대를 정렬하고 '진격'하여 '공격', '통과' 가운데 하나를 선택하여 진입점(entry point) 근처에 집합하도록 합니다.

그림 4-44 성문 공력 전술의 유한 상태 기계

이러한 시스템에 따라 전체 부대가 전술 단위로 움직입니다. 모듈화한 각 부분은 따로따로 개량할 수 있으므로 개발을 진행하면서 테스트할 때마다 개선하면 됩니다.

4.10 포트폴리오

포트폴리오란 문제를 분할했을 때 문제 영역마다 적용할 다양한 기술을 말합니다. 예를 들어 멤버 캐릭터 4대에 명령을 내릴 때 어떻게 조합하는 것이 좋을지를 결정해야 하는데 이때 멤버가 사용할 수 있는 모든 전술 전체를 포트폴리오라 합니다. 전체적으로 보면 적이 선택할 전술 조합만큼 팀의 행동 패턴이 있습니다. 그림 4-45에서는 3 × 3 × 3 × 2 = 54가지나 됩니다.

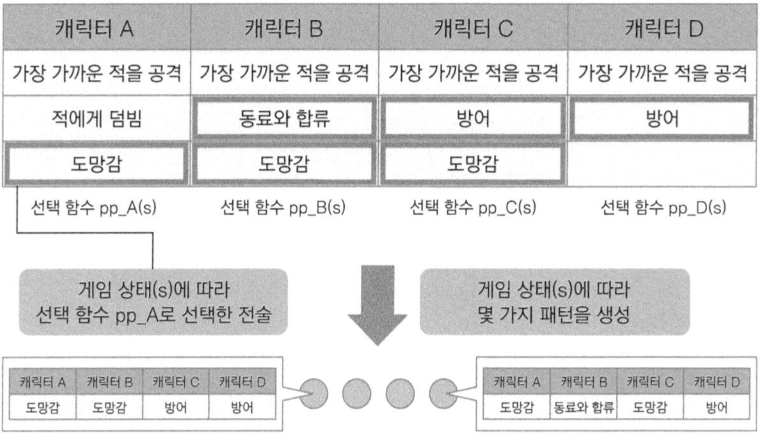

캐릭터 A	캐릭터 B	캐릭터 C	캐릭터 D
가장 가까운 적을 공격	가장 가까운 적을 공격	가장 가까운 적을 공격	가장 가까운 적을 공격
적에게 덤빔	동료와 합류	방어	방어
도망감	도망감	도망감	

선택 함수 pp_A(s)　　선택 함수 pp_B(s)　　선택 함수 pp_C(s)　　선택 함수 pp_D(s)

게임 상태(s)에 따라 선택 함수 pp_A로 선택한 전술

게임 상태(s)에 따라 몇 가지 패턴을 생성

캐릭터 A	캐릭터 B	캐릭터 C	캐릭터 D
도망감	도망감	방어	방어

캐릭터 A	캐릭터 B	캐릭터 C	캐릭터 D
도망감	동료와 합류	도망감	방어

그림 4-45 포트폴리오의 예

여기서 게임 상태마다 적이 각각 취할 행동을 정하는 함수를 준비합니다. 이를 **선택 함수** 또는 **부분 플레이어 함수**(partial player function, pp)라고 합니다. 예를 들어 캐릭터 A의 체력이 1/2 이하라면 '도망감'만 선택하도록 하는 것이 이 함수의 역할입니다. 그러면 게임 상태마다 전

술 조합 수가 조금은 줄어듭니다. 만약 캐릭터 B의 체력이 1/3 이하일 때 '동료와 합류', '도망감'만 선택하도록 할 경우, 캐릭터 A의 체력이 1/2 이하이고 캐릭터 B의 체력이 1/3 이하라면 모두 12가지(1×2×3× 2)가 됩니다.

이런 준비 과정을 거친 뒤 게임 트리를 생각하면 그림 4-46과 같은 가장 좋은 팀 전략을 발견할 수 있습니다. **게임 트리**란 하나의 게임 상태를 하나의 노드로 하여 생각할 수 있는 모든 게임 상태를 위에서 아래로 트리 구조로 만든 것을 말합니다. 턴제 게임에서는 적, 아군이 교대로 행동하므로 적, 아군을 반복해서 기술하면 됩니다. 앞선 설명에서는 각 캐릭터가 선택한 전술 조합이라는 하나의 포트폴리오가 하나의 노드가 됩니다. 즉, 특정 게임 상태에서 생각할 수 있는 포트폴리오가 다음 노드가 됩니다. 예를 들어 어떤 게임 상태에서 다음 선택할 수로 3가지 포트폴리오를 생각할 수 있다면 이에 대응하는 노드 3개가 다음 게임 상태가 됩니다.

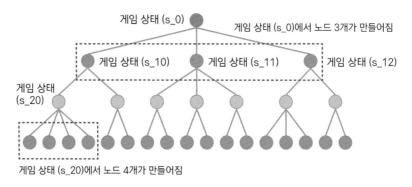

그림 4-46 게임 트리

이 수법은 〈프리스마타〉(루나크 스튜디오, 2018년)의 AI에 **계층형 포트폴리오 탐색**(hierarchical portfolio search, HPS)이라는 이름으로 구현되었습니다. 〈프리스마타〉는 카드 형태의 실시간 전략 게임이며 자원을 모

으고 군대를 구성하고 상대를 공격하는 형식입니다. 카드 조합의 가능
성을 찾으면서 싸우는 게임으로 트레
이닝, 인공지능 대결, 캠페인 모드용   ⓒ 이 인공지능은 대학에서 연구자와 함께
대전 상대 인공지능도 있습니다.   만든 것입니다.

〈프리스마타〉의 포트폴리오는 표 4-1처럼 유닛이 아니라 단계별로 정
리합니다. 이는 사용자가 자신의 턴일 때 수행할 4가지 단계입니다. 단
계에서 할 수 있는 행동은 게임 상태, 주로 자신의 자원이나 체력 상태에
따라 달라집니다. 앞서 단계마다 선택 함수를 살펴본 것처럼 여기 4가지
단계도 부분 플레이어 함수라고 합니다. 구체적으로는 pp_Defense,
pp_Ability, pp_Buy, pp_Breach 등입니다.

표 4-1 〈프리스마타〉의 포트폴리오

Defense	Ability	Buy	Breach
Min Cost	Attack All	Buy Attack	Breach Cost
Save Attack	Leave Block	Defense	Breach Atk
	Don't Attack	Buy Econ	
	Buy Most		

ⓒ 표 4-1은 설명을 위해 간단히 정리한
것입니다.

이러한 포트폴리오를 이용하여 게임 트리를 구성합니다. 계층형 포트폴
리오 탐색의 특성은 게임 트리 검색 방법으로 어떤 알고리즘이든 사용할
수 있다는 데 있습니다. 몬테카를로 트리 탐색을 이용해서 무작위로 검
색하더라도 상관없습니다. 1만 번이라는 다양한 알고리즘 대전 결과
UCT 100 모델로 가장 좋은 결과를 얻었습니다. 또한 3,000ms의 생각
시간을 부여한 마스터 AI는 인간 수   ⓒ UCT 100 모델은 몬테카를로 트리 탐
준 상위 25%에 이를 정도로 뛰어난   색을 UCB1 행동 선택으로 100ms 동안 생
결과를 보였습니다.   각하도록 한 AI를 말합니다. 7.6절에서 자
                                          세하게 설명합니다.

4.11 신경망을 이용한 학습

전략 게임에서 유닛은 항상 수많은 적과 사물, 복잡한 지형에 노출되므로 플레이어의 지시에 따라 바로 적절한 행동을 취하기가 어렵습니다. 이 문제를 해결하고자 신경망을 이용한 학습을 도입하기 시작했습니다. 〈슈프림 커맨더 2〉(GPG, 2010년)는 문명을 쌓으며 군대를 정비하고 적과 싸우는 실시간 전략 게임입니다 이 게임의 소대는 그림 4-47처럼 신경망을 이용하여 학습합니다. 소대를 지휘하는 인공지능은 일반적인 제어를 상태 기계(state machine)에 맡깁니다. 그러나 적을 만났을 때의 로직은 신경망이 맡습니다. 상태 기계가 신경망을 사용하는 형태인데, 이때 신경망은 어떤 적과 싸워야 할지를 결정합니다. 만약 신경망의 출력이 충분하지 않다면, 예를 들어 출력이 0.5 이하이면 후퇴하게 됩니다.

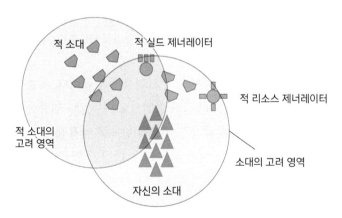

그림 4-47 〈슈프림 커맨더 2〉에서 소대끼리 충돌할 때 생각해야 하는 영역

4.11.1 신경망 셋업

신경망의 모양(토폴로지)은 다층 퍼셉트론(multilayer perceptron, MLP)입니다. 이는 그림 4-48처럼 입력에서 출력을 향해 신경망을 이은 3층 구조입니다. 입력층은 34개의 신경으로 이루어집니다. 입력은 적 전체와 아군 전체의 다음과 같은 양의 비율로, AI 유닛의 일정한 반지름 안에 있는 적과 아군의 정보를 수집합니다. 즉, 유닛의 수, 유닛의 체력, 시간당 피해(damage per second, DPS), 이동 속도, 자원 가치, 방어력, 단거리 DPS, 중거리 DPS, 장거리 DPS, 수리율 등입니다. 그리고 이들 비율을 모두 0과 1 사이의 값으로 나타냅니다. 모두 17가지로, 이에 역비를 더한 34가지가 입력됩니다.

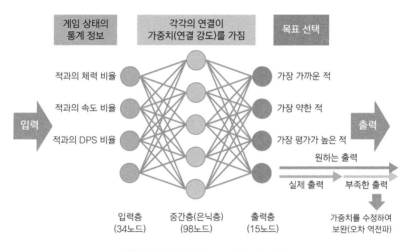

그림 4-48 〈슈프림 커맨더 2〉의 각 소대 신경망

출력층은 15개의 신경으로 이루어집니다. 노드마다 다음 항목에 대응하며 0과 1 사이의 값을 취하고 그 최댓값을 채용합니다. 가장 약한 적을 공격, 가장 가까운 적을 공격, 가장 평가가 높은 적을 공격, 리소스 제너레이터를 공격, 적 방벽을 공격, 모바일 유닛을 공격, 엔지니어링 유닛을

공격, 일정 거리에서 공격 등입니다. 이 모든 출력이 0.5를 넘지 않으면 후퇴하게 됩니다.

마지막은 중간층(은닉층)으로 노드 98개로 이루어집니다.

4.11.2 트레이닝

트레이닝은 사람의 손을 거치지 않고 AI끼리 대전을 통해 이루어집니다. 서로의 신경망이 움직이지만 이 신경망의 결정을 따라 움직이는 것이 아니라 무작위로 어떤 행동을 할지 선택합니다. 그리고 무작위로 고른 행동의 효과를 입력 데이터로 이용하여 평가합니다. 이렇게 행동 선택과 그 평가를 이용하여 신경망 안 노드끼리의 연결 가중치를 오차 역전파(back propagation)를 이용해 변화시킵니다. 다른 행동은 전혀 계산하지 않습니다.

먼저 그 행동을 선택한 결과 게임이 자신에게 얼마나 변화했는지를 다음 식으로 계산합니다. 여기서 등장하는 매개변수는 입력으로 이용한 17개로, 소대를 중심으로 일정 반지름 안의 고려 영역에서 통계에 따른 것입니다.

> 자신의 평갓값 =
> 행동한 후의 유닛 수 / 행동하기 전의 유닛 수
> + 행동한 후의 유닛 체력 / 행동하기 전의 유닛 체력
> + 행동한 후의 시간당 피해 / 행동하기 전의 시간당 피해
> + …

다음으로 적의 평갓값은 이 식을 적으로 바꾸어 계산합니다. 그리고 여기서 선택한 행동에 대응해서 신경망이 출력해야 하는 신호의 강도를 계산합니다.

> (그 행동에서 원하는 출력)
> = 실제로 출력한 신호의 강도 × (1 + (자신의 평갓값 - 상대의 평갓값))

이 출력값은 자신의 평갓값이 클수록 더 강하게 출력해야 하고 상대의 평갓값이 클수록 더 낮게 출력해야 한다는 것을 뜻합니다. 이처럼 무작위로 취한 다양한 행동을 평가하고, 이 행동에 대응하는 출력 노드에 대해 원하는 출력과 실제 출력 사이의 오차를 계산하여 그 차이를 보완하도록 오차 역전파 알고리즘을 이용하여 신경망 결합 강도를 조정합니다.

4.11.3 제2차 & 제3차 인공지능 유행

제2차 인공지능 유행은 1980년대부터 1990년대 초까지, 제3차는 2010년대부터 2020년대까지이지만 게임 인공지능은 각 유행 시기보다 조금 뒤늦게 도입되는 경향이 있습니다. 제2차 인공지능 유행 시기에 등장한 오차 역전파를 이용한 신경망은 1990년대 후반에 들어서야 게임 산업에서 응용하게 되었습니다. 전략 게임에 인공지능을 응용하는 사례는 더욱 적었습니다. 그 이유로는 다음 2가지를 들 수 있습니다.

🏆 전략 게임에 인공지능을 응용하는 사례가 적은 이유 2가지

① 실제로 신경망은 입력층과 출력층을 게임 쪽에서 정하지만, 중간 노드의 수나 중간층 자체의 개수 등을 정하는 방법은 없었고 경험을 바탕으로 했습니다. 즉, 시행착오를 거치면서 신경망의 토폴로지를 정해야 했습니다.
② 시행착오나 결론에 이르기까지 기나긴 계산 시간 등 좀처럼 게임 개발 공정과 타협하기 어려울 때가 많아 이러한 기술이 성숙할 수 있는 개발 현장이 드물었다는 사정도 있었습니다.

> ☺ 〈슈프림 커맨더 2〉는 이러한 문제를 해결할 수 있었던 드문 사례입니다.

한쪽 정리 | 4장에서 꼭 기억해야 할 내용

이 장에서는 지휘관으로서의 인공지능을 알아보았습니다. 먼저 인공지능 지휘관은 팀, 공간, 시간의 계층화가 본질이라는 점을 살펴봤습니다. 이른바 분할 통치 전략으로 큰 조직은 장시간, 대국적이고 작은 조직은 단시간, 국소적인 점 등과 같이 문제마다 팀, 공간, 시간 이 3가지가 어떻게 연관되는지 이해해야 효율적으로 지휘할 수 있습니다.

반면에 명령을 받는 멤버의 인공지능은 시간과 공간에 따라 실제적이고 자율적으로 행동해야 합니다. 멤버의 인공지능 조건은 공간을 이용하는 지능이 있어야 한다는 것입니다. 이에 경로 검색을 중심으로 무리 제어, 스티어링 등을 설명했습니다. 이와 더불어 여러 개의 그룹을 전략에 따라 전술적으로 움직이는 그룹 관리 방법도 알아보았습니다.

이처럼 지휘관으로서의 인공지능과 관련한 본질적인 문제는 멤버의 자율성과 얼마나 협력할 것인가에 달렸습니다. 지휘관이 모든 행동을 지시할 수는 없으므로 멤버는 인공지능으로서의 자율적인 의사결정 구조를 가져야 하고, 지휘관은 멤버의 보고를 바탕으로 그들의 행동을 수정해야 합니다. 반대로 멤버가 지휘관의 의사결정을 변경할 수 있는 프로토콜도 필요하므로 쌍방향 채널을 이용하여 어디까지 유연하게 또는 엄격하게 할 것인지를 정해야 합니다.

5장

플레이어와 인공지능이 함께 만드는 세계
― 세계 시뮬레이션

이 장에서는 플레이어가 세계를 시뮬레이션하는 전략 게임을 살펴봅니다.
여기서 세계란 게임 안에 구축한 유기적인 세계를 말합니다. 이러한 게임은
마을, 문명, 생태계, 혹성과 같은 세계가 스스로 발전하도록 인공지능을 탑재
하고 플레이어에 따라 발전·성장·진화·변화하는 방법을 바꿀 수 있습니다.
이러한 인공지능은 학술 분야에서 '라이프 게임'이나 '오토마타'라 불렸던
기술이 더 발전하여 게임 산업에 도입되었습니다. 다양한 게임을 예로 들어
이러한 게임 인공지능 기술을 살펴봅니다. '게임 세계에 설치된 자율 시스템'
이라는 관점에서 이해하기 바랍니다.

5.1 맵 아래의 다층 구조

이 절에서는 보이지 않는 층을 겹쳐 자기 발전하는 세계를 구현하는 방법을 설명합니다. 여기서 다루는 층은 그리드 맵입니다.

그리드 맵은 셀이라는 사각형 단위로 가로세로를 분할한 것을 말합니다. 그리드 맵은 셀을 단위로 하므로 사용자는 쉽게 이해할 수 있고 개발자는 쉽게 관리할 수 있다는 이점이 있습니다. 그리드 맵을 사용할 때에는 인공지능이 그리드 상태를 알 수 있고 그리드 위에서 행동하거나 생각할 수 있도록 다층 구조를 이용합니다.

예를 들어 〈심시티〉(맥시스, 1989년)에서는 그림 5-1처럼 4층 구조의 그리드 맵을 이용했습니다.

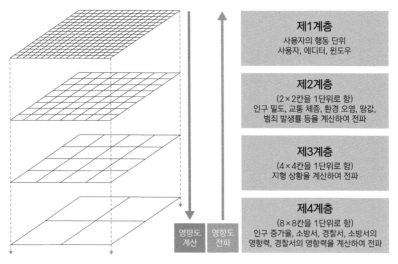

그림 5-1 〈심시티〉의 영향 전파도

제1계층은 사용자가 상호작용하는 게임 공간이고 나머지 3개의 층은 도시가 스스로 발전하는 데 필요한 것입니다. 〈심시티〉에서는 사용자가 그리드에 건축물을 지으면 도시가 발전합니다. 도시 발전은 제1계층 아래의 3개 층을 이용하여 수행합니다(영향도 계산). 거꾸로 가장 아래층으로 가면 여기서 위층을 향해 각각의 셀과 관련한 매개변수를 다시 계산합니다(영향도 전파).

또한 아래층으로 내려갈수록 제2계층은 2×2칸을, 제3계층은 4×4칸을, 제4계층은 8×8칸을 1셀로 하여 계산하여 공간 규모가 달라집니다. 이것이 〈심시티〉의 뛰어난 점입니다. 영향도를 생각할 때는 인구 밀도, 교통 체증과 같이 작은 단위로 영향을 빠르게 계산해야 하는 요소가 있는 반면에 경찰이나 치안의 영향력 등 큰 단위로 일정 시간 동안 생각해야 하는 것도 있으므로 층마다 계산 밀도를 달리합니다. 또한 게임에 대한 영향도 제2계층은 게임에 빠르게 반영하지만 제3계층, 제4계층처럼 깊어질수록 **시간을 달리하여** 천천히 반영합니다. 즉, 공간과 시간의 계층 구조를 도입했습니다.

먼저 최상층은 게임 공간의 그리드와 일치합니다. 즉, 게임 맵이 영향 맵의 그리드와 같은 경계를 이룹니다. 최상층의 1칸이 건축이나 도로, 철도를 만드는 단위입니다. 제2계층부터는 사용자가 볼 수 없습니다. 제2계층의 1칸은 제1계층보다 큽니다. 크기가 작다고 좋은 것이 아니라 고려해야 하는 영향의 성질에 따라 크기를 설정해야 합니다.

여기서는 인구 밀도나 교통 체증, 오염 등의 매개변수를 계산합니다.

◎ 예를 들어 어떤 장소에 공장을 세웠다면 공장이 있는 칸을 중심으로 주위에 오염도가 올라갑니다.

제3계층은 지형의 영향을 고려하는 층이므로 규모가 더 큽니다. 이곳에서는 강이나 바다, 산기슭 등 지형의 영향을 계산합니다. 제4계층의 규모는 그보다 크며 이곳에서는 인구나 치안의 영향을 계산합니다. 예를 들어 범죄율은 인구 밀도의 제곱에서 토지 가치와 경찰 가치를 빼는 것과 같은 수식으로 계산합니다. 이처럼 〈심시티〉에서는 영향 맵을 다층적으로 다룹니다.

예를 들어 제2계층의 매개변수인 범죄율은 제4계층의 인구 밀도, 제2계층의 토지 가치 지표, 제4계층의 경찰 영향도로 계산합니다.

> (특정 셀의 범죄율) =
> (인구 밀도)의 제곱 - 그 토지의 가치 지표 - 경찰의 영향도

또한 제2계층의 토지 가치 지표는 제4계층의 영역 가치, 제3계층의 지형 가치, 제2계층의 교통 가치(교통의 편리함 정도)로 계산합니다.

> 토지(셀) 가치 지표 = (그 영역의 가치) + 지형 가치 + 교통 가치

이처럼 다층 구조에 따른 역동성은 비록 사용자의 눈에는 보이지 않지만, 플레이하면서 느끼는 게임의 역동성 그 자체를 만들어 냅니다.

5.2 에이전트 시뮬레이션

5.1절에서는 다층 구조를 이용하여 역동성을 만드는 원리를 설명했습니다. 아마 사람이나 자동차 등의 캐릭터를 요소로 하여 도시를 움직이는 시뮬레이션을 해보면 더 좋지 않을까라는 생각이 자연스레 들 것입니다. 이러한 생각을 **에이전트 기반** 또는 **에이전트 지향**이라 하며 주로 1990년대에 발전했습니다. 인공지능에서 말하는 에이전트는 게임의 캐릭터에 해당합니다. 〈심시티 4〉(맥시스, 2013년)에서는 다층 구조와 함께 에이전트 시뮬레이션을 도입합니다.

〈심시티 4〉에서는 글래스박스(GlassBox) 엔진이라는 고유의 게임 엔진 위에 계층 구조를 두었습니다. 자원, 유닛, 맵, 글로벌이라는 계층 구조인데, 이를 규칙에 따라 묶었습니다. 이들이 투명한 상자에 들어 있어 밖에서 볼 수 있다는 의미에서 엔진 이름을 '글래스박스'라고 했습니다.

자원
기름·작물·석탄·목재·물 등의 자연 자원과 돈·전기·노동·인구 등의 사회 자원이 있습니다.

유닛
집, 가게, 공장, 사람 집단 등의 자원을 가집니다.

맵
일정 영역을 일컬음. 맵의 셀은 각각 자원을 가집니다.

글로벌
자원 전체를 일컫습니다.

유닛은 그림 5-2처럼 규칙에 따라 움직이는데, 들어오는 것에는 in을, 나가는 것에는 out을 붙여 규칙을 표현합니다.

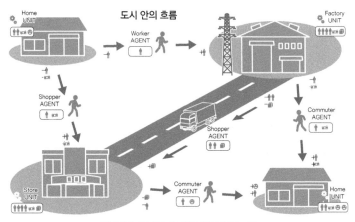

그림 5-2 〈심시티 4〉의 원리를 설명한 그림

예를 들어 다음 스크립트로 표현합니다.

```
rule harvestWood
  Money in 10
  Wood out 2

  People in 1
  People out 1
end
```

이 스크립트는 돈 10이 들어오면 목재 2가 나간다는 것을 뜻합니다. 또한 사람 1명이 들어오면 1명이 나간다는 규칙도 있습니다. 유닛마다 이런 규칙을 스크립트로 표현하고 갱신하는 등 게임 안에서 유닛과 자원이 상호작용을 합니다.
다음 머스터드 공장 예를 살펴봅시다.

```
unitRule mustardFactory
  rate 10
  global Simoleans in 1
  local YellowMustard in 6
  local EmptyBottle in 1
  local BottleOfMustard out 1

  map Pollution out 5

  successEvent effect smokePuff
  successEvent audio chugAndSlurp

  onFail buyMoreMustard
end
```

돈 1, 머스터드 6, 빈 병 1이 들어오면 병에 든 머스터드 소스 1병이 생기고 공해 5가 발생한다는 규칙입니다. 그리고 이 작업에 성공 또는 실패했을 때의 이벤트도 함께 정의합니다.

이렇게 하여 자원 주고받기 등 기본 게임 구조가 만들어졌습니다. 그러나 이와 더불어 계층 구조가 하나 더 있습니다. 바로 에이전트를 포함하는 층입니다. 경로, 영역, 에이전트라는 계층 구조입니다. 먼저 **경로**는 도로·전기·물 등의 수송 경로이며 **영역**은 공장 지대나 주택 지역 등입니다. **에이전트**는 통행인이나 차량을 말합니다. 전체 규모를 보면 움직이는 에이전트는 10,000개 정도입니다.

영역과 에이전트에는 규칙이 있습니다. 예를 들어 특정 영역에 '집을 짓다(developHouses)'라는 규칙을 정하면 다음과 같습니다. 집을 짓는 데는 12시간이 걸리고, 건축하는 곳에는 숲이 없어야 하고, 매개변수가 조건을 만족하면 방갈로를 짓습니다.

```
zoneRule developHouses
  timeTrigger Day 0.5
  sample random -count 3
  test global Builders greater 5
  test map Forest is 0
  createUnit -id Bungalows
end
```

또한 에이전트는 유닛에서 생성하고 관리합니다. 여기서 유닛이란 맵
위에 사용자가 건설하는 것으로, 공장이라면 공장 작업원이나 운반 차
량을, 맨션이라면 주민을 생성하고 이를 관리합니다. 예를 들어 '일하러
가다(goToWork)'라면 집에서 차를 타고 도로를 이용해 에이전트 2개를 출
근하도록 합니다.

```
unitRule goToWork
   options -sendTo Work -or Park
           -switchTo Home 10
           -repeatAfter 10
           -via Car -using Road

   local People in 2
   agent People out 2
end
```

이처럼 〈심시티 4〉는 유닛 단위로 사회를 이루며, 유닛이 에이전트를 관
리하면서 사람과 자원을 이용하여 사회 시뮬레이션을 수행합니다. 사용
자는 이곳에 유닛을 만들어 사회에 다양한 영향을 미치는데, 이 영향은
모두 규칙과 연동하여 구현합니다.
에이전트를 중심으로 생각하면 〈심시티 4〉의 구조는 그림 5-2와 같습
니다. 공장, 상점, 집 등의 유닛을 오가면서 이 도시의 경제 활동이 진행

됩니다. 에이전트를 가시화하고 이를 움직이는 시뮬레이션을 통해 도시의 역동성을 구축함으로써 〈심시티 4〉는 다층 구조를 이용한 글로벌 로케이션 베이스(위치 기반) 시뮬레이션뿐 아니라 지역적인 에이전트를 이용한 시뮬레이션도 함께 수행합니다.

5.3 스크립팅

5.2절에서는 스크립트를 이용하여 규칙을 표현했습니다. 스크립트는 프로그래밍 언어가 아니라 프로그램이 해석하는 간이 언어입니다. 프로그래밍을 못 하는 사람도 스크립트로 게임을 간단하게 사용자 정의할 수 있습니다. 각 개발마다 고유한 스크립트 언어를 사용하기도 하지만 범용 스크립트 언어를 사용할 때도 있습니다.

3.1.1항에서 살펴본 스크립트 AI는 전략 게임에서 인공지능을 만들 때 사용하는 방법입니다. 특히 복잡한 상황에서 알맞은 행동을 직접 지정할 수 있다는 강점이 있습니다. 그러나 이러한 코드는 전략 게임 상태를 정의하는 변수가 많아지면 지나치게 길어집니다. 〈스타크래프트〉, 〈스타크래프트 2〉, 〈에이지 오브 엠파이어〉, 〈에이지 오브 엠파이어 I〉(앙상블 스튜디오, 1997, 1999년) 등에 스크립트 시스템이 있습니다. ◎ 스크립트 AI란 스크립트 언어를 이용하는 AI를 뜻합니다.

〈에이지 오브 엠파이어 II〉에는 사용자가 AI를 만들 수 있는 모드가 있으며 문법 사양도 공개되었습니다. 이를 **AI Script**라고 하는데, 간단한 예를 살펴보겠습니다.

```
(defrule
    (condition 1)
    (condition 2)
=>
   (action)
)
```

예를 들어 AI Script로 이렇게 작성하면 '만약 (condition 1)과 (condition 2)를 만족한다면 (action)을 수행'이라는 제어문이 됩니다. 즉, 규칙 기반 AI를 만들 수 있습니다.

```
(defrule ;mining camps
    (current-age >= feudal-age)
    (resource-found gold) ;만약 금광을 발견했다면
    (dropsite-min-distance gold > 3) ;만약 가장 가까운 금광이
3타일보다 멀다면
    (can-build mining-camp)
=>
    (build mining-camp)
)
```

ⓒ 여기서 세미콜론(;) 다음은 주석입니다.

이렇게 작성하면 '봉건 시대를 지나서 금광을 발견했는데, 이 금광이 낙하 지점에서 3타일 멀리 있고 채굴 캠프를 세울 수 있다면 채굴 캠프를 세운다'라는 뜻이 됩니다. 이러한 규칙을 거듭하여 적 AI를 만들어 갑니다.

이처럼 스크립트 언어는 실용적일뿐 아니라 게임 자체의 성립이나 사양을 표현하므로 게임 전체 모습을 이해하는 데 도움을 줍니다. 멋진 그래픽으로 새 단장한 〈에이지 오브 엠파이어 II: 결정판〉(앙상블 스튜디오, 2019년)에서도 AI Script는 계속 사용했습니다.

5.4 지형 분석

지형 분석과 지형 생성은 동전의 양면과 같은 관계입니다. 특히 전략 게임에서는 장소에 큰 의미가 있으므로 그 지형을 분석하여 인공지능이 공간을 이용해 플레이하는 데 도움을 줍니다. 또한 게임 시스템에 지형 생성 기능이 있으면 지형에 따라 뻔한 전략을 취하지 않게 하므로 게임에 다양성을 부여합니다.

게임의 인공지능을 개발할 때에는 다양한 지형 정보가 필요합니다. 예를 들어 장거리 포를 장착한 로봇이 있다면 항상 그 장소에서 포가 도달할 수 있는 영역의 정보를 알고 싶을 것입니다. 그러나 캐릭터나 아이템마다 각 영역별 지형 정보를 항상 갖추도록 한다는 것은 쉽지 않으므로 어느 캐릭터나 사용할 수 있는 범용 정보 형식을 갖춰야 합니다. 이에 전략 게임에서는 지형 분석에 세계 표현이라는 다음과 같은 3가지 정보 형식을 자주 사용합니다.

> **전략 게임의 3가지 세계 표현**
>
> - 지형 연결: 이동할 수 있도록 2개 지점이 연결되었는가?
> - 대상의 영향 범위: 특정 대상이 공간에 미치는 범위
> - 계층적 지형 표현: 넓은 부분부터 좁은 부분까지 계층으로 표현한 계층형 지형 데이터

인공지능이 가진 지식 형태를 **지식 표현**(knowledge representation, KR)이라 하는데, 특히 지형에 관련된 다양한 지식 표현을 **세계 표현**(world representation, WR)이라고 합니다. 게임 산업에서는 이 용어를 2000년

무렵부터 줄곧 사용해 왔습니다.
지금부터 3가지 세계 표현을 차례대로 설명하겠습니다.

ⓒ 위치 기반 정보(location-based infor-mation)라는 방법도 있으나 세계 표현을 더 많이 사용합니다.

5.4.1 지형 연결

전략 게임에서는 유닛이나 캐릭터를 특정 장소로 이동하는 명령을 내리기 전에 상세 경로는 몰라도 그 장소로 갈 수 있는지를 미리 알고 싶을 때가 있습니다. 또한 지형을 자동 생성했을 때 그 지형이 게임에서 문제가 없는지를 테스트해야 합니다. 이때 가장 중요한 것이 '적과 아군의 본거지가 연결되는가?'입니다.

특정한 두 지점을 연결하는 것을 **지형 연결**이라 합니다. 그리고 계산을 이용하여 연결을 테스트하는 것을 **연결 확인**(connectivity check) 또는 **경로 확인**(path check)이라고 합니다. 이 테스트에 도움이 되는 것이 4.7절에서 설명한 경로 검색입니다.

그림 5-3을 보면 유닛 A, B가 있고 한쪽은 적 본거지 공격, 또 한쪽은 아군 본거지 방어를 담당한다고 합시다. 그렇다면 공격 명령을 어떤 유닛에 내려야 할까요? 이 도시에는 다리가 3개 있는데 적이 점거했을 수도 있고 적의 파괴 공작에 사라졌을 수도 있습니다. 이때 유닛 A, B에서 적 본거지까지의 경로를 검색합니다. 그러면 경로 검색으로 계산한 거리에 따라 A, B 중에 적 본거지에서 가까운 하나가 공격하도록 명령합니다. 이러한 경로 검색을 실행할 때 적이 점거한 다리의 내비게이션 메시, 또는 내비게이션 포인트는 비용이 크다고 표시합니다.

녹색 다리가 파괴되고 노란색 다리가 점령되었을 때를 예로 들어 보겠습니다. 이 다리 2개 위에 있는 내비게이션 메시 또는 포인트의 비용을 크게 표시하면 유닛 A, B의 최소 비용 경로는 주황색 다리를 통한 경로가 됩니다. 그 결과 유닛 B가 가까우므로 인공지능 지휘관은 유닛 B에 공격 명령을 내립니다. 이때 유닛 B가 적 본거지에 도달할 수 있도록 경로 검색을 통해 보장합니다. 만약 모든 다리가 점거되었다면 경로 검색이 '검색 결과 없음'을 반환하므로 애당초 어느 유닛도 명령을 수행할 수 없습니다. 이처럼 경로 검색은 맵의 연결을 동적으로 검출하는 강력한 수단입니다.

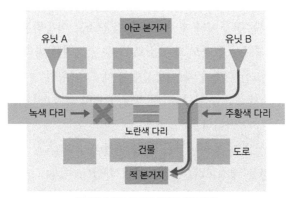

그림 5-3 경로 검색을 이용한 연결 확인

5.4.2 대상의 영향 범위

앞서 예를 든 장거리 포처럼 특정 캐릭터의 공격 범위를 알고 싶을 때가 있습니다. 자신의 캐릭터가 어디로 가면 상대를 공격 범위 안에 놓을 수 있는지를 알면 이동할 곳을 정할 수 있습니다. 물론 평평한 지형이라면 그리 어렵지 않습니다. 사정거리 안까지 접근하면 그만입니다. 역시 문제는 기복이 있는 3차원 지형일 때입니다. 예를 들어 3차원 지형에서 적과 싸울 때는 자신의 공격 범위를 알아야 합니다. 현재 자신의 위치에서 이동하여 공격할 수 있는 범위 또는 마법 공격이 도달할 수 있는 범위를 안다는 것은 전략적인 위치 선점에서 중요합니다.

택틱형(전술형) 게임에서는 플레이어의 턴에서 다음 1턴으로 이동할 수 있는 범위가 그림 5-4처럼 색으로 표시됩니다. 이에 따라 플레이어는 이동 후보 가운데 다음 이동할 곳을 정하는 등 한정된 범위에서 생각하면 됩니다. 또한 궁병(화살)일 때는 그 장소에서 화살이 도달하는 범위를 그림 5-5처럼 표시해 줍니다. 따라서 플레이어는 이 범위에서 공격 포인트를 정하면 됩니다. 이러한 상황은 인공지능일 때도 마찬가지인데, 이동 범위와 공격 범위를 이산적으로 표현하면 규칙이나 위치 평가에 따라 여러 후보 가운데 하나를 선택하는 의사결정을 수행할 수 있습니다.

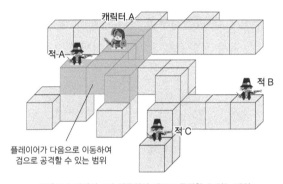

그림 5-4 캐릭터 A가 이동하여 검으로 공격할 수 있는 범위

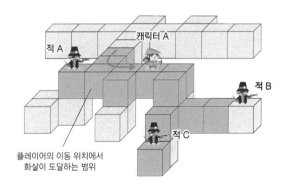

그림 5-5 캐릭터 A가 이동하여 화살로 공격할 수 있는 범위

5.4.3 계층적 지형 표현

게임 상태를 정확하게 파악하는 방법으로 계층적 지형 표현이 있습니다. 이는 4.3절 공간의 계층화를 설명하는 구체적인 예입니다. 인공지능이 공간을 인식하면 지형의 생성과 변형을 더 지적으로 수행할 수 있습니다. 또한 캐릭터 AI에도 이러한 표현이 필요합니다. 예를 들어 적 기지 주변으로 이동하여 유닛에게 대기, 일단 후퇴(적당한 아군 진영까지 후퇴), 적 왼쪽으로 전개 등의 명령을 내리고 싶을 때는 구체적인 장소를 지정해야 합니다. 전략 게임에서는 각각의 캐릭터에게 자세한 정보를 전달하고 이동하도록 해야 합니다. 사람이라면 지시를 대략 받아도 이해하고 실행할 수 있으나 인공지능이 이런 명령을 해석하려면 정확한 정보, 구체적으로는 계층 모양으로 된 지형 표현이 필요합니다.

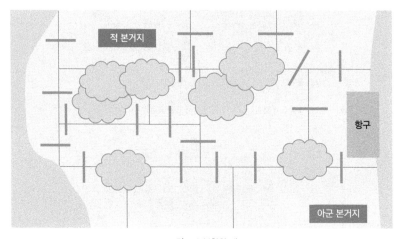

그림 5-6 분할한 맵

예를 들어 그림 5-6과 같은 지형이 있다고 합시다. 맵은 몇 개의 사각형으로 분할됩니다. 이러한 사각형 영역을 여기서는 **에어리어**(area)라고 하고, 이러한 에어리어와 에어리어는 서로 닿아 있습니다. 에어리어 사이를 지나갈 때 통과하는 영역, 즉 에어리어 사이에 있는 선을 **포털**(portal)이라고 합니다. 이러한 지형은 인간이 보면 '여기로 가서 저기로 이동'이라고 바로 생각할 수 있지만, 안타깝게도 인공지능은 봐도 이를 알 수가 없습니다. 그러므로 인공지능에게 제공하는 데이터는 이 지형을 반영한 그림 5-7과 같은 그래프 구조가 됩니다.

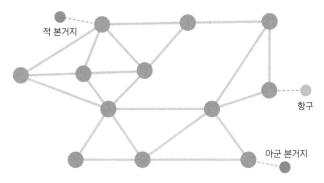

그림 5-7 연결 정보만을 추출한 노드 그래프(인공지능의 지형 파악)

'이게 다야?'라고 생각할 수도 있지만, 인공지능이 인식하는 세계 표현은 실제로 이처럼 간단한 그래프입니다. 그러므로 적과 가장 가까운 노드, 항구와 가장 가까운 노드, 아군 기지와 가장 가까운 노드 등은 특정할 수 있지만, 명확한 지표가 없는 장소는 지정할 수 없습니다. 연속한 값으로 지정할 수 있는 좌표와 방향은 그 수가 너무 많기 때문입니다. 예를 들어 '적 본거지로 접근'이라는 명령에는 어느 방향에서 접근해야 한다는 내용이 없습니다.

연속된 공간 파악은 인간의 지능에서 볼 수 있는 우수한 특성이지만, 인공지능에는 아직까지 이런 지능이 없습니다. 이 때문에 캐릭터 AI에 내릴 수 있는 지시는 매우 한정적입니다. 여기서는 최단 경로로 적 기지 공격, 기지 옆 공간에 집합, 항구 근처에 부대 모으기 등의 지시를 예로 들 수 있습니다. 즉, 세계 표현이 엉성하면 지휘관의 명령도 엉성해질 수밖에 없습니다. 시와 도로 분할한 지도만으로는 세밀한 명령을 내릴 수 없는 것과 마찬가지입니다. 도로와 행정 구역이 자세하게 함께 표현되어 있다면 정책을 더 자세하게 세우거나 구체적으로 이동할 수 있습니다. 그러므로 시와 도를 표현한 글로벌 지도, 도로와 행정 구역을 자세하게 표시한 지도처럼 인공지능은 계층 모양의 지도가 필요합니다.

즉, 맵에 자세한 정보가 있다면 명령을 더 상세하게 수행할 수 있습니다. 이에 계층 모양의 지형 표현이 등장합니다. 그림 5-8을 보면 글로벌 맵의 사각형 아래층을 더 작은 사각형으로 표현하는데, 여기서는 이를 **영역**(zone)이라고 합니다. 가장 굵은 선은 그 아래층 영역 사이의 연결 정보를 뜻합니다. 지형 표현에서는 될 수 있는 한 지형 모습이나 속성에 따라 분할하는 것이 바람직합니다.

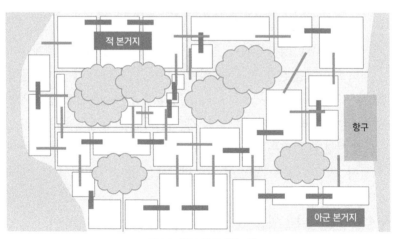

그림 5-8 계층 모양의 지형 표현

예를 들어 해안이라면 모래땅이나 암반과 같은 지형 속성에 따라 영역을 구성합니다. 지형 속성에 따라 말이 이동하려면 모래땅 영역이 좋다든가 차로 이동하려면 단단한 암반 영역이 좋다든가와 같이 로직을 더 자세히 만들 수 있습니다. 이렇게 하면 적 기지를 공격할 때도 '적 기지 서쪽으로 마법사 부대를 보냄' 등의 명령을 내릴 수 있습니다. 데이터 측면에서 본다면 그림 5-9처럼 앞서 살펴본 노드 그래프의 노드 아래층에 다음과 같이 데이터를 각각 추가하는 것입니다.

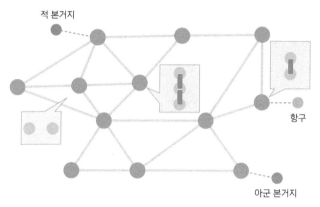

그림 5-9 계층형 노드 그래프

그런데 문제는 '이러한 계층형 그래프를 어떻게 만들 것인가?'입니다. 일반적으로 게임에는 많은 맵이 있는 데, 이 맵은 만드는 과정에서 끊임없이 바뀌므로 자동 생성이 기본입니다.

ⓒ 자동 생성 방법을 알고 싶다면 이 책 뒤에 정리된 〈참고문헌〉에서 '5.4절 공간의 계층화' 자료를 찾아봅시다.

이처럼 전략 게임의 인공지능은 게임 전체를 파악해야 하며 이를 위해서는 최소한 3가지 세계 표현이 필요합니다. 이런 표현은 이른바 인공지능의 발과 다리 역할을 하며, 이를 통해 비로소 세계를 인식하고 세계에 영향을 미칠 수 있습니다.

5.5 지형 분석 예

지금부터는 〈에이지 오브 엠파이어〉 시리즈를 예로 들어 설명하겠습니다. 이 시리즈에서 지형 분석을 가장 먼저 도입했는데, 이후 다른 전략 게임에서도 이용합니다.

5.5.1 타일 기반과 에어리어 만들기

기본적으로는 4.7.1항에서 설명한 타일 기반 경로 검색(tile-based pathfinding)을 수행합니다. **타일 기반 경로 검색**이란 그림 5-10처럼 삼각형 타일을 깐 맵 위에서 경로 검색하는 것을 뜻합니다.

ⓒ 타일 기반 경로 검색은 내비게이션 메시와 거의 같은 뜻으로 사용합니다.

타일의 일정한 집합을 **에어리어**라고 하는데, 이는 시작 타일(시드)에서 스택 기반 플러드 필 알고리즘(stack-based flood-fill algorithm)을 이용하여 빠른 속도로 형성됩니다. 이 알고리즘은 특정 영역 안에서 스택에 든 하나의 타일에서 인접한 타일에 이르는(확장하는) 방법인데, 이를 이용하여 구성한 전체 영역이 에어리어입니다. 예를 들어 그림 5-10에서는 고원 에어리어와 평원 에어리어를 구성합니다.

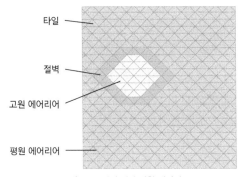

타일

절벽

고원 에어리어

평원 에어리어

그림 5-10 타일 기반 지형 데이터

5.5.2 영역 분할

〈에이지 오브 엠파이어〉(앙상블 스튜디오, 1997년)에서는 유닛에 명령을 내릴 때 목적지까지 다다를 수 있는지 확인하려고 에어리어 사이에서 경로 검색을 수행하는데, 이를 canPath check라고 합니다. 그리고 맵의 일정 지역을 분할한 영역(zone)에 대해 canPath check를 수행하는 내비게이션 데이터로 이용합니다. 그러나 개발할 당시 이 영역 크기에 제한이 없었고 지형에 따라 영역이 분할되지 않는 곳이 발생하는 등 문제가 있었습니다.

예를 들어 절벽 동굴을 영역에 포함하면 절벽 때문에 하나의 영역 안에 단절이 생깁니다. 그러면 그림 5-11과 같이 영역이 연결된 듯하지만 가운데 영역을 통과할 수 없습니다. 이에 영역 크기를 작게 할 필요가 생겼습니다. 여기서는 절벽 양 끝이 서로 다른 영역이 될 때까지 영역의 크기를 잘게 나누어야 합니다. 그러나 크기를 작게 할수록 영역 전체 데이터의 크기가 커집니다. 따라서 영역 크기와 데이터 크기의 상충 관계를 고려해야 합니다.

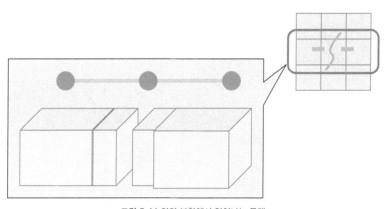

그림 5-11 영역 분할에서 일어나는 문제

영역을 만들 때는 맵에 제한을 두는 것이 일반적입니다. 맵은 예술적인 것도 생각해야 하므로 될 수 있으면 기술 제약을 받지 않도록 하는 게 좋습니다. 그러나 너무 자유로운 맵은 인공지능의 대응 능력을 벗어나므로 대부분 인공지능의 사양에 따라 맵 제작에 제약을 둡니다. 예를 들어 절벽 계곡이 좁으면 아무리 몇 개의 영역으로 나눈다 한들 적절하게 분할하기는 어렵습니다. 이럴 때는 절벽 계곡을 일정한 크기 이상으로 하거나 특정 에어리어에서는 없애는 등의 방법으로 제한하면 됩니다.

5.5.3 영향 맵 응용

영향 맵을 이용하여 금광 주변에 저장소(storage pit)를 만들 장소를 찾을 수 있습니다. 그림 5-12와 같은 맵에서 가능한 한 금광과 가깝고 다른 건축물과는 먼 장소를 찾는다고 합시다.

ⓒ 다른 건축물에서 멀어지려는 이유는 캐릭터의 시야를 될 수 있는 한 넓게 유지하기 위해서입니다.

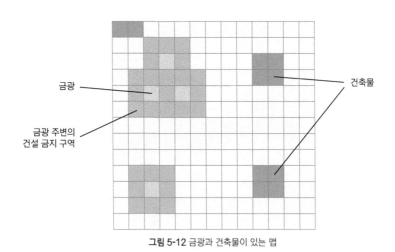

그림 5-12 금광과 건축물이 있는 맵

이는 금광에 건축물이나 저장소가 겹치지 않도록 그림 5-13처럼 금광이 있는 곳을 1.0, 건축물이 있는 곳을 -1.0으로 하여 영향을 계산합니다. 이때 금광이 있는 곳을 이끄는 장소라는 뜻에서 **어트랙터**(attractor)라 하고, 이와는 반대로 건축물을 **디트랙터**(detractor)라고 합니다. 이 2가지 영향 맵을 겹치면 0이 되는 장소가 있습니다. 그 장소가 바로 건축물에서도 그리 멀지 않고 금광에서도 너무 가깝지 않은 지점으로 저장소를 세우는 데 최적의 장소가 됩니다.

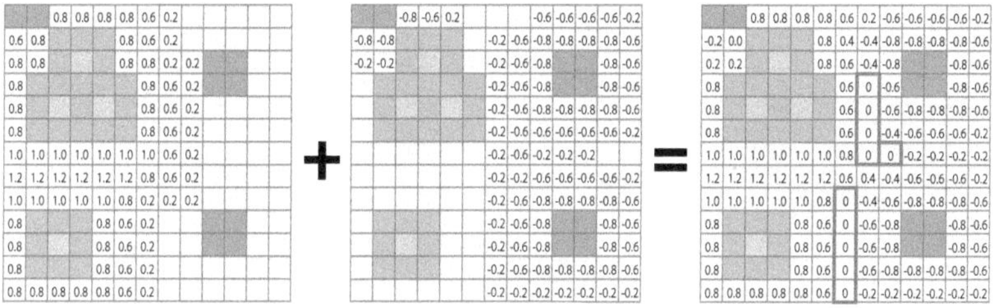

그림 5-13 금광(어트랙터)과 건축물(디트랙터)로 저장소 위치를 정함

이 방법은 병사가 주둔할 곳을 정할 때도 사용합니다. 높은 곳이 어트랙터이고 건축물이 있는 곳이 디트랙터가 됩니다. 또한 병사 유닛이 한 번 지난 경로는 다시 지나지 않고 다른 경로를 찾도록 할 때 이 규칙을 디트랙터로 하여 가중치를 둡니다. 즉, 디트랙터 주변에 경로 검색 비용을 더하는 것입니다.

5.5.4 밉맵, 폴리곤, 타일 기반의 계층형 경로 검색

다음으로 〈에이지 오브 엠파이어 II: 에이지 오브 킹스〉(앙상블 스튜디오, 마이크로소프트, 1999년~)의 지형 분석을 알아봅시다. 이 게임에서는 3가지 경로 검색 시스템을 구분해서 계층 모양의 세계를 표현합니다.

- 밉맵 경로 검색: 맵 전체를 밉맵으로 만든 데이터로 경로를 검색합니다.
- 폴리곤 경로 검색: 그 장소에서 볼록다각형을 생성하여 경로를 검색합니다.
- 타일 기반 경로 검색: 타일 위의 경로를 검색합니다.

밉맵이란 그림 5-14처럼 맵 전체 지도를 작은 셀 집합으로 변환하는 방법입니다. 이 밉맵을 이용한 경로 검색을 글로벌 경로 검색과 canPath check에 사용합니다.

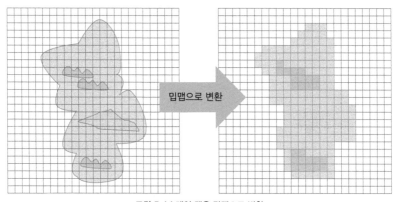

밉맵으로 변환

그림 5-14 게임 맵을 밉맵으로 변환

폴리곤 경로 검색은 맵 안에서 볼록다각형을 동적으로 여러 개 생성하여 경로를 검색합니다. 이 에어리어는 스택 기반 플러드 필 알고리즘으로 생성한 것과 거의 같은 방법으로 구합니다. 즉, 먼저 지형 정보가 같은 영역을 만들고 이를 볼록다각형으로 분해합니다. 예를 들어 그림 5-15처럼 산간부, 연안부, 삼림 지역의 타일 속성으로 영역을 하나씩 만들고 그 안을 볼록다각형으로 분할합니다.

이처럼 때와 장소에 따라 앞에서 설명한 3가지 경로 검색을 구분해서 사용합니다. 글로벌 전략에는 밉맵 경로 검색을, 상대 군대와 충돌할 때는

폴리곤 경로 검색을 이용합니다. 그리고 밉맵이든 폴리곤 경로 검색이
든 규모가 작으면 타일 기반 경로 검색으로 수행합니다.

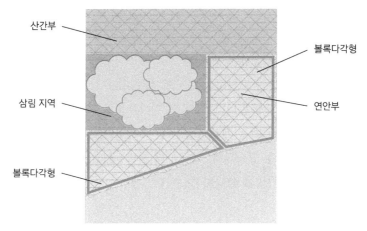

그림 5-15 동적으로 볼록다각형을 생성

5.6 지형 생성

전략 게임에서 지형 생성은 중요합니다. 만약 사용자끼리 또는 AI와 벌이는 대전 등에서 맵을 고정하면 최선의 전략도 고정되므로 게임을 계속 즐길 동기가 점점 줄어듭니다. 그러므로 대부분의 전략 게임에서는 오래전부터 자동 생성 맵을 채용했습니다. 특히 시뮬레이션 요소가 많은 게임에서 자주 볼 수 있습니다. 지금부터 전략 게임에서 맵을 자동으로 생성하는 몇 가지 방법을 설명하겠습니다.

5.6.1 그리드 위에 자동 생성

처음부터 그래픽 모델(그리기 모델)로부터 맵을 생성하는 경우는 드물고, 보통은 전신인 보조 데이터로 생성합니다. 특히 그리드 맵의 셀 위에 맵을 자동으로 생성하고 난 다음에 그 정보를 이용하여 그래픽으로 보기 좋게 덮는 수법은 지형 생성과 그래픽 생성 공정을 나눌 수 있다는 점에서 유용합니다.

〈엠파이어 어스〉(스테인리스 스틸 스튜디오, 2001년)는 대전형 온라인 실시간 전략 게임입니다. 앞서 설명한 대로 지형을 항상 고정한다면 경험자가 쉽게 지겨워할 수 있기 때문에 플레이어가 지형을 이용하여 실시간으로 전략을 짤 수 있도록 게임을 할 때마다 지형을 자동으로 생성하는 기능을 갖출 때가 많습니다. 〈엠파이어 어스〉는 사용자가 자신의 토지에서 자원을 이용하여 문명을 키워 다른 나라를 정복하는 게임으로, 매번 새로운 맵을 생성하므로 전략을 새로 만들면서 플레이해야 합니다. 지형 자동 생성 기능은 항상 새로운 콘텐츠를 만들어 이에 생명력을 불어 넣는 역할을 합니다.

〈엠파이어 어스〉에서는 플레이어 수, 게임 수, 기후, 맵의 유형, 난수 시드의 입력에 따라 맵을 자동으로 생성합니다. 칸에 따라 구분한 맵에서 출발 타일부터 시작하여 이웃한 타일 중에서 무작위로 타일을 골라 성장해 갑니다. 마지막으로 지정된 타일 수에 도달한 시점에 이와 이웃한 타일을 출발 지점으로 하여 다음 영역을 생성하기 시작합니다. 이렇게 하여 만든 연속 타일은 육지로, 그 외는 바다로 이용합니다.

이러한 생성은 그림 5-16에서 알 수 있듯 각 플레이어의 출발점에서 시작합니다. 또한 플레이어의 출발점 주변은 건설을 위해 평지로 남겨 둡니다. 마지막으로 생성한 지형을 분석하고 배치물을 자동 배치하는 등 지형 타일 위에 더욱 정밀한 지형 모델 데이터를 씌워 보기 좋게 맵을 완성합니다. 이때 평지 영역은 지형을 생성하지 않고 평탄한 영역으로 확보하게 됩니다.

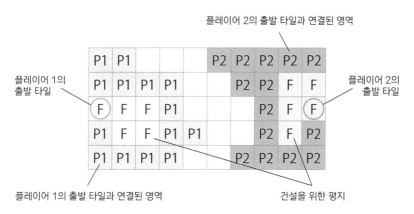

그림 5-16 〈엠파이어 어스〉의 지형 생성

5.6.2 높이 맵을 이용한 자동 생성

높이 맵(height map)을 이용하여 지형 생성을 자주 합니다. **높이 맵**이란 포인트 지형의 높이 정보를 저장한 맵으로, 이를 이용해서 지형의 모습을 대략 정합니다.

높이 맵을 사용하는 흔한 수법으로는 하늘에서 본 높이 맵 모양을 이미지로 저장하는 방법을 들 수 있습니다. 이때 픽셀의 값은 지형의 높이를 나타내므로 흑백 이미지로도 충분합니다. 즉, 높은 곳은 흰색으로, 낮은 곳은 검은색으로 하면 흑백 이미지로도 높이 맵을 만들 수 있습니다. 이 방법은 그리드 맵이 아니라 텍스처의 해상도로 모양을 만들 때 흔히 사용하는데, 해상도는 게임에 따라 달라집니다.

예를 들어 〈호라이즌 제로 던〉(게릴라 게임즈, 2017년)에서는 지형 자동 생성을 사용하지 않는 대신 그림 5-17처럼 지형 정보를 텍스처 형태로 저장하고 게임 안에서 발전하도록 합니다. 이러한 시스템 처리는 게임 엔진인 **데시마 엔진**(Decima engine)이 담당합니다. 데시마 엔진에서는 지형 높이 맵뿐 아니라 식물의 종류에 따라 텍스처 맵이나 도로를 가리키는 텍스처 맵도 함께 이용하여 게임 안에서 스테이지를 구축합니다.

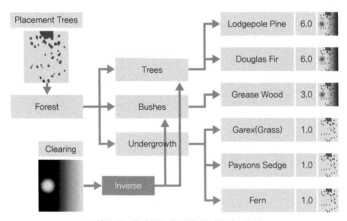

그림 5-17 〈호라이즌 제로 던〉의 식물 텍스처 맵

5.6.3 벡터 필드를 이용한 지형 생성

〈에이지 오브 엠파이어 III〉(앙상블 스튜디오, 2005년)에서는 2D 맵 시대부터 자동 생성(무작위 맵)이었으므로, 2D 맵을 기반으로 하여 3D 공간에 디스플레이스먼트 매핑(displacement mapping) 방법으로 높이를 부여하여 고저 차이로 생긴 절벽(cliff)을 처리했습니다. 이를 이용하여 변화가 심한 맵을 자동 생성했습니다. 단, 이러한 절벽 처리는 수직인 절벽 면을 자연스러운 경사로 표현해야 했으므로 처리하기가 조금 복잡했는데, 〈헤일로 워즈〉(앙상블 스튜디오, 2009년)에 이르러 다음 2가지 점을 개선하였습니다.

첫 번째, 〈에이지 오브 엠파이어 III〉에 비해 해상도가 8배인 텍스처를 이용했습니다. 이에 따라 절벽 부분도 생성할 정도의 해상도를 얻을 수 있었습니다. 두 번째, 높이 맵에서 벡터 필드 디스플레이스먼트(vector field displacement)로 변경하여 그림 5-18과 같이 경사면의 구조를 지정할 수 있었습니다. 그 결과, 더욱 유기적이고 다양한 지형을 만들 수 있었습니다. 특히 높이 맵에서는 불가능했던 돌출 지형을 만들 수 있었습니다. 또한 생성 후 침식(erosion) 처리를 이용하여 비가 온 것처럼 울퉁불퉁하게 패인 지형을 만들어 더욱 자연스러워 보일 수 있었습니다.

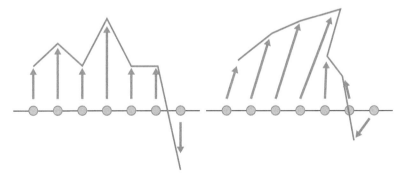

그림 5-18 높이 맵에서 벡터 필드로 변경

5.6.4 다층 그리드를 이용한 지형 생성

지형을 다층으로 생성하는 방법도 있습니다. 〈드워프 포트리스〉(베이 12 게임즈, 2006년)는 무료 소프트웨어로, 2002년부터 개발을 진행했습니다. 게임을 시작하면 사용자의 선택에 따라 그림 5-19처럼 타일 기반의 세계 전체를 자동으로 생성합니다.

세계를 가리키는 의미로는 지형도 있지만 역사나 문명 등도 포함됩니다. 기본적으로 텍스트로 세계를 표시하며 그래픽을 추가하여 만든 버전도 있습니다. 이 세계에서 사용자는 토지를 개척하고, 건물을 짓고, 재료를 이용하여 물건을 만들고, 농사를 짓고, 수확한 것을 저장하고, 부대를 편성·훈련하고, 외교·무역 활동을 하고, 전투 등을 할 수 있습니다. 바람직하게 균형을 이루는 세계가 아니라 가혹한 환경에서 열심히 살아가는 게임입니다.

지형 생성은 다음 과정을 거칩니다.

준비

기본 맵 필드값으로 토지의 높낮이(elevation), 강수량(rainfall), 기온(temperature), 배수(drainage), 화산 작용(volcanism), 야생 상태의 자연(wildness)을 바다나 토지 크기 등에 따라 정합니다.

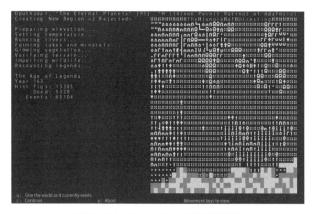

그림 5-19 〈드워프 포트리스〉의 세계 생성 화면

1단계: 식물 생성

플레이어가 선택한 식물 생태계(식물의 종류, 토양)가 토지의 높낮이, 강수량, 기온 등과 맞는지를 테스트합니다. 이를 통과하면 토지의 높낮이에 따라 식물이 번식하는 지역이 설정되고 기온이 높은 지역에는 화산이 설정됩니다.

2단계: 하천의 생성과 침식

토지의 높낮이나 산기슭을 따라 강을 만듭니다. 계곡이 된 부분은 토지가 침식되면서 자연스러운 강의 흐름을 만들어 바다에 이르게 합니다. 또한 강 주변에는 호수가 생기기도 합니다.

3단계: 지형 조정

높낮이와 침식에 따라 산에서 바다 방향으로 지형, 화산과 산 정상의 형태를 완만하게 만듭니다. 또한 강수량은 산을 끼고 비가 내리는 쪽과 내리지 않는 쪽 등의 지형을 반영하도록 조정합니다. 기온의 높낮이와 강수량을 반영하고 식물 생성도 이들 변화를 반영하도록 합니다.

4단계: 최종 조정

토지의 지질이나 지하층을 설정합니다. 마지막으로 사용자가 바라는 대로 되었는지 확인하고, 이 작업이 끝나면 야생 활동 분포와 날씨의 매개변수도 정합니다.

이처럼 〈드워프 포트리스〉에서는 작업하면서 생성 모습을 볼 수도 있으므로 생성 화면 그 자체가 게임 세계가 됩니다.

5.6.5 성벽 구축

전략 게임에서 성벽 구축을 하는 상황이 자주 전개됩니다. 특히 중세를 배경으로 하는 전략 게임에서는 필수라 할 수 있습니다. 인공지능 플레이어 쪽도 당연히 성벽을 구축해야 합니다. 플레이어가 '성벽 구축'이라는 명령만 내리면 이미 만들어진 마을 형태에 따라 자동으로 성벽을 구축해야 합니다.

여기서는 〈엠파이어 어스 II〉(록스타 뉴잉글랜드, 2005년)에서 사용한 방법

을 알아봅니다. 이 게임에서는 그림 5-20처럼 마을을 볼록다각형 모양
으로 감싸도록 만들어야 합니다.

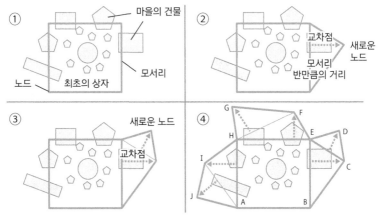

그림 5-20 성벽을 만드는 알고리즘

그림 5-20을 천천히 살펴봅시다. 먼저 한 지점에서 출발하여 마을을 도
형으로 감쌉니다. 이때 도형은 정사각형이든 직사각형이든 상관없지만
여기서는 정사각형으로 하겠습니다. 감싼다고 해도 마을이 사각형에 꼭
맞게 들어가지는 않을 것입니다. 각각의 모서리(변)를 확인합니다.

어느 모서리부터 시작해도 좋지만, 여기서는 가장 아래쪽 모서리부터
반시계 방향으로 확인합시다. 모서리가 마을에 있는 건물 일부와 겹
친다면 그 교차점에서 바깥으로 원래 모서리의 반만큼 수직으로 이동한
곳에 새로운 노드(점)를 만듭니다(②). 이때 원래의 건물과 겹치는 모서
리는 삭제합니다. ②에서는 새롭게 만든 노드와 원래 노드로 만든 모서
리 가운데 2번째 모서리가 또 건물과 겹치므로 그 교차점에서 이 모서리
의 절반 길이만큼 수직선을 그은 곳에 노드를 만듭니다(③). 이 과정을
순서대로 반복하면 마을을 감싸는 올록볼록한 다각형이 생깁니다(④).

올록볼록한 다각형을 만들었다고 끝이 아닙니다. 성벽은 전체가 볼록다

각형이어야 합니다. 이에 그레이엄 스캔(Graham scan, 1972년)이라는 정보 기하학 알고리즘을 이용하여 오목다각형을 볼록다각형으로 바꾸고자 합니다. 일단 모든 모서리를 없애고 꼭짓점만 고려해 봅시다. 출발점을 A로 하고, A와 그 밖의 모든 꼭짓점을 잇는 모서리만 생각합니다. 이 모서리와 x축이 이루는 각이 작은 것부터 나열(정렬)합니다. 그림 5-21 처럼 {A, B, C, D, E, F, H, G, I, J}라고 하겠습니다.

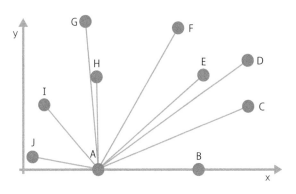

그림 5-21 A를 기점으로 각도순으로 나열한 그래프

A부터 순서대로 3점씩 선택합니다. 먼저 {A, B, C}로, 이는 반시계 방향이므로 그대로 둡니다. {B, C, D}와 {C, D, E}도 마찬가지입니다. 그러나 {D, E, F}는 시계 방향이므로 가운데 E를 삭제합니다. {D, F, H}는 반시계 방향이므로 그대로 두고, 마찬가지로 {G, H, I}는 시계 방향이므로 가운데 H를 삭제합니다. 그러면 모든 꼭짓점이 반시계 방향이 되므로 {A, B, C, D, F, G, I, J}는 그림 5-22와 같은 볼록다각형을 이룹니다.

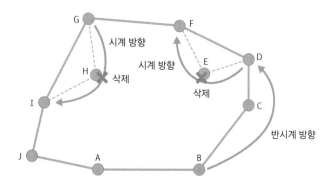

그림 5-22 그레이엄 스캔 알고리즘

그러나 그림 5-23처럼 실제로 게임에 그레이엄 스캔을 사용할 때는 주의해야 합니다. 성벽 건설에는 비용이 들기 때문에 모든 성벽을 한 번에 만들지는 못합니다. 그러므로 앞서 본 그레이엄 스캔을 조금 변형해야 합니다. 이미 만든 성벽은 움직일 수 없으므로 성벽 모서리 꼭짓점 두 곳을 삭제할 수 없는 1세트의 노드로 간주해야 합니다. 이렇게 제한을 두고 그레이엄 스캔 알고리즘을 실행하여 성벽을 만듭니다.

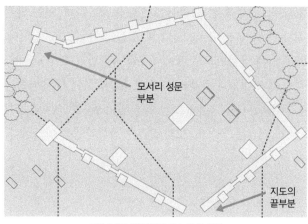

그림 5-23 〈엠파이어 어스 II〉의 성벽

5.6.6 지형 생성 정리

지금까지 살펴보았듯이 전략 게임에서는 자동 생성 기술을 게임 준비의 본질적인 기술로 사용합니다. 지형 분석은 플레이어(사람)의 공간 파악 능력에 대항하는 데 중요하며, 지형 생성은 게임 플레이를 다양하게 만드는 데 필요합니다. 이 2가지 사실은 전략 게임의 재미가 공간적, 지형적인 요소에 달렸다는 것을 말해 줍니다. 플레이어는 모든 지력을 다해 공간 파악 능력을 구사하여 시간에 따른 전략을 만듭니다. 그리고 지형 분석과 지형 생성 모두 게임 AI의 중요한 분야인데 전략 게임에서는 더욱 두드러집니다.

5.7 테크놀로지 트리

전략 게임에서는 문명 안에서 기술을 육성한다는 설정을 자주 봅니다. 그리고 게임 진행 지표로 테크놀로지 진화를 이용합니다. 테크놀로지 대부분은 A라는 기술과 B라는 기술을 합쳐 C가 된다는 형식입니다. 예를 들어 유리를 만드는 기술과 목재 가공 기술을 갖추면 창문을 만들 수 있고, 창문 기술과 목재 가공 기술을 갖추면 집을 만들 수 있습니다. 그림 5-24처럼 이 전체를 표현한 트리 구조 그래프를 테크놀로지 트리, 줄여서 테크 트리(tech tree)라고 합니다.

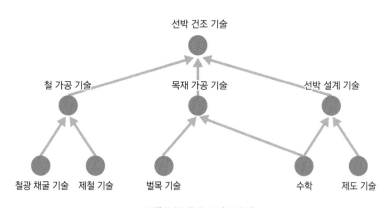

그림 5-24 테크놀로지 트리 예

예를 들어 철광 채굴 기술과 제철 기술이 있다면 철 가공 기술을 확보할 수 있습니다. 수학과 벌목 기술이 있으면 목재 가공 기술을, 수학과 제도 기술이 있으면 선박 설계 기술을 얻을 수 있습니다. 이 3가지 기술을 모두 갖추면 선박 건조 기술을 보유할 수 있습니다. 즉, 능력 제한이 점점 풀리는 구조입니다. 이러한 트리 구조 데이터가 있으면 인공지능 쪽의 플레이어도 어떻게 하면 원하는 기술을 확보할 수 있는지 알 수 있습니다. 〈FreeCiv〉(1996년)에서는 그림 5-25처럼 86개의 기술로 이루어진 테크 트리를 이용했습니다.

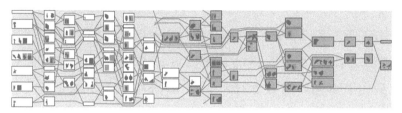

그림 5-25 〈FreeCiv〉의 테크놀로지 트리

테크 트리는 인간 플레이어가 기술을 개발하는 데 필요하지만, 동시에 인공지능 플레이어가 기술을 개발할 때도 이용합니다. 테크 트리는 인공지능의 언어로 표현하면 **의존 그래프**(dependency graph)입니다. 즉, 특정 노드를 구현하려면 그 이전 노드를 구현해야 한다는 뜻입니다. 인공지능 플레이어는 이 의존 관계를 거슬러 올라가서 원하는 기술을 순서대로 얻을 수 있습니다.

〈마인크래프트〉(모장 스튜디오, 2009년)는 소재를 모아 가공하여 다양한 물건을 만드는 게임입니다. 이러한 세계에서 인공지능을 움직이는 데는 역시 테크 트리가 편리합니다. 테크 트리를 따라 소재를 모아 다양한 물건을 만들면 됩니다. 그러나 어떤 소재로 무엇을 만드는지를 명시하지 않으므로 스스로 테크 트리를 학습해야 합니다. 이를 인공지능이 하도록 한 것이 〈마인크래프트: 다이아몬드 챌린지〉입니다. 인공지능이 마인크래프트를 플레이하도록 하고 다이아몬드를 발견할 때까지 걸리는 시간을 겨루는 게임입니다.

한쪽 정리 | **5장에서 꼭 기억해야 할 내용**

세계 시뮬레이션을 활용하는 전략 게임은 그야말로 인공지능이 떠받치는 게임 설계라고 할 수 있습니다. 단순하게 스테이지를 자동 생성한다기보다 스스로 에이전트를 이끌고 세계를 구축한다는 점에 건설형 전략 게임의 진수가 담겨 있습니다. 에이전트든 게임 세계든 처음부터 생성 능력을 어느 정도 갖추고 인간 플레이어나 인공지능 플레이어의 지휘를 받으면서 능력을 발휘하여 세계를 하나씩 만들어 갑니다. 이에 필요한 장치는 이 장에서 소개한 다층 구조, 에이전트 시뮬레이션, 스크립팅, 지형 분석, 지형 생성입니다. 대형 전략 게임에서는 이 가운데 2가지 또는 3가지를 조합하는 것이 일반적입니다.

세계 시뮬레이션으로서의 전략 게임 시뮬레이션에는 겉모습만 모방하는 것이 아니라 세계를 떠받치는 원리까지 시뮬레이션한다는 깊은 의도가 들어 있습니다. 그러므로 전략 게임이 재현하는 세계는 깊고 다양한 세계를 포함합니다. 그리고 전략 게임이 디지털 게임에 적용한 세계를 심층적으로 재현한다는 사상은 다른 게임 분야에도 큰 영향을 끼쳐서, 전략 게임을 시작으로 한 다양한 게임 분야에도 이 장에서 소개한 인공지능 기술을 응용하게 됩니다.

학습하고 성장하는 인공지능
— 육성 전략 게임

이번 장에서는 육성 전략 게임을 살펴봅니다. 육성 전략 게임은 플레이어가 팀의 리더나 매니저가 되어 AI 캐릭터 집단을 관리하고 능력을 향상시킵니다. 예를 들어 프로 축구팀의 감독이 되어 팀을 리그 우승으로 이끌거나 삼국지 속 장군이 되어 영토를 통치하는 것입니다.

앞서 살펴본 유닛과 달리 육성 전략 게임에서는 캐릭터 또는 집단마다 고유한 생각과 개성이 있어 이를 이용한 게임의 인공지능은 자신의 개성을 드러내며 연기해야 합니다. 이 장에서는 이러한 게임을 알아보고, 유전 알고리즘과 신경망을 이용한 캐릭터의 진화를 다룹니다.

6.1 다양한 역할을 하는 에이전트의 조합

여러 캐릭터를 조작할 때는 각 캐릭터의 능력에 맞게 개성을 부여하여 협력하도록 하는 방법을 사용합니다. 이를 **멀티 에이전트 기술**이라고 합니다. 에이전트란 역할이 부여된 캐릭터를 말합니다. 멀티 에이전트 기술 연구에서는 에이전트끼리 의사소통할 때 사용하는 언어를 에이전트 커뮤니케이션 언어(agent communication language, ACL)라고 하는데, 디지털 게임에서는 대부분 잘 사용하지 않고 단순히 개체 사이에 간단한 메시지로 이를 대신합니다. 또한 사용자의 지령에 따라 전체 멤버가 협력할 때가 많습니다.

장기를 생각해 봅시다. 장기에서 사용하는 말은 움직이는 방법이 각각 다릅니다. 장기를 둘 때 말이 자율로 움직인다면 자율형 에이전트, 말끼리 협력한다면 멀티 에이전트라고 할 수 있습니다. 그러나 실제로는 말끼리 의사소통할 수 없으므로 사람이 말을 움직여 협력하도록 합니다. 마찬가지로 캐릭터 협력이란 대부분 리더가 전체를 제어하는 방법에 따라 이루어집니다.

〈레밍즈〉(DMA 디자인, 1991년)는 화면 밖에서 등장하는 레밍즈라는 캐릭터에게 지령을 내려 스테이지를 클리어하는 게임입니다. 여기에서는 내린 지령 그 자체가 캐릭터의 능력이 됩니다. 지령에는 벽을 오르는 **클라이머**, 공간을 뛰어내리는 **플로터**, 그 자리에 눌러앉아 이후에 오는 레밍즈의 벽이 되는 **블로커**, 다리나 계단을 만드는 **브리지 빌더** 등이 있습니다. 플레이어는 다양한 지령을 내려 레밍즈가 서로 협력하도록 하면서 스테이지를 클리어합니다. 레밍즈는 특정 기능이 있는 에이전트이면서 또한 일정 수준으로 협력할 수 있으므로 멀티 에이전트라고도 할 수 있습니다. 즉, 사용자와 레밍즈가 협력하여 스테이지를 클리어합니다. 예를 들어 사용자는 연못 위에 다리를 짓는 빌더가 되도록 레밍즈에게 지시하고 완성할 때까지 블로커가 되어 다른 레밍즈를 막도록 지시할 수 있습니다. 그림 6-1은 〈레밍즈〉 게임을 간단히 표현한 것입니다.

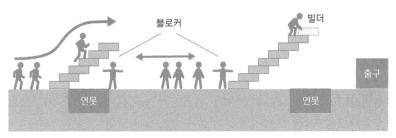

그림 6-1 그림으로 간단히 표현한 〈레밍즈〉

이처럼 에이전트마다 서로 다른 역할을 부여하는 방법은 전략 게임에서도 흔히 사용합니다. 역할이 있는 에이전트를 동적으로 만들고 적절하게 구분하여 사용하면 게임의 깊이가 있습니다. 판타지물이라면 검사·마법사·치료사, 역사물이라면 정찰병·궁병·기병 등 특성이 다른 캐릭터를 육성하여 부대로 편성한다는 점에서 게임 관리의 즐거움이 있습니다. 이렇게 게임을 플레이하기 전에 메타 레이어를 준비하는 것도 인공지능 플레이어가 수행해야 할 역할입니다.

◎ 메타 레이어란 게임 플레이 바깥에 있는 설정을 말합니다. 예를 들어 부대원 선택, 기체 선택, 아이템 선택 등이 해당합니다.

6.2 유전 알고리즘을 이용한 균형 조정

이 절에서는 전략 게임에서 유전 알고리즘을 어떻게 응용하는지 살펴봅니다. 전략 게임에는 타워 디펜스형 게임이라는 분야가 있습니다. 경로 주변에 자동 공격을 하는 타워를 두고 경로를 따라오는 적을 방어하는 게임으로, 일단 게임을 시작하면 포대는 자동으로 움직입니다. 적이 오는 경로는 정해졌으므로 적이 왔을 때 포대가 어떻게 움직일지를 정해 두면 그만입니다. 대부분 타워를 위치시키면 포격 범위 등은 자동으로 설정됩니다. 타워 디펜스에서 중요한 것은 커버리지(coverage)입니다. **커버리지**란 캐릭터의 공격이 경로 가운데 어느 지역까지 다다를 수 있는가를 뜻합니다.

6.2.1 타워 디펜스형 게임

타워 디펜스형 게임을 개발할 때 어려운 점은 '게임 설계를 어떻게 검증하는가?'입니다. '게임 설계에서 만든 스테이지를 과연 클리어할 수 있는가?', '난도는 어느 정도인가?' 등을 검증하기 어렵다는 것입니다. 적이 너무 많으면 지형적으로 스테이지 클리어는 불가능하기 때문입니다. 물론 이러한 검증은 개발자나 테스터가 할 수 있으나 이들의 스킬이나 개성에 따라 결과가 달라질 수 있습니다. 그러므로 인공지능을 이용한 자동 플레이로 검증하는 것이 좋습니다.

그림 6-2의 〈시티 컨퀘스트〉(인텔리전스 엔진 디자인 시스템, 2012년)는 타워 디펜스형 게임입니다. 단, 타워로 지은 도시(시티)끼리 전투기를 보내

서로 공격한다는 점이 조금 다릅니다. 그런데 타워는 종류가 다양하고 그에 따라 설치 방법도 수많은 조합이 있습니다. 그러므로 인간이 최적의 배치를 모두 조사한다는 것은 불가능에 가깝습니다. 이때 바로 유전 알고리즘(genetic algorithm, GA)을 이용합니다.

그림 6-2 〈시티 컨퀘스트〉의 대전도

먼저 기본이 되는 것이 그림 6-3의 빌드 명령입니다. 여기서 명령은 각각 하나의 건설에 해당합니다.

```
Build = 0,11,46,Mine,8          Build = 1,11,46,Mine,8
Build = 0,11,48,Mine,16         Build = 1,11,48,Mine,16
Build = 0,11,47,Skyc,24         Build = 1,11,47,Skyc,24
Build = 0,14,42,Turr,28         Build = 1,14,42,Turr,28
Build = 0,14,40,Turr,171184     Build = 1,14,45,GrSl,100808
Build = 0,9,47,Mine 52          Build = 1,14,40,Turr,171184
Build = 0,9,47,Mine 60          Build = 1,9,47,Mine, 52
Build = 0,15,45,GrSl,100808     Build = 1,9,49,Mine, 60
Build = 0,10.,49,Drop,100812    Build = 1,12,44,RktL,100836
Build = 0,13,45,RktL,100816     Build = 1,10,49,Drop,100812
Build = 0,17,44,RktL,100820     Build = 1,13,45,RktL,100816
Build = 0,10,45,Skyc,100824     Build = 1,17,44,RktL,100820
Upgrade = 0,13,45,RktL,100816   Build = 1,10,45,Skyc,100824
Build = 0,17,49,Drop,100832     Upgrade = 0,13,45,RktL,100820
```

그림 6-3 〈시티 컨퀘스트〉의 명령 목록

6.2.2 유전 알고리즘

이러한 명령 하나를 유전자(gene)로 한 집합을 염색체(chromosome)라고 합니다. 이 염색체에는 유전자가 여러 개 있으며 일련의 명령을 포함하므로 하나의 도시 생성 과정을 나타냅니다. 염색체가 2개 있을 때 각각 둘로 나누어 조합하면 새로운 염색체가 생깁니다. 이것은 실제 자연에서 일어나는 것에 가깝습니다. 자식은 부모 유전자를 절반씩 포함하는데, 이를 교차(crossover)라고 합니다.

그림 6-4에서는 설명을 간단히 하고자 하나의 염색체에 유전자를 4개씩 포함했지만, 실제로는 훨씬 많습니다. 또한 특정 장소의 유전자를 특정 확률로 전혀 다른 것으로 만드는 것을 돌연변이(mutation), 특정 영역의 유전자를 교환하는 것을 치환(replacement)이라고 하는데, 돌연변이와 치환에는 유전 알고리즘에서 나타나는 국소 최적해를 피하고 전역 최적해에 이르는 효과가 있다고 합니다.

> 국소 최적해란 좁은 영역에서의 최적해를 뜻합니다. 최적해(optimal solution)는 선형 프로그래밍에서 제약 조건을 충족시킬 수 있는 해 중에서 목적 함수의 값을 최대 또는 최소로 만드는 값을 말합니다.

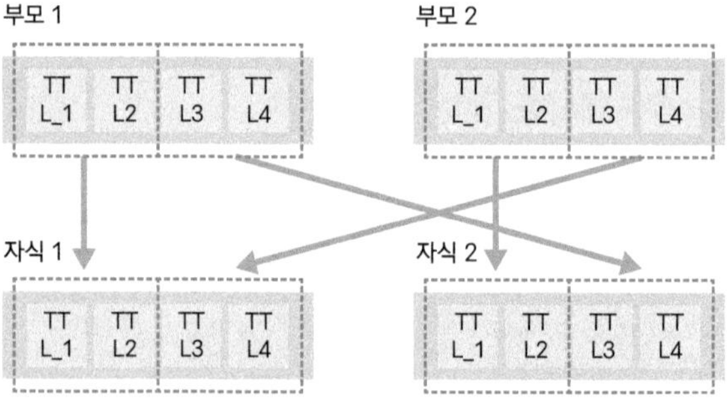

그림 6-4 염색체 2개(유전자 4개)의 교차

실제 순서에 따라 설명해 보겠습니다. 먼저 무작위로 많은 염색체를 만듭니다. 그리고 2개의 염색체를 선택하여 싸우도록 합니다. 그러면 어느 한쪽이 이기는데, 어떻게 이겼는지가 그 염색체의 적응도가 됩니다. 즉,

대전을 거듭할 때마다 각 대전의 적응도 평균값이 그 염색체의 적응도가 됩니다. 이 적응도 순서대로 염색체를 나열하여 적응도가 더 높은 염색체를 더 높은 확률의 부모로 선택합니다. 이러한 확률 선택 방법을 **룰렛 방식**(fitness proportionate selection)이라고 합니다. 이 방식으로 다양한 유전자 배치를 가진 염색체를 자동으로 생성하면 더욱 강한 염색체를 찾을 수 있습니다.

ⓒ 룰렛 방식이란 적합도 비례 선택 방식을 말합니다.

〈시티 컨퀘스트〉 개발에서는 유전 알고리즘을 이용하여 다양한 건설 조합을 테스트하고 균형을 조정하면서 잘못된 곳이나 버그를 발견하고자 했습니다. 예를 들어 특정 염색체를 가진 인공지능 플레이어의 승률이 지나치게 높다면 무언가 밸런스 브레이커(게임 균형이 무너짐)가 있다는 것입니다. 이러한 이상 상태를 감지하는 장치를 마련한다는 것은 게임을 개발할 때뿐 아니라 확장 팩 등으로 게임을 확장할 때도 매우 중요합니다. 이러한 장치가 없으면 게임 개발자는 콘텐츠를 배포할 때마다 밸런스 브레이커를 걱정하게 되므로 균형을 무너뜨리지 않으려고 보수적인 콘텐츠만 배포하게 됩니다.

〈시티 컨퀘스트〉 개발에서 유전 알고리즘을 이용한 전투 시뮬레이션은 그래픽 표시 없이 PC 1대에서 빠르게 작동하므로 12~14시간 동안 100만 회를 수행합니다. 코딩과 튜닝을 포함하여 3~5주 걸리던 작업이 2주로 단축되면서 품질도 향상했습니다. 이 사례는 널리 퍼져 게임 산업에서 품질 보증 과정을 인공지능과 함께 수행하는 계기가 되었습니다. 이후 게임 산업에서는 인공지능을 이용하여 게임의 품질을 보증하는 사례가 늘었습니다.

6.3 유전 알고리즘을 이용한 사용자 매칭

전략 게임에서 유전 알고리즘을 사용자 매칭에 응용한 사례로는 〈토탈
워 아레나〉(크리에이티브 어셈블리, 2018년)의 전략 매칭 시스템을 들 수 있
습니다. 〈토탈 워 아레나〉는 10 : 10 온라인 실시간 전략 게임으로, 이러
한 집단 전투가 재밌으려면 양 팀의 실력이 비슷해야 합니다. 만약 실력
차가 크면 약한 팀은 이기고 싶어 하는 의지가 사라지고 강한 팀은 싫증
만 납니다. 그러므로 승부를 알 수 없거나 이길지도 모른다는 기대감을
가질 수 있을 정도의 실력 차가 나도록 하는 것이 바람직합니다.

그림 6-5를 자세히 살펴보겠습니다. 접속한 사용자 중에서 20명을 하
나의 염색체라고 봅니다. 즉, 개별 사용자 ID가 염색체에 포함된 유전자
입니다. 그리고 이러한 20개의 개체로 적과 아군을 나눠 각각의 전력 차
를 계산합니다.

그림 6-5 〈토탈 워 아레나〉의 유전 알고리즘

개체 10개로 한 팀을 구성하고 칼, 창, 장거리 미사일, 단거리 미사일 등의 매개변수를 추출합니다. 이를 이용하여 전력과 적합도를 계산해야 하는데, 이때 상대 팀과 전력 차가 작을수록 값이 커지는 적합도 함수(fitness function)를 사용합니다.

이런 식으로 많은 염색체를 만든 다음에 유전 알고리즘을 적용합니다. 적합도가 클수록 부모가 될 확률이 높아지는 룰렛 방식으로 부모를 선택해 적합도가 더 높은 염색체를 만들어서 이상적인 팀 분배를 실현합니다.

온라인 게임에서 매칭 문제는 아주 중요합니다. 이 알고리즘은 해당 온라인 게임의 수명에까지 간접적으로 영향을 미칩니다. 유전 알고리즘과 같은 인공지능 기술이 게임 비즈니스 측면에서도 도움이 된다는 것은 어떤 의미에서는 놀라운 일입니다.

6.4 뉴로에볼루션 — 캐릭터 진화

유전 알고리즘과 신경망을 조합한 방법을 **뉴로에볼루션**(neuroevolution) 이라고 합니다. 이 절에서는 전략 게임에서 뉴로에볼루션을 어떻게 응용하는지 살펴보겠습니다.

6.4.1 NERO

NERO는 2000년대 초 텍사스 대학교의 케네스 스탠리(Kenneth O. Stanley) 가 고안했습니다. 이 방법은 게임 AI의 학술 연구에 응용한 사례가 많고 게임 산업에서도 조금씩 응용되기 시작했습니다. 신경망에서는 연결 강도(가중치)가 달라질 뿐 보통 노드와 연결로 이루어지는 형상은 변하지 않습니다.

ⓒ 여기서 형상이란 연결 형태를 말하며 토폴로지(topology)라고 합니다.

그러나 뉴로에볼루션은 학습과 함께 신경망의 모양을 변화해 가는 방법입니다. 극적인 변화에서는 층이 늘어날 때도 있습니다. 여기서는 이 방법을 사용하여 만든 데모 게임인 그림 6-6의 〈NERO 2.0〉(케네스 스탠리, 2006년)을 중심으로 설명합니다. 〈NERO 2.0〉 자체는 게임 소프트웨어라기보다는 기술 데모로 만들었지만, 전략 게임에 응용할 정도로 잠재력이 뛰어납니다.

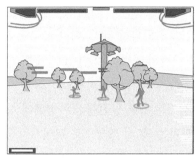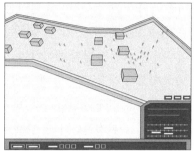

그림 6-6 〈NERO 2.0〉 게임 화면

NERO는 neuro-evolving robotic operatives의 줄임말로, 뉴로에볼루션을 이용한 로봇 작전이라는 뜻입니다. 정해진 공간 안에 놓인 여러 병사가 뉴로에볼루션에 따라 점점 강해집니다. 병사는 그림 6-7처럼 처음에 입력층과 출력층으로만 구성된 간단한 신경망을 가집니다. 이때 병사에게는 원격 공격 수단밖에 없습니다. 여러 병사는 한 공간 안에서 FPS처럼 서로 싸우고 특정 시점에 종합 순위를 매겨 하위 2개를 삭제한 뒤 새로운 병사 둘을 무작위로 생성합니다. 이렇게 하면 전체 병사 집단이 강해진다는것이 NERO의 원리입니다.

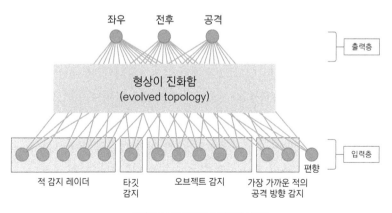

그림 6-7 〈NERO〉에서 병사의 신경망

이제 병사가 가진 신경망을 알아봅시다. 입력층은 적 감지 레이더, 타깃 감지, 오브젝트 감지, 가장 가까운 적의 공격 방향 감지, 편향(bias)으로 이루어집니다. **적 감지 레이더**는 병사 주변의 일정 크기 원 $360°$를 몇 개로 분할해서 해당 조각 안에 적이 있는지를 감지하여 적과의 거리에 따른 수치를 뉴런에 전달합니다. **타깃 감지**는 병사가 진행하는 방향에 적이 있는지를 판정합니다. **오브젝트 감지**는 몇 개 방향으로 레이캐스팅(직선을 연장)하여 오브젝트와 충돌하는 것을 감지합니다. 이 역시 오브젝트와의 거리에 따른 수치를 뉴런에 전달합니다. **가장 가까운 적의 공격 방향 감지**는 말 그대로 가장 가까운 적의 공격 방향을 입력합니다. **편향**은 고정된 값입니다. 출력층은 전후좌우의 벡터, 그리고 공격 여부 등입니다.

6.4.2 NEAT

〈NERO〉 게임 데모의 본질을 이루는 뉴로에볼루션인 NEAT (NeuroEvolution of augmenting topologies) 의 원리를 알아봅시다.

신경망의 형상을 유전자로 표현한다

ⓒ NEAT는 매트 버클랜드(Mat Buck-land)의 ≪쉽게 풀어 쓴 인공지능 게임 프로그래밍≫(김석중 옮김, 정보문화사, 2004년)을 기준으로 설명합니다.

면 염색체에 포함된 유전자를 그림 6-8처럼 나타낼 수 있습니다. 여기서 사각형 하나가 유전자이고 그 전체가 염색체입니다. From은 시작 노드, To는 끝 노드의 ID입니다. 첫 번째 사각형을 살펴보면 이 유전자는 노드 1에서 3으로 가중치 1.2로 연결한다는 뜻입니다. Enabled는 이 유전자를 발견(이용)할 때 Y, 그렇지 않을 때 N이 됩니다. Innovation은 관리용 ID를 말하며 From과 To 조합마다 하나씩 정해집니다. Recurrent는 '이 연결 방법이 순환 구조인가?', 즉 '큰 ID에서 작은 ID로 연결되었는가?'를 나타내는 플래그입니다. 이러한 유전자를 나열하여 하나의 신경망을 정의합니다. 이때 비활성화된 무효 노드는 사용하지 않습니다.

© 그림 6-8에서 링크는 뉴런 연결 방법을 말합니다.

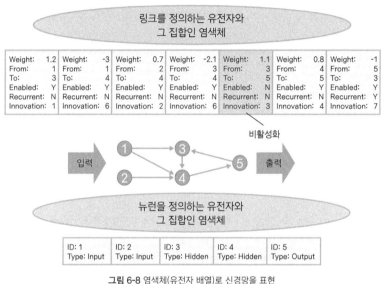

그림 6-8 염색체(유전자 배열)로 신경망을 표현

이제 유전 알고리즘이 등장할 차례입니다. 2개의 염색체, 즉 부모 1, 부모 2인 신경망 2개가 있습니다. 이 신경망 2개를 교차(조합)하여 새로운 신경망을 만든다고 생각해 봅시다. 먼저 그림 6-9처럼 부모 1과 2의 유전자를 Innovation ID순에 따라 각각 배열합니다. 그러면 같은 노드 ID를 연결한 유전자는 같은 위치에 놓입니다. 이때 쌍이 맞지 않는 유전자를 **분리**(disjoint), 말단에 있으면서 쌍이 맞지 않는 유전자를 **잉여**(excess)라고 합니다.

여기서 부모 1과 2 가운데 적합도가 높은 유전자를 선택합니다. 단순히 적합도를 비교해서 정하면 됩니다. 그리고 분리 유전자와 잉여 유전자라면 적합도가 높은 부모의 것을 선택하고, 쌍이 맞는다면 무작위로 하나를 고릅니다. 그림 6-9에서는 부모 2의 적합도가 높다고 하겠습니다. 그러므로 분리 유전자 4, 5, 8, 9와 잉여 유전자 15를 선택합니다. 다른 ID는 무작위로 정합니다. 그림 6-9처럼 새로운 염색체가 생겼다고 합시다. 쌍이 맞는 유전자는 어느 쪽이든 무작위로 고르므로 그 밖에도 3가지가 더 있습니다. 그러면 이 염색체는 새로운 신경망 형상을 정의합니다.

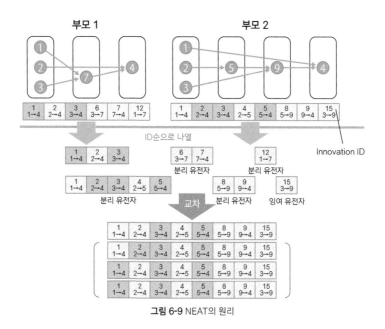

그림 6-9 NEAT의 원리

6.4.3 rtNEAT

〈NERO〉에서는 NEAT를 실시간으로 한 rtNEAT(real time NEAT)를 이용합니다. NEAT는 세대를 통째로 바꿔 급격한 환경 변화에도 바로 대응할 수 있도록 합니다. 그러나 실시간 게임에서는 환경이 서서히 변하므로 이러한 변화에 여유롭게 적응할 필요가 있습니다. rtNEAT는 하위 개체 1개를 수시로 교환하여 그림 6-10과 같이 전체가 진화하도록 합니다. 그러나 실제로 집단이 NEAT로 진화해 가면 같은 신경망 구조(토폴로지)를 가진 개체가 생깁니다. 신경망 구조가 같은 집단을 하나의 종으로 생각합니다. 이 종마다 각각의 적합도, 즉 종에 포함된 적합도의 평균값에 따라 다음 부모가 될 수 있는 확률을 결정합니다. 부모가 될 2개의 종을 결정했다면 종마다 개체(예를 들어 그 종에서 가장 적합도가 높은 개체)를 하나씩 뽑아 새로운 개체를 만들고 적합도가 가장 낮은 개체와 교체합니다.

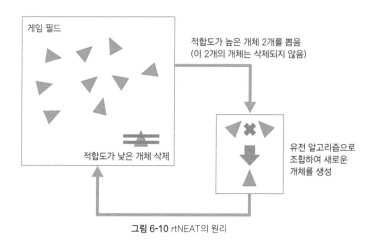

그림 6-10 rtNEAT의 원리

NEAT의 흐름은 다음과 같습니다.

NEAT의 흐름

① 집단 안에서 적합도가 가장 낮은 개체 하나를 삭제합니다.
② 종마다 평균 적합도를 계산합니다.
③ 평균 적합도가 높은 종 2개를 선정합니다.
④ 선정한 종 2개 중에서 적합도가 가장 높은 개체 하나를 부모로 선택합니다.
⑤ 선택한 부모 2개로 새로운 개체 하나를 생성합니다.
⑥ 적합도가 가장 낮은 개체 하나를 삭제합니다.

이처럼 유전 알고리즘과 신경망을 조합한 뉴로에볼루션은 매우 강력한 방법으로, 다방면에서 응용하고 있습니다. 뉴로에볼루션은 주로 학술 연구에서 많이 다루지만 산업계에서도 종종 응용됩니다.

이렇게 유전 알고리즘을 이용하여 집단 진화를 이루고 신경망을 이용하여 개체의 지능을 진화시킴으로써 게임을 자동으로 진행합니다. 다시 말하면 플레이어가 조금만 조작하면 게임 진행이 자동으로 흘러갑니다. 플레이어는 이러한 게임의 자동 진화를 통해 자신의 조작에 따라 진화 방향이 변하는 것을 즐길 수 있습니다.

6.5 신경망 — 캐릭터 학습

실시간 전략으로 캐릭터를 학습시켜 클리어하는 게임이 있습니다. 이런 게임 대부분은 미리 캐릭터를 몇 개 만들어 두고 이를 교체하여 마치 진화한 것처럼 보이도록 합니다. 즉, 진화는 몇 가지로 제한되고 정해진 개성만 얻을 수 있습니다. 하지만 신경망 기술을 이용하면 무한한 개성을 가진 캐릭터를 만들 수 있습니다.

6.5.1 〈힘내라 모리카와 군 2호〉의 신경망

신경망을 이용한 사례로 그림 6-11의 〈힘내라 모리카와 군 2호〉 (MuuMuu, 소니 인터랙티브 엔터테인먼트, 1997년)를 살펴봅시다. 이 게임은 플레이어가 게임을 조작하는 것이 아니라 '피트(PiT)'라는 게임 캐릭터를 교육하여 행동하도록 합니다.

그림 6-11 〈힘내라 모리카와 군 2호〉의 게임 화면(왼쪽)과 신경망(오른쪽)
©1997 Sony Interactive Entertainment Inc.

그림 6-12처럼 피트는 3층으로 된 신경망을 가지며 이를 이용해 게임 안의 아이템에 어떻게 반응하거나 행동할지를 학습합니다.

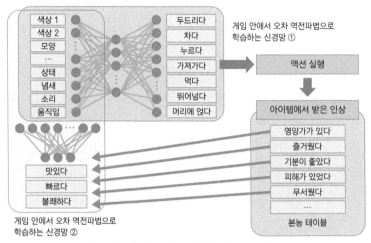

그림 6-12 〈힘내라 모리카와 군 2호〉의 2가지 신경망

입력층에는 아이템의 색상 1(큰 면적을 차지하는 색)과 색상 2(작은 면적을 차지하는 색), 모양, 상태, 냄새, 소리, 움직임 등 오브젝트의 속성 정보를 입력합니다. 피트는 오브젝트 그 자체의 정보를 얻는 것이 아니라 이러한 속성 정보만을 이용해 신경망으로 행동을 선택합니다.

입력층의 속성은 수치로 표현합니다. 예를 들어 색상이라면 (검은색 0.0, 회색 0.1, 황토색 0.2, …, 노란색 0.9, 흰색 1.0), 모양이라면 (구체 1.0, 둥근 모양 0.75, …, 울퉁불퉁한 모양 0.25, 기하학적인 모양 0.0) 등입니다. 출력층에서는 '두드리다', '차다', '누르다' 등입니다. 게임 안에서 사용자가 행동을 지적하면 피트는 사용자가 가르친 대로 서서히 행동을 선택하게 됩니다. 그리고 4.11절에서 다룬 오차 역전파(back propagation, BP)를 이용하여 게임 안에서 이러한 학습을 실행합니다.

6.5.2 4가지 신경망

이와 더불어 게임 안에서 움직이는 또 하나의 신경망이 있는데, 이 신경망에서는 그림 6-13처럼 피트의 행동에 따라 '영양가가 있다', '즐겁다' 등의 아이템 정보를 얻습니다. 이 정보를 크게 '맛있다', '빠르다', '불쾌하다' 이렇게 세 종류 인상으로 구분하고, 속성과 인상의 관계를 학습합니다.

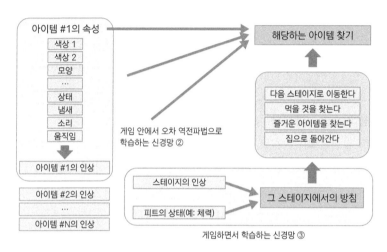

그림 6-13 〈힘내라 모리카와 군 2호〉의 게임 흐름과 준비한 신경망

이 게임 안에는 학습하는 2가지 신경망 외에 미리 고정된 2가지 신경망이 더 있습니다. 3번째 신경망은 스테이지의 인상, 피트의 상태를 이용하여 그 스테이지의 방침을 정합니다. 여기서 말하는 방침은 '다음 스테이지로 이동한다', '먹을 것을 찾는다' 등을 말합니다. 이는 고정된 신경망으로 게임 안에서 학습하지 않습니다. ⓒ 이 스테이지에 있는 아이템의 인상을 통해 방침을 결정합니다.

4번째 신경망은 피트의 상태에 따라 게임 BGM을 변경합니다. BGM은 피트가 게임 안에서 CD 형태로 얻으며, CD 중에서 자동으로 곡이 선택됩니다. 이처럼 신경망을 이용한 학습은 사용자의 플레이에 따라 달라져 게임이 더욱 재미있어집니다.

6.6 퍼셉트론과 결정 트리

이 절에서는 퍼셉트론과 결정 트리를 알아봅니다. 퍼셉트론은 가장 단순한 신경망이라 할 수 있습니다. 일반적인 신경망의 시그모이드 함수 대신 단순히 역치 이상 또는 미만인지에 따라 1.0 또는 0.0으로 나누기만 하므로 아주 간단해서 게임에 사용하기 쉽습니다. 여기서 설명할 〈블랙 & 화이트〉(라이언헤드 스튜디오, 2001년)에서는 창조물이 퍼셉트론을 이용하여 학습합니다.

또한 결정 트리(decision tree)는 어느 선택 항목에 대해 몇몇 선택지마다 제안 정도가 정해진 트리입니다. 야구와 축구 중에 어떤 것을 TV로 볼 것인지가 똑같다면 둘 다 0.5로 하고, 만약 야구를 더 보고 싶다면 0.6으로, 축구는 0.4로 정하면 됩니다.

이 퍼셉트론을 학습하도록 하고 경험을 통해 결정 트리를 형성하는 창조물을 구현한 것이 〈블랙 & 화이트〉입니다. 이제부터 〈블랙 & 화이트〉를 자세히 살펴봅시다.

6.6.1 갓 게임

〈블랙 & 화이트〉는 갓 게임(god game)이라는 분야에 속합니다. **갓 게임** 이란 플레이어가 게임을 조감하면서 신의 관점에서 게임이라는 상자 안의 세계에 간섭하는 게임 분야입니다. 〈페이블〉(라이언헤드 스튜디오, 2005년)

☺ 담배를 좋아했던 몰리뉴는 왼손에 담배를 들고 오른손으로 마우스를 조작하며 진행할 수 있는 게임을 개발하려고 했다 합니다. 실제로 몰리뉴가 만든 게임은 한손으로 클릭하며 진행할 수 있는데, 〈블랙 & 화이트〉도 마찬가지입니다.

이나 〈파퓰러스〉(불프로그 프로덕션, 1989년) 등을 만든 피터 몰리뉴(Peter Molyneux)가 크게 발전시킨 분야이기도 합니다.

〈블랙 & 화이트〉는 사용자가 섬 하나를 신의 관점에서 조작하는 게임입니다. 사용자가 직접 게임 속 캐릭터가 되지 않으며 섬에 있는 다양한 오브젝트를 움직이고 대형 창조물을 교육하여 섬을 통치합니다. 창조물끼리 싸울 때도 있지만 이 섬에 도움이 되도록 기르는 것이 목표입니다. 이렇게 기른 대형 창조물은 사용자가 학습시킬 수 있습니다. 사용자는 창조물의 행동을 지켜보며 칭찬하거나 야단쳐 창조물이 학습하도록 합니다. 어떤 원리일까요?

6.6.2 BDI 아키텍처

창조물은 각각 퍼셉트론, 결정 트리를 포함하는 학습 아키텍처를 가집니다. 그 기본을 이루는 것이 BDI 아키텍처(belief-desire-intention architecture)입니다.

BDI 아키텍처는 심리학에서 시작된 의사결정 아키텍처로 신념(belief), 욕구(desire), 의지(intention)의 3가지로 지능을 구축하고자 합니다. 심리학에서 시작하기도 했고 소프트웨어로서 구조가 엄밀하게 정해진 것도 아니었기에 일반적으로 콘셉트에 따라 사례별로 소프트웨어를 설계합니다. 〈블랙 & 화이트〉에 등장하는 창조물의 인공지능은 BDI 아키텍처를 기초로 하여 여러 가지 학습 기능을 지닙니다.

그림 6-14는 전체 아키텍처를 보여 줍니다. 이후 모듈마다 자세하게 살펴볼 텐데, 일반 내용보다는 〈블랙 & 화이트〉에 따라 설명하겠습니다.

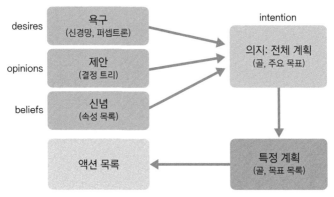

그림 6-14 〈블랙 & 화이트〉에 등장하는 창조물의 BDI 아키텍처

신념(belief)

신념이라 하면 엄청나 보이지만, 여기서는 '인공지능이 믿는 것'을 뜻합니다. 이는 인식하는 대상의 속성 목록으로 표현할 수 있습니다. 예를 들어 인식 대상이 적인지 아니면 체력, 에너지인지 등입니다. 이는 객관적인 정보라기보다 인공지능이 느끼는 주관적인 표현입니다.

욕구(desire)

퍼셉트론(신경망)으로 표현하며 욕구마다 강도(0.0~1.0)를 계산합니다. 여기서 욕구란 '먹고 싶다', '던지고 싶다', '자고 싶다' 등을 말합니다.

제안(opinion)

결정 트리로 표현하며 행동마다 평가(0.0~1.0)를 계산합니다.

의지(intention, 전체 계획)

앞의 3가지, 즉 신념 · 욕구 · 제안을 이용하여 결정합니다. 예를 들어 '적기지 공격' 등입니다. 이 의사결정 방법은 앞으로 상세히 설명합니다.

특정 계획

의지(전체 계획) 중에서 특정 계획을 정합니다. 예를 들어 '돌 던지기 공격' 등입니다.

액션 목록

'돌을 줍고, 마을을 향해, 돌을 던진다' 등과 같은 구체적인 액션 목록입니다.

이것이 이번 BDI 아키텍처의 모든 요소입니다. 최종 의사결정은 효용 기반(utility-based, 평가 기반)에 따라 수행합니다. 욕구와 오브젝트의 효용은 다음 식으로 계산합니다.

```
효용(욕구, 대상) = (욕구의 강도) × 제안(욕구, 대상)
```

모든 욕구에 대한 제안 결정 트리에 포함된 대상을 조합하고 가짓수를 모두 계산하여 최대 효용인 행동을 선택합니다. 욕구의 강도는 욕구 퍼셉트론에 따라, 제안의 수치는 결정 트리의 수치에 따라 결정됩니다. 이제부터 위 식에서 사용한 요소와 함께 계산 방법을 알아봅시다.

6.6.3 욕구 퍼셉트론의 학습 원리

욕구는 어떤 행위의 강도를 표현합니다. 예를 들어 '먹고 싶다'라면 배고픔(hunger), 맛(tastiness), 외로움(unhappiness)을 이용하여 퍼셉트론으로 계산합니다. 퍼셉트론은 가장 단순한 신경망입니다. 그림 6-15처럼 입력값과 가중치를 곱하여 모두 더한 값을 계산합니다. 이 값이 역치보다 큰가 작은가에 따라 출력값을 정합니다. 예를 들어 0.5 이상이면 1.0, 0.5 미만이면 0.0이 됩니다.

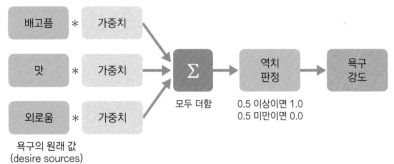

욕구의 원래 값에 가중치를 곱함

| 배고픔 | * | 가중치 |

| 맛 | * | 가중치 |

| 외로움 | * | 가중치 |

욕구의 원래 값
(desire sources)

Σ

모두 더함

역치
판정

0.5 이상이면 1.0
0.5 미만이면 0.0

욕구
강도

그림 6-15 욕구 계산 퍼셉트론

이 퍼셉트론은 가중치를 달리하며 학습합니다. 이 계산식으로 특정 시점에서 계산한 결과가 플레이어가 지정한 값과 다르다고 합시다. 이 차이를 가중치를 이용해서 흡수합니다. 예를 들어 다음과 같습니다.

- 맛 가중치의 변화분 = (학습 속도) × (맛) × (사용자가 지정한 값 - 계산값)
- 새로운 맛 가중치 = (원래 맛 가중치) + (맛 가중치 변화분)

이를 '외로움 가중치', '배고픔 가중치'에도 적용하여 가중치를 달리합니다. 학습 속도는 얼마나 빨리 학습하는지를 정하는 매개변수로 값을 0.1가량으로 하면 됩니다(여기서는 0.1로 함). 값이 크면 학습 진행이 느려지고 작으면 조금씩만 학습하게 됩니다. 이는 하이퍼 매개변수(hyper-parameter), 즉 직접 정해야 하는 매개변수입니다.

실제 창조물의 식사 예를 이용하여 학습합니다. 창조물이 '먹고 싶다' 욕구를 학습하는 예를 표 6-1로 나타냈습니다.

표 6-1 '먹고 싶다' 욕구의 퍼셉트론 학습(가중치 변화)

욕구의 원래 값							
배고픔		맛		외로움			
값	가중치	값	가중치	값	가중치	계산값	피드백
0.8	0.500	0.8	0.500	0.0	0.500	0.200	1.000
0.8	0.564	0.2	0.564	0.0	0.500	0.564	1.000
0.1	0.599	0.6	0.573	0.0	0.500	0.404	0.200
0.0	0.597	0.0	0.560	1.0	0.500	0.500	0.002
0.3	0.597	0.4	0.560	1.0	0.450	0.853	0.400
-	0.583	-	0.542		0.405	-	-

첫 행에 주목합시다. 가중치에는 0.500로 초기화한 값을 입력합니다. 계산값은 0.200입니다. 이에 따라 행동했을 때 사용자가 지정한 값(피드백)이 1.0이라고 합시다. 그러면 앞에서 예를 든 계산식을 이용하여 다음과 같이 계산합니다.

- 맛 가중치의 변화분 = (0.1) × (0.8) × (1.0 - 0.2) = 0.064
- 새로운 맛 가중치 = (0.500) + (0.064) = 0.564

이렇게 가중치가 변함에 따라 퍼셉트론은 사용자의 지령을 수행할 수 있도록 학습합니다.

6.6.4 제안 결정 트리, 퀸란의 ID3 알고리즘

제안에는 각각의 욕구에 대한 결정 트리가 있습니다. 예를 들어 그림 6-16처럼 '동료로 삼고 싶다(compassion)'라는 욕구에서 아군과 적 가운데 어느 한쪽에게 이를 수행하는 결정 트리는 우호적인 상대라면 0.9,

적대적인 상대라면 −0.2가 됩니다. 또한 **배고픔**의 결정 트리에서는 생물(animate)이라면 +0.6, 무생물(inanimate)이라면 −0.5가 됩니다.

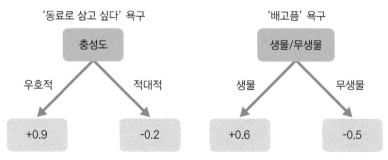

그림 6-16 제안의 결정 트리

이 결정 트리는 플레이어의 피드백을 이용하여 생성합니다. 이 결정 트리를 만드는 알고리즘으로는 **퀸란의 ID3**(Quinlan's ID3)를 이용합니다. 이 알고리즘은 위에서 아래를 향해 정보 엔트로피(평균 정보량)가 최대가 되도록 결정 트리를 생성합니다.

정보 엔트로피는 특정 정보가 있을 때 이 정보가 얼마나 복잡한지를 표현합니다. 사건이 2가지이고 그 정보를 확률 p_1, p_2로 나타낼 때의 정보 엔트로피는 다음과 같이 밑을 2로 한 로그로 표현합니다.

$$H = -p_1 log_2 p_1 - p_2 log_2 p_2$$

지금 창조물의 **분노**(anger)라는 욕구에 대한 제안을 결정 트리로 만든다고 합시다. 그리고 마을을 공격한 것에 대한 플레이어의 피드백이 표 6-2와 같다고 하겠습니다. 이때는 결정 트리의 최초 지표를 '공격한 마을'로 할 것인지 '마을의 방위 상태'로 할 것인지라는 2가지 선택지가 있습니다.

표 6-2 창조물의 마을 공격과 플레이어의 피드백

창조물의 마을 공격		플레이어의 피드백
공격한 마을	마을의 방어 상태	
아군 마을	약한 방어	-1.0
적 마을	약한 방어	+0.4
아군 마을	강한 방어	-1.0
적 마을	강한 방어	-0.2
아군 마을	약한 방어	-1.0
적 마을	중간 정도의 방어	+0.2
적 마을	강한 방어	-0.4
적 마을	중간 정도의 방어	0.0
아군 마을	약한 방어	-1.0

그러면 '공격한 마을'의 엔트로피는 아군 마을이 4개, 적 마을이 5개이
므로 여기서는 로그의 밑을 3으로 하면 다음과 같이 됩니다.

$$\text{엔트로피(공격한 마을)} = -\frac{4}{9}log\frac{4}{9} - \frac{5}{9}log\frac{5}{9} = 0.625$$

다음으로 강한 방어가 3번, 중간 정도 방어가 2번, 약한 방어가 4번이므
로 '마을의 방어 상태'의 엔트로피는 다음과 같습니다.

$$\text{엔트로피(마을의 방어 상태)} = -\frac{3}{9}log\frac{3}{9} - \frac{2}{9}log\frac{2}{9} - \frac{4}{9}log\frac{4}{9} = 0.9656$$

이에 엔트로피가 낮은 '공격한 마을'에서 분기한 다음, '마을의 방어 상태'를 확인합니다. 피드백값으로는 해당하는 경우의 평균값을 사용합니다. 그러면 그림 6-17과 같은 결정 트리가 만들어집니다.

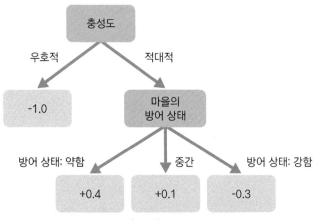

그림 6-17 분노(anger)의 결정 트리

이러한 **제안의 결정 트리**는 사용자의 피드백을 이용하여 학습하도록 합니다. 그리고 의사결정을 할 때는 이 결정 트리의 값과 욕구 강도를 곱하여 효용(욕구, 대상)을 각각 계산합니다. 즉, 〈블랙 & 화이트〉의 창조물은 퍼셉트론과 결정 트리라는 2가지 학습 수단을 함께 사용한 결과입니다. 둘 다 아주 간단한 원리로 작동하는데, 개발자가 의도한 범위에서 학습하며 움직입니다. 이러한 간단한 장치로도 사용자는 무한한 변화를 느낄 수 있습니다.

6.7 계획 수립 알고리즘

전략 게임 중에는 축구, 야구, 미식축구, 등산, 경마 등 스포츠 경기 게임
이 많습니다. 캐릭터를 직접 조작하는 것이 아니라 감독이나 구단주가
되어 멤버를 모집하고 훈련하여 시합에 나가는 방식입니다. 시합은 대
부분 자동으로 진행됩니다. 여기서는 〈프로 축구팀을 만들자 DS 터치 &
다이렉트〉, 〈프로 축구팀을 만들자 DS 월드 챌린지 2010〉(세가, 2008년,
2010년)에서 사용한 방식을 예로 들어 설명하겠습니다.

6.7.1 플레이세트 방식

먼저 이전의 〈프로 축구팀을 만들자〉 시리즈에서는 생생한 시합 느낌이
들도록 완전 오소링 방식과 완전 실시간 방식을 사용했습니다. **완전 오
소링 방식**이란 경기 진행에 맞춰 특정 조건이 되면 미리 디자인하고 세
팅한 선수, 공 애니메이션, 카메라 워크를 데이터베이스에서 찾아 장면
을 재생하는 방식입니다. 이 방식은 디자이너가 만든 화려한 장면을 제
공할 수 있다는 것이 장점입니다.

이와 달리 **완전 실시간 방식**은 캐릭터마다 애니메이션 데이터베이스가
있어서 에이전트마다 움직임을 조합해서 장면을 만들어 재생합니다. 이
방식은 많은 조합으로 다양한 장면을 만들 수 있다는 것이 장점입니다.
그러나 〈프로 축구팀을 만들자 DS 터치 & 다이렉트〉, 〈프로 축구팀을
만들자 DS 월드 챌린지 2010〉에서는 이어서 설명할 제3의 방식인 그림
6-18의 **플레이세트 방식**을 채용했습니다.

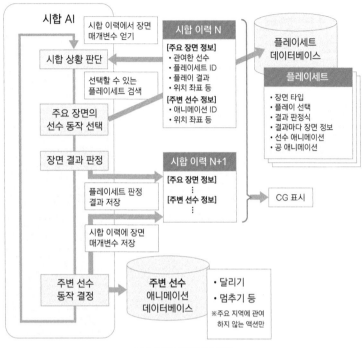

그림 6-18 플레이세트 방식

먼저 공 주변 상황에 초점을 두어 분기를 진행합니다. 이에 따라 시합 콘텍스트 정보, 즉 공 주변의 공격 배치와 이번 플레이가 진행될 공 주변 지역을 결정합니다. 이와 함께 팀 포메이션에 따라 방어 쪽 배치도 결정합니다.

6.7.2 장면 선택

플레이세트, 장면, 플레이 선택의 3가지 개념이 있습니다. **장면**은 공 주변에 있는 몇몇 선수의 상태에 따라 장면을 나누는 패턴입니다. **플레이세트**는 같은 플레이 상황에서 분기할 수 있는 장면의 집합입니다. 그리고 결과 판정식을 정의하는데, 이 판정식에 따라 장면마다 성공률을 계산합니다. 예를 들어 지금 공을 가진 선수가 적 선수를 따돌리려면 다음 4가지 장면을 생각할 수 있습니다.

> **적 선수를 따돌리는 4가지 장면**
>
> - 대성공: 공격 쪽 선수는 드리블로 따돌리고 수비 쪽 선수는 넘어집니다.
> - 성 공: 공격 쪽 선수는 드리블로 따돌리지만 수비 쪽 선수는 그대로입니다.
> - 실 패: 수비 쪽 선수에게 공을 빼앗기고 공격 쪽 선수는 그대로입니니다.
> - 대실패: 수비 쪽 선수에게 공을 빼앗기고 공격 쪽 선수는 넘어집니다.

장면마다 어느 정도 실현할 수 있는지는 그 장면에서 플레이하는 선수의 동료나 상대 선수의 능력에 따라 달라집니다. 그에 따라 결과 판정식을 이용하여 발생률을 계산합니다.

6.7.3 결과 판정식

판정에 필요한 단계는 다음 3가지입니다.

1단계		**2단계**		**3단계**
시합 상황 판단	→	주요 장면에서 선수 동작 선택	→	장면의 결과 판정

먼저 **1단계**에는 공과 선수의 위치 관계에 따라 단독, 1 : 1, 압박, 수비수와 등짐, 골키퍼와 1 : 1 등의 장면 타입을 결정합니다. **2단계**에는 이 장면 타입에서 플레이세트를 호출합니다. 이 플레이세트에 포함된 선수의 행동, 예를 들어 패스, 드리블, 슈팅 중 하나를 플레이 선택으로 호출합니다. 만약 패스라면 누구에게 할 것인지, 드리블이라면 어느 방향으로 할 것인지 등 구체적인 설정을 실행합니다. 그리고 플레이마다 선택의 평갓값을 성공률과 장점을 이용해 계산합니다. 여기서 룰렛 방식을 통해 플레이를 선택하면 플레이세트가 결정됩니다.

3단계는 그림 6-19를 보면서 설명하겠습니다. 플레이세트를 결정하면 이에 포함된 4가지 장면(성공, 대성공, 실패, 대실패) 중에서 하나를 선택해야 합니다. 여기서 결과 판정식을 이용하여 장면마다 성공 확률 P를 계산합니다. 그리고 이 확률에 따라 고정된 확률표를 이용하여 발생 확률을 결정하고 마지막으로 룰렛 방식으로 장면을 결정합니다. 예를 들어 성공 확률이 55%라면 확률표의 50~70에 해당하므로 대성공부터 대실패까지의 확률을 이용하여 룰렛 방식으로 무작위로 결정합니다.

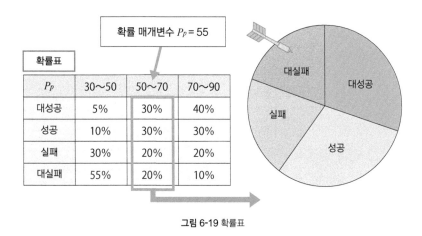

확률 매개변수 $P_p = 55$

확률표

P_p	30~50	50~70	70~90
대성공	5%	30%	40%
성공	10%	30%	30%
실패	30%	20%	20%
대실패	55%	20%	10%

그림 6-19 확률표

이러한 알고리즘은 이른바 시합 전체의 계획 수립(planning)을 수행한다고 할 수 있습니다. 전제 조건이 있고 여기서 확률적으로 장면을 선택한 다음, 이 장면의 다음 효과 조건이 그다음 전제 조건이 되어 게임 전체를 계획하는 흐름입니다. 조건을 어떻게 정하고 어떤 장면을 준비하는가 등이 이 방식의 정교함을 결정합니다.

한쪽 정리 | **6장에서 꼭 기억해야 할 내용**

이 장에서는 이러한 전략 게임 발전의 정점이라 할 수 있는 육성 전략 게임을 살펴보았습니다. 실제로 학습·진화 알고리즘과 전략 게임의 궁합은 매우 좋습니다.

6.1절에서 소개한 〈레밍즈〉에서는 플레이어가 전체를 관리하는 역할을 맡습니다. 레밍즈의 특성을 정확히 파악하고 전체로서 기능하도록 하는 것이 목표입니다. 인공지능 관점에서 보면 인간을 이용하여 자신들의 조화를 이루는 것이라고 할 수도 있습니다.

6.2절부터 6.5절까지는 유전 알고리즘과 신경망, 그리고 숨은 주역인 효용 기반 학습을 주제로 다루었습니다. 유전 알고리즘과 신경망의 원리는 간단하지만 이를 게임에 적용하려면 게임 안의 정보 정비가 필요합니다. 또한 게임 디자인도 제대로 해야 합니다. 달리 이야기하면 유전 알고리즘과 신경망은 그 정도로 게임을 변화하는 힘이 있습니다.

6.6절에서는 퍼셉트론이나 결정 트리를 이용하여 효용 기반 의사결정, 즉 평가에 기반을 둔 의사결정을 어떻게 학습하는지 살펴보았습니다. 효용 기반은 게임 AI 중에서도 가장 오래되고 기초적인 의사결정 방법으로, 이에 학습을 추가한다면 게임 AI 전체에 학습 방법을 적용할 수 있습니다.

전략 게임이라는 강력하고 다양한 게임 디자인은 인공지능에서 가장 큰 관심을 받는 분야, 즉 학습과 진화를 받아들일 만큼 놀라운 세계를 만듭니다.

셋째마당

전략 게임 AI의
미래와 발전

•

전략 게임은 현실에서 활약하는 인공지능의 발전으로 이어집니다. 전략 게임은
논리로만 설명할 수 없는 세계의 법칙이나 특수한 상황에 마주하여 인공지능을
키워 왔다고 할 수 있습니다. 7장에서는 1990년대부터 진행된 전략 게임에 관
한 학술 연구를 통해 심층 학습(deep learning)의 발전과 그 외 수많은 업적을 알
아봅니다.

마지막으로 이 책을 마무리하기 전에 전략 게임의 인공지능이란 무엇인가를 한
번 더 살펴봅니다. 전략 게임은 인간의 지적 활동을 집약했다고 해도 과언
이 아닙니다. 8장을 읽고 나면 전략 게임이 왜 이렇게 사람을 끄는 매력
이 있는지에 대한 물음에 답을 줄 것입니다.

전략 게임의 학술 연구

전략 게임이 학술 연구의 소재로 선호되는 까닭은 전략, 전술을 사고할 토대가 있기 때문입니다. 이와 더불어 전략 게임은 자원을 관리하는 소재를 많이 포함합니다. 전략 게임은 바둑이나 체스와 비슷하지만 지형이나 캐릭터 등에서 차이가 있어 학술 연구에서 매력적입니다.

전략 게임의 인공지능은 사고를 반사적으로 하지 않고 의사결정을 통해 사고하므로 의사결정 알고리즘을 테스트하는 데 적합하고, 공간을 인식하는 연구 대상으로도 안성맞춤입니다. 다양한 요소를 포함하므로 사고를 복합적으로 할 수 있는 주제들을 많이 다룰 수 있습니다. 또한 캐릭터 간의 협력이나 멀티 에이전트를 연구하는 데도 소재가 풍부합니다.

한쪽정리 7장에서 꼭 기억해야 할 내용

7.1 전략 게임 AI의 연구 역사

GDC나 CEDEC와 같은 산업 콘퍼런스에서는 액션 게임의 사례 발표가 전략 게임보다 두세 배 많은 것과는 달리, 전략 게임 AI와 관련한 논문은 액션 게임 AI 관련 논문보다 두세 배 이상 많습니다. 액션 게임처럼 격한 움직임을 동반하는 AI는 로보컵 축구 등 로봇 경기를 제외하고는 실제 사례가 그리 많지 않습니다.

한편 전략 게임은 집단의 의사결정이나 자원 관리, 지형이나 사물 배치 등 다양한 문제 형태가 있으며 현실 사회나 회사가 직면한 의사결정과 비슷한 점도 있습니다. 그러므로 게임 AI뿐 아니라 일반적인 AI 연구와 접점이 많아 연구할 수 있는 소재가 다양합니다.

> **전략 게임 AI에 관한 연구 소재**
>
> - 장기적인 의사결정, 특히 전략·전술과 관련한 계획 수립 알고리즘
> - 학습을 이용한 전략·전술 습득
> - 지형 인식, 공간 인식
> - 그룹 통솔과 포메이션
> - 자원 관리
> - 멀티 에이전트

전략 게임 AI가 해결해야 하는 과제는 일반적으로 다음과 같습니다.

- 자원 관리(resource handling): 스테이지에 있는 유한한 자원을 채굴하여 건설이나 부대 육성 등에 사용하는데, 이 시점을 잘 관리해야 합니다.
- 협력(collaboration): 다른 플레이어와 협력이 필수인 전략 게임도 있습니다. 멀티 플레이어 온라인 게임에서는 특히 그렇습니다.
- 공간 추론(spatial reasoning): 지형을 인식하고 적극 이용해야 합니다. 예를 들어 이런 지형이라면 이런 전략이나 전술을 사용해야 한다는 사고를 할 수 있어야 합니다.
- 시계열 추론(temporal reasoning): 시간 진행에 따른 추론 능력이 필요합니다. 적의 움직임을 추측하여 자신의 부대를 움직이거나 부대를 정비하고 건설을 진행해야 합니다.
- 모델링(modeling): 게임 전체 원리 등의 모델링이 필요합니다. 모델이 있으면 게임을 어떤 단위로 생각해야 하는가를 알 수 있습니다. 상태(state)에 따라 분할할 수 있으면 좋지만 상태를 정확하게 나타내기 어려울 때도 있습니다. 이럴 때는 게임을 다양하게 표현해야 합니다.
- 계획 수립(planning): 추론, 모델링, 학습, 협력을 기초로 하여 행동 계획을 세웁니다.

전략 게임 AI는 이러한 여러 가지 요소를 활용하여 사고를 하게 됩니다. 이 장에서는 전략 게임의 본질을 잘 나타낸 연구에 주목해서 소개하려고 합니다.

7.2 전략 게임의 연구 환경

전략 게임을 이용한 연구는 1990년대부터 시작했습니다. 그러나 연구에 사용할 수 있는 전략 게임이 없었다는 것이 문제였습니다. 1998년에 프리크래프트(Freecraft)라는 오픈소스 RTS 게임 엔진이 배포되었는데, 3D 게임 엔진으로 시작한 이 엔진은 2003년 이후 스트라타거스(Stratagus)라는 이름으로 바뀌어 오늘날에 이릅니다. 스트라타거스로 만든 그림 7-1의 〈바르구스〉(Wargus)는 연구에서도 종종 사용한 게임입니다. 〈매그넌트〉(Magnant) 역시 스트라타거스로 만들었으며 개미 군체를 소재로 한 실시간 전략 게임입니다.

사실 전략 게임 연구에서는 〈스타크래프트〉를 더 많이 사용합니다. 〈스타크래프트〉 연구는 대부분 The Brood War Application Programming Interface(BWAPI)를 통해 이루어집니다. BWAPI는 공식 라이브러리가 아닌 무료 오픈소스 라이브러리로, 〈스타크래프트: 브루드 워〉(블리자드, 1998년, 〈스타크래프트〉 확장판)에서 확인할 수 있었던 정보를 모은 API이며 게임에서 볼 수 있는 정보만 포함했습니다. 또한 페이스북 AI는 ELF(an Extensive, Lightweight and Flexible platform for fundamental reinforcement learning research)라는 환경을 만들고 실시간 전략 게임 AI 연구를 진행했습니다.

그림 7-1 스트라타거스로 만든 〈바르구스〉(위)와 〈매그넌트〉(아래)

7.3 아키텍처 연구 — <스타크래프트>

액션 게임 연구에서는 흔히 〈팩맨〉(주식회사 반다이남코 엔터테인먼트, 1980년)을 소재로 하는데, 전략 게임에서는 〈스타크래프트〉가 그 역할을 했습니다. 두 게임 모두 플레이어를 대신할 인공지능 탐구가 목적이었습니다.

7.3.1 〈스타크래프트〉의 인공지능 연구 주제

〈스타크래프트〉 연구는 역사가 오래되었습니다. 플레이어로서 인공지능은 바둑이나 체스의 인공지능과 달리 숨겨 놓은 게임 정보를 이용해야 합니다. 처음에는 자신이 있는 기지 주위만 볼 수 있으므로 보이지 않는 맵 부분을 알고자 정찰을 보내야 했습니다. 이처럼 안개가 낀 듯한 상황을 스타크래프트에서는 '전장의 안개(fog of war)'라 불렀습니다. 이와 동시에 자신의 진지에서는 각종 무기를 만들어 전투에 대비해야 합니다. 이러한 균형이 〈스타크래프트〉 게임의 최대 매력입니다.

여기서 〈스타크래프트〉를 소재로 한 연구에서 다룬 인공지능 기술을 **전술적 의사결정 기술, 전략적 의사결정 기술과 계획 수립**이라는 관점에서 정리하면 표 7-1과 같습니다.

표 7-1 〈스타크래프트〉 연구에 사용한 기술

전술적 의사결정 기술	전략적 의사결정 기술과 계획 수립
강화 학습(reinforcement learning)	사례 기반 계획 수립(case-based planning)
게임 트리 탐색(game-tree search)	계층형 계획 수립(hierachical planning)
베이즈 모델(Bayesian models)	행동 트리(behavior tree)
사례 기반 추론(case-based reasoning)	목표 지향 자율성(goal-driven autonomy)
신경망(neural network)	상태 공간 계획(state space planning)
	진화 알고리즘(evolutionary algorithm)
	인지 아키텍처(cognitive architecture)
	연역 추론(deductive reasoning)
	확률 추론(probabilistic reasoning)
	사례 기반 추론(case-based reasoning)

이렇게 다양한 연구를 할 수 있었던 까닭은 무엇일까요? 이를 알려면 그림 7-2에서 설명하는 〈스타크래프트〉 게임 플레이의 기본 구조를 살펴봐야 합니다.

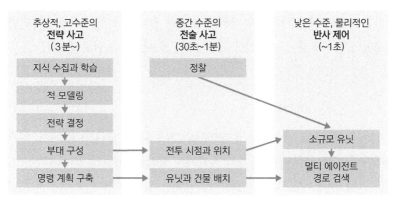

그림 7-2 전략 게임의 구조

먼저 계층 구조에서 전략 사고, 전술 사고, 반사 제어라는 3가지 사고 수준을 생각할 수 있습니다. **전략 사고** 수준에서는 지식 수집과 학습, 적 모델링, 전략 결정, 부대 구성, 명령 계획 구축 등의 흐름이 있습니다. 다음으로 **전술 사고** 수준에서는 전략을 실행하는 데 필요한 처리를 수행해야 합니다. 지식 수집을 위한 정찰, 구성한 부대를 위한 전투 시점과 위치, 명령 계획의 실제 내용인 유닛과 건물 배치 등입니다.

마지막으로 **반사 제어** 수준에서는 소규모 유닛이 직면한 공격이나 임무에 따라 행동하거나 경로 검색 등을 수행합니다. 여기서는 4.1절에서 설명한 것처럼 인공지능 시스템의 계층화 과제가 있으며 시간적, 공간적 계층화 과제도 포함합니다. 또한 '전투'와 '건설'이라는 서로 다른 방향의 태스크가 있으며 이 2가지 태스크는 서로 의존하는 관계입니다. 전투를 하려면 건설을 통해 무기와 같은 캐릭터를 만들어야 하며, 건설을 하려면 전투를 통해 적의 공격을 막아야 합니다.

즉, 행동 하나하나에는 사고 수준이 필요하며 여기에는 전략 수준, 전술 수준, 반사 계층 수준 등이 있습니다. 이러한 게임의 수준은 인공지능의 깊이와 연결됩니다. 인공적인 전략 게임의 연구 환경에서는 게임의 깊이가 잘 드러나지 않거나 게임의 깊이를 목표로 하여 설계하지 않은 탓에 인공지능이 사고해야 하는 과제가 얕아서 겉만 훑게 됩니다. 이것이 인공적인 전략 게임의 연구 환경이 실제 전략 게임의 연구로 이어지는 이유입니다.

7.3.2 3가지 아키텍처

〈스타크래프트〉 인공지능 플레이어의 기호주의 아키텍처에는 몇 가지 제안이 있습니다. 같은 게임에 아키텍처 제안이 여러 개 있다는 것은 그리 흔한 일이 아니므로 다양한 아키텍처가 있다는 것 자체가 무척 흥미롭습니다. 각각에 어떤 공통점과 차이점이 있는지가 해당 아키텍처의 자유도가 어떤지를 알려 줍니다.

이에 여기서는 7가지 **스타크래프트 봇** 아키텍처를 설명한 논문 "A

Survey of Real-Time Strategy Game AI Research and Competition in"에서 주요한 3가지 아키텍처를 골라 살펴보려고 합니다. 예로 들 스타크래프트 봇 3개는 〈스타크래프트〉를 다룬 연구 논문에서 자주 인용합니다.

먼저 출발점이 되는 BroodWarBotQ(Gabriel Synnaeve, Pierre Bessiere, 2011년)부터 살펴보겠습니다. BroodWarBotQ는 그림 7-3에서 알 수 있듯 전투와 자원 관리를 분리하고 그 사이를 중재 모듈이 연결하도록 합니다. 전투 부분은 계층형 구조이지만, 자원 관리 부분은 영역마다 모듈을 만들어 분할 통치(divide and conquer)를 합니다. 전투를 담당하는 베이즈 네트워크는 베이즈 추론 모듈 여러 개로 구성하며, 적의 동향 관측 데이터를 이용하여 예측하면서 유닛을 움직이는 특징이 있습니다. 유닛과 자원은 모두 한정되므로 각각의 모듈을 조정하고자, 특히 전투와 생산 균형을 이루고자 중재자 모듈을 도입했습니다. 이는 인공지능 아키텍처에서 자주 사용하는 기능 모듈 중재(arbitrator)로, 모듈 사이의 충돌을 피하도록 조정하는 역할을 합니다.

BroodWarBotQ

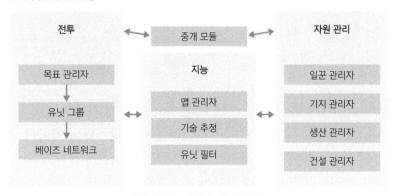

그림 7-3 BroodWarBotQ 아키텍처

Skynet(Andrew Smith) 아키텍처는 그림 7-4에서 알 수 있듯 상황을 인식하는 지능 부분과 실행 계획을 태스크(task) 형태로 만드는 부분으로 크게 나눌 수 있습니다. 지능 부분은 트래커(tracker)의 집합을 말하며 지정한 대상을 계속 추적합니다. 한편 실행 계획을 만드는 쪽은 전략, 전술, 태스크라는 3개의 계층으로 이루어집니다. 특히 전술층은 여러 가지 문제에 각각의 전술 모듈을 준비하는 분할 통치 정책을 이용하여 설계했습니다. 그리고 전술 모듈이 태스크를 생성합니다. 이어서 이들 태스크를 하위인 태스크 실행 모듈에 전달합니다. BroodWarBotQ와 달리 전투와 생산이 대립하지 않도록 다층 구조 안에서 2가지 대립을 조정하며 동작합니다.

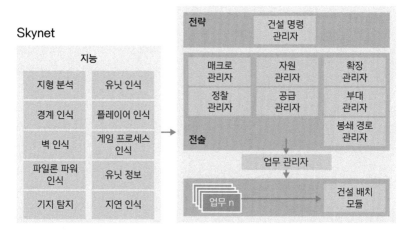

그림 7-4 Skynet 아키텍처

AIUR(Florian Richoux, 2011년)은 그림 7-5처럼 BroodWarBotQ와 크게 닮은 아키텍처를 사용합니다. 전투와 자원 관리라는 2가지 커다란 모듈이 있으며 그 안에 관리자 모듈이 여러 개 있습니다. 특징적인 것은 전쟁 국면을 판정하는 무드 관리자가 있다는 점입니다. **무드**는 건설, 전략과 전술에 영향을 주는 매개변수입니다. 무드에는 기습, 돌격, 공격, 방어, 전비 확충, 신속한 확장 등 6가지가 있습니다. **돌격**은 이른 단계에 전력을 적진으로 보냅니다. **공격**은 돌격 다음에 수행하여 적을 약화시키기 위한 최초의 공격입니다. **전비 확충**은 공격하기 전에 건설, 생산 등으로 전비를 확충합니다. **방어**는 공격하기 전에 캐릭터를 모읍니다. **신속한 확장**은 건설에 중점을 두고 게임을 진행하는 전략을 뜻합니다.

무드 관리자는 6가지 무드 가운데 무작위로 하나를 골라 건설, 전략, 전술에 영향을 줍니다. **중개 모듈**은 전투 부분과 자원 관리 부분을 중개합니다. 전투 부분에는 독립 관리자 3개가 있습니다. **부대 관리자**는 공격 전투를 담당하고, **전투 관리자**는 자신의 기지가 공격당할 때 방어를 담당하고, **방어 관리자**는 아무런 특별한 일이 없을 때를 담당합니다. **소비 관리자**는 기지, 건설, 생산 관리자 사이에서 자원을 어떻게 배분하여 공유할 것인가를 결정합니다.

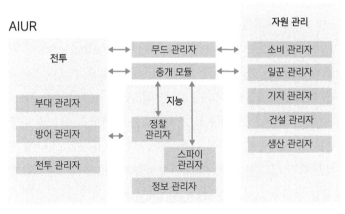

그림 7-5 AIUR 아키텍처

이러한 광범위한 연구는 게임 AI뿐 아니라 인공지능 시스템 구축에도 공헌했습니다. 이를 통해 복잡한 모델을 조합하여 실시간으로 변화하는 다양한 요소에 대처할 수 있는 모델을 찾고자 했습니다. 단, 이러한 기호주의 의사결정 모델에서는 어느 것도 정답이라 할 수 없습니다. 게임을 모델링하여 생각하는 이상, 여기에는 놓친 것이나 부족한 부분도 있습니다. 이에 여러 아키텍처를 겨루도록 하여 어느 것이 최강인지를 가리는 것도 중요하지만, 서로 최선을 다해 겨루어 보고 궁합이 맞는지 알아보는 것 역시 중요합니다. 어떤 아키텍처로 이루어진 인공지능이 특정 아키텍처를 반드시 이긴다면 아키텍처 사이의 관계를 짐작할 수 있습니다.

게임 AI 연구로 유명한 AIIDE(Artificial Intelligence and Interactive Digital Entertainment)라는 학회 모임에서는 2010년부터 스타크래프트 AI 대회를 개최했습니다. 회의가 끝나면 대전 결과를 발표하고 참가한 AI의 아키텍처를 해설합니다. 2010년까지는 토너먼트 형식이었지만, 2011년부터는 라운드 로빈 방식으로 몇천 개가 한꺼번에 겨루는 대전이 되었습니다. 2011년에는 Skynet이 우승했고 UAlbertaBot이 2위, AIUR가 3위를 차지했습니다. 2012년에도 역시 Skynet이 우승했으나 2위, 3위는 자리를 서로 바꿉니다. 2013년에는 UAlbertaBot이 우승을, Skynet과 AIUR이 각각 2위와 3위를 차지합니다.

또 다른 학회인 IEEE CIG(IEEE Computational Intelligence in Games)에서도 2010년부터 스타크래프트 토너먼트를 개최했습니다. 라운드 로빈 토너먼트 방식으로 한꺼번에 겨룹니다. 그림 7-6은 2012년에 벌어진 대전에서 각각 상대한 대전 결과로, 세로축의 AI가 가로축의 AI에게 이길 확률을 색의 농도로 표현했습니다. Skynet은 거의 모든 AI를 이겼지만, 유일하게 Xel'naga(2011년)를 상대했을 때에는 승률이 떨어집니다. 이를 보면 특정 아키텍처와 유독 잘 어울리는 아키텍처가 존재한 것을 알 수 있습니다.

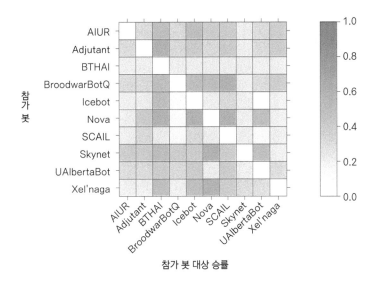

그림 7-6 IEEE CIG 2012 스타크래프트 봇의 아키텍처별 대전 성적

7.4 심층 학습 응용 1 — <스타크래프트 2>

<스타크래프트 2> 연구에서는 주로 딥러닝(deep learning) 즉, 심층 학습을 다루었습니다. 딥마인드(DeepMind)는 개발사인 블리자드와 협력하여 기계 학습에 필요한 파이썬 기반 API인 PySC2를 개발했습니다. 블리자드가 기계 학습 라이브러리를 준비하고 딥마인드가 래핑하는 형태였습니다. PySC2는 오픈소스로 공개되었습니다. 또한 블리자드와 딥마인드는 이 성과를 "StarCraft II: A New Challenge for Reinforcement Learning"이라는 공동 논문에 발표했습니다. 딥마인드는 이 API에 <스타크래프트 2> 프로 게이머를 능가하는 인공지능 알파스타(AlphaStar)를 탑재했습니다.

7.4.1 SC2LE

<스타크래프트 2>의 학습 환경인 SC2LE(StarCraft2 learning environment)는 게임을 플레이할 인공지능을 만드는 환경을 제공합니다. 그림 7-7을 살펴보면 먼저 게임에서 액션을 수행하는 API가 있습니다. 특정 영역을 사각형으로 감싸기(자신의 부대를 감쌀 때 이용), 건설하기 등입니다. 또한 게임 정보가 필요한데, 화면에서 얻을 수 없는 정보로는 자원, 가능한 액션, 건설 명령 등이 있고, 화면에서 얻을 수 있는 정보로는 스크린(사용자가 눈으로 보는 정보와 같은 것), 미니맵(각각의 특징을 표시한 지도) 등이 있습니다. 여기서 미니맵의 대상은 그림 7-8과 같은 지형의 높이, 불확정 영역, 유닛 밀도 등입니다.

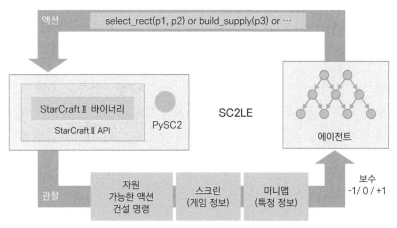

그림 7-7 〈스타크래프트 2〉의 학습 환경(SC2LE)

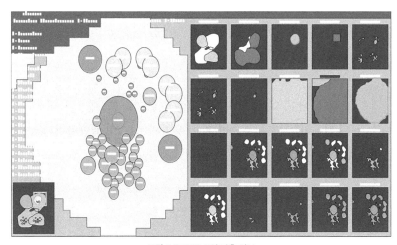

그림 7-8 SC2LE의 관측 정보

7.4.2 알파스타

딥마인드는 SC2LE를 사용하여 〈스타크래프트 2〉를 플레이하는 인공지능을 만들었습니다. 이후 학습을 거쳐 인간 이상의 실력을 갖춘 **알파스**

타를 세상에 내놓습니다. 알파스타는 단순히 게임에서 이기는 것뿐 아니라 사람이 개발한 다양한 전략도 학습하여 챔피언 이상의 실력을 쌓았습니다.

바둑이나 체스와 달리 〈스타크래프트 2〉의 AI에서 어려운 점은 무엇보다도 실시간이라는 부분입니다. 턴제와 달리 게임이 계속 진행되기 때문에 수를 모두 읽는다고 해도 이길 수는 없다는 뜻입니다. 두 번째는 불완전 정보 게임이므로 상대의 정보를 전혀 알 수 없다는 것입니다. 시작과 함께 정찰을 시도하지만, 정찰 부대가 돌아오지 않을 때도 있습니다. 세 번째로 지형이 그리드가 아니라 연속해서 변화하므로 상황을 파악하기가 더 어려워집니다. 즉, 완전 정보에서 불완전 정보로, 턴제에서 실시간 기반으로 변한다는 점 때문에 문제의 질이 근본적으로 다릅니다. 알파스타는 대전을 거듭할수록 이러한 전술 수준의 작전을 다양하게 학습하고 이를 구분하여 사용하는 데까지 이릅니다.

알파스타의 인공지능 구조는 그림 7-9의 오픈엔드 심층 신경망입니다. **오픈엔드**란 폐쇄형 세계가 아닌 과제에 제한이 없는 세계를 대상으로 한다는 뜻입니다. 여기서는 게임과 사용자의 행동이 해당합니다. 그림 7-9처럼 아래에서 입력하고 위로 출력합니다.

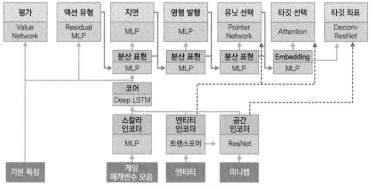

그림 7-9 알파스타의 내부 구조

먼저 기본 특징과 함께 게임 매개변수 모음, 엔티티, 미니맵을 입력으로 넣습니다. 각각 MLP(multilayer perceptron, 다층 퍼셉트론), 트랜스포머 (transformer), ResNet입니다. 이 3가지를 인코딩한 정보가 코어인 Deep LSTM(deep long-short term memory)에 들어갑니다. 여기까지가 전체에서 중간층까지의 사양입니다.

출력층에는 7개의 출력 노드가 있습니다. 이 중에서 6개 출력이 순환 (recurrent)합니다. 즉, 출력이 이웃한 신경망에 입력되는 형태입니다. 이에 따라 액션 유형, 지연, 명령 발행, 유닛 선택, 타깃 선택, 타깃 좌표 순서로 결정되며 앞에 있는 것이 뒤에 있는 것에 영향을 줍니다.

표 7-2과 표 7-3에서 입력과 출력을 자세히 살펴봅시다. 먼저 입력은 표 7-2처럼 엔티티, 맵, 플레이어 데이터, 게임 이렇게 4가지로 나눕니다. **엔티티**는 스테이지에 있는 캐릭터의 정보입니다. 알파스타는 이를 트랜스포머로 인코딩합니다. **맵**은 각각의 정보를 포함한 미니맵으로, 알파스타는 이를 ResNet으로 인코딩합니다.

표 7-2 알파스타의 입력 매개변수

범주	필드	설명
엔티티 (512항목)	유닛 유형	드론, 역장 등
	소지자	에이전트, 적, 중립 등
	상태	현재의 체력, 방어, 에너지
	표시 유형	스냅샷, 안개 속 등
	위치	좌표
	일꾼의 수	기지를 만드는 일꾼의 수
	속성	투명화, 강화, 화물 안 등의 상태
	유닛 속성	생물인가? 무장했는가? 등
	수송선의 상태	현재 최대 수용 개수 등
	건설 상태	현재 건물, 건설 작업 상황 등
	자원 상태	남은 자원량 등
	그 밖의 상태	그 밖의 명령, 프로세스
	버프 상태	버프 상태와 그 시간

범주	필드	설명
맵 (128×128 그리드)	높이	맵의 높이
	가시성	지금 그 맵이 보이는가?
	지형 변동	특정 장소에 지형 변동이 있는가?
	엔티티 소지자	엔티티를 가진 자
	경고	유닛이 공격을 받고 있는가?
	통과 가능성	통과할 수 있는가?
	건설 가능성	건설할 수 있는가?
플레이어 데이터	종족	적의 종족 정보
	업그레이드	업그레이드 정보
	통계	적의 자원, 기지, 일꾼 등의 통계 정보
게임	카메라	현재 위치, 32×20의 사각형 크기
	시간	게임 시간

이러한 입력에 대한 출력은 표 7-3과 같습니다.

표 7-3 알파스타의 출력 매개변수

필드	설명
액션 유형	유닛을 움직임, 유닛을 훈련함, 카메라 이동 등
유닛 선택	움직일 유닛
타깃	256×256을 단위로 하여 엔티티나 장소 지정
큐	이 액션을 큐에 쌓을 것인가? 아니면 바로 실행할 것인가?
반복	이 큐를 반복할 것인가?
지연	다음 관측까지 기다려야 하는 시간 스텝값

이처럼 방대한 정보를 기호주의 인공지능이라면 이전에 예를 든 아키텍처를 이용하여 처리하지만, 연결주의만으로 처리하려면 앞서 본 신경망을 조합한 아키텍처를 사용합니다. 신경망의 학습은 강화 학습이나 지도 학습으로 이루어집니다. 또한 학습에는 16액터(게임 16개를 동시에 돌림)에서 각각 8개의 TPU를 사용하여 시합을 16,000회 수행했습니다. 그 결과 상위 0.2%에 속할 정도로 강해졌습니다.

7.5 심층 학습 응용 2 — <도타 2>의 OpenAIFive

e스포츠의 존재감이 날로 커지고 있습니다. **e스포츠란** 디지털 게임에 스포츠라는 이름을 붙인 것으로, 스포츠가 오랫동안 키워 온 정신과 문화를 디지털 게임과 융합하려고 시도했습니다. 처음부터 e스포츠에 사용하려고 의도해서 만든 게임을 대상으로 할 때도 있지만, 결국은 사용자 커뮤니티를 통해 자연스레 도태되거나 선택되었습니다.

또한 e스포츠에는 1980년대 아케이드 게임 대전을 시작으로, 1990년대 미국을 중심으로 한 FPS 대전 게임의 흐름, 한국을 중심으로 한 〈스타크래프트〉의 흐름, 이에 더해 2010년 이후 MOBA(multiplayer online battle arena) 스타일 게임의 흐름이 있습니다. 〈도타(Dota) 2〉는 이러한 MOBA 스타일의 흐름을 대표하는 게임입니다. 그림 7-10은 e스포츠의 전체 흐름을 정리한 것입니다.

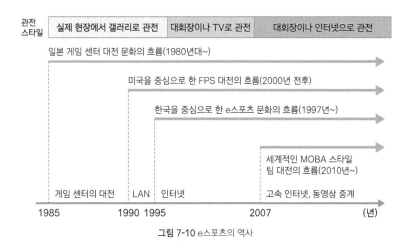

그림 7-10 e스포츠의 역사

e스포츠와 인공지능은 깊이 관련되어 있습니다. e스포츠는 인간끼리 실력을 겨루지만, 이를 통해 탄생한 인간 챔피언이 인공지능과 대전하면 그 결과가 어떨지 무척 궁금해지기도 합니다. 〈스타크래프트 2〉나 〈도타 2〉로 인공지능과 시범 경기가 개최되곤 하는데, 그만큼 많은 사람이 톱 플레이어와 인공지능 중 누가 더 강한지 알고 싶어 합니다.

7.5.1 〈도타 2〉와 e스포츠

〈도타 2〉(밸브 코퍼레이션, 2013년)는 그야말로 시대가 선택한 게임으로, LOL, 즉 〈리그 오브 레전드〉(라이엇 게임즈, 2009년)와 함께 드넓은 맵에서 팀끼리 온라인 대전을 벌이는 대표적인 MOBA 게임입니다.

〈도타 2〉는 다양한 캐릭터를 고를 수 있으며 5 : 5로 팀을 이루어 싸웁니다. 이 게임의 원형인 〈도타: 올스타즈〉(2003년)는 기존 RTS 게임인 〈워크래프트 3〉의 MOD로 만든 것입니다.

> ◎ MOD는 modification의 줄임말로, 사용자가 원래 게임을 확장하여 만든 게임을 말합니다.

〈도타 2〉는 세계 대회를 개최하고 동영상으로 중계하는 등 게임 커뮤니티의 수준을 넘어 오늘날의 e스포츠에 영향을 주었습니다. 화면에서 느껴지는 타격감은 격투 게임이나 FPS 등에 미치지 못하지만, 관객이 캐릭터를 선택하는 팀 빌딩 과정이나 플레이어가 취한 전술 부분을 알 수 없으므로 지적인 전술을 관전하는 즐거움이 있습니다. 이런 의미에서 실시간 전략 게임의 하나라고 볼 수도 있습니다. 후원사도 생겼으며 상금 총액도 대회 한 번에 100억 원 단위까지 올라갈 정도입니다. 미국에서 열린 대회는 스타디움 광장에만 수만 명이 모일 정도였습니다.

> ◎ 이러한 MOBA 계열의 게임에서는 챔피언이 결정되면 시범 경기로 인공지능 팀 대전을 치르곤 합니다.

7.5.2 〈도타 2〉의 인공지능 OpenAIFive

OpenAI는 인공지능 기술을 활용할 수 있는 환경을 누구에게나 제공하는 것을 목적으로 하는 비영리 단체(NPO)입니다. 이곳에서는 가상 환경에서 자율형 에이전트가 학습하는 API를 제공하는 등 〈도타 2〉의 인공지능을 시작으로 다양한 게임 연구의 기초를 제공합니다.

여기서 소개할 OpenAI의 〈도타 2〉 인공지능은 OpenAIFive라고 합니다. 〈도타 2〉의 인공지능이 놓인 상황에는 다음 3가지 특징이 있습니다.

장기 행동

〈도타 2〉는 게임 1회당 45분쯤 걸립니다. 1초당 30프레임으로 진행되는 게임으로, OpenAIFive는 4프레임마다 의사결정(행동 선택)을 수행합니다. 따라서 한 게임에 의사결정이 20,000회 필요합니다. 체스는 80회, 바둑은 150회 정도이므로 횟수가 얼마나 많은지를 짐작할 수 있습니다.

국소 관측

각 팀은 자신의 유닛 주위만 관측할 수 있습니다. 그 밖의 숨겨진 영역은 불완전한 정보를 이용하여 관측하고 보이지 않는 적의 행동을 예측해야 합니다.

고차원 액션과 인식 공간

〈도타 2〉는 10개의 영웅 캐릭터, 수백 가지의 건축물, 다수의 NPC 유닛, 마법, 숲, 지구로 구성된 드넓은 맵 위에서 플레이합니다. 타임별 스텝에서는 16,000개에 이르는 값을 관측합니다. 또한 타임 스텝에는 각각 8,000 ~ 80,000가지의 액션 공간이 있습니다. 체스는 평균 35개, 바둑은 250개 정도의 액션 후보가 있으므로 이는 정말 엄청난 수입니다.

7.5.3 OpenAIFive 아키텍처

고려해야 할 요소가 많으므로 OpenAIFive도 대규모라고 예상할 수 있습니다. OpenAIFive는 사용자가 게임 엔진에서 유닛의 위치나 체력 등의 정보를 얻는 것과 마찬가지로 인코딩된 정보를 게임 엔진에서 얻습니다.

그리고 이를 이용하여 이동이나 전투 등의 행동을 이산적으로 출력합니다. OpenAIFive의 에이전트 아키텍처는 거대하고 수많은 LSTM(long short term memory)으로 이루어지며 액션 분포 함수를 이용하여 강화 학습을 수행합니다. 아키텍처 전체가 1억 5,900만 개의 매개변수로 이루어지는 순환 신경망이며 4,096개의 LSTM 집합체입니다.

OpenAIFive의 센서와 인식 부분은 그림 7-11과 같습니다. 이 센서와 인식 부분은 미니맵, 근접 맵과 같은 맵 정보와 적 정보, 아군 정보 등의 추상 데이터를 모읍니다. 맵 정보에는 위치·속도와 같은 양적 데이터가, 추상 데이터에는 적과 아군의 종류와 같은 질적 데이터가 들었습니다. 각각의 캐릭터 유닛은 특성 벡터를 가지고 있으며 이 정보는 해당 벡터와 관련된 형태로 얻을 수 있습니다.

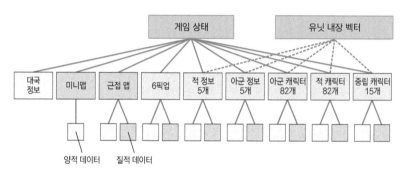

그림 7-11 OpenAIFive의 센서와 인식 부분

이러한 인식 정보를 LSTM으로 전달해 게임의 흐름에 따른 액션과 평가를 만듭니다. 의사결정 부분은 LSTM 집합체이며 LSTM은 각각 액션과 이를 평가하는 함수를 만듭니다. 그림 7-12처럼 LSTM은 입력된 정보를 저장하면서 새롭게 입력된 정보와 관련된 것을 인식합니다. 이러한 시스템은 학습이 진행됨에 따라 그 상황에 맞는 액션을 가장 높이 평가하도록 학습합니다.

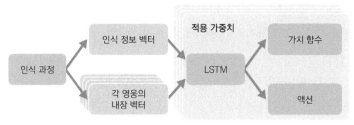

그림 7-12 OpenAIFive 아키텍처

7.5.4 OpenAIFive 전체 시스템

OpenAIFive에서는 학습 효율화를 꾀하고자 여러 게임을 실행하는데, 이때 그림 7-13처럼 롤아웃 워커(rollout worker)가 게임을 2배 속도로 플레이합니다. 이 플레이 로그를 1분에 256개의 샘플씩 경험 축적 버퍼 (experience buffer)로 보냅니다. 경험 축적 버퍼는 512개의 GPU 집합으로 연결되며 이 2가지로 구성하는 시스템을 **옵티마이저**라고 합니다. GPU를 이용하여 옵티마이저에 축적된 정보를 집중 학습하며 매개변수를 최적화(튜닝)합니다.

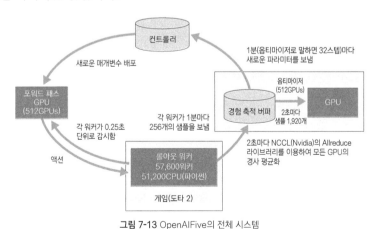

그림 7-13 OpenAIFive의 전체 시스템

최적화 알고리즘으로는 Adam 최적화를 이용합니다. 최적화한 매개변수는 컨트롤러를 거쳐 포워드 패스 GPU로 보내집니다. 롤아웃 워커는 이 포워드 패스 GPU를 0.25초마다 참조하여 액션을 만듭니다.

이처럼 OpenAIFive에서는 에이전트(롤아웃 워커)가 축적한 플레이 로그를 한곳에 모으므로 학습을 효율적으로 할 수 있습니다. 또한 이런 집중 학습을 통해 얻은 매개변수를 재빠르게 사용할 수 있는 장치도 있습니다.

Adam은 adaptive moment estimation의 줄임말로, 딥러닝에서 자주 사용하는 최적화 알고리즘입니다.

참고로 OpenAIFive가 학습한 시간은 사람이 플레이하는 것으로 환산하면 1만 년쯤 됩니다. 그리고 2019년 4월 13일 AI가 인간 챔피언 팀을 이겼습니다.

7.6 몬테카를로 트리 탐색의 응용

몬테카를로 트리 탐색은 2006년 레미 쿨롬(Remi Coulom)이 바둑 AI에 도입하여 혁신적인 진화를 이루었습니다. 몬테카를로 트리 탐색, 심층 학습, 강화 학습의 3가지를 조합한 알파고(AlphaGo)(딥마인드, 2015년)를 통해 인간을 훨씬 능가하는 강력함을 보였습니다. 몬테카를로 트리 탐색의 효과는 일반적인 전략 게임에서도 무척 강력합니다. 몬테카를로 트리 탐색과 몬테카를로 시뮬레이션은 다릅니다. 몬테카를로 시뮬레이션은 난수를 이용하여 시뮬레이션하는 방법입니다. 몬테카를로 시뮬레이션으로는 바둑에서 강력할 수 없습니다. 그러나 몬테카를로 트리 탐색을 몇 가지 알고리즘과 조합하면 바둑 AI의 혁명을 일으킵니다. 지금부터 자세히 살펴봅시다.

7.6.1 몬테카를로 트리 탐색

그림 7-14와 같이 바둑을 예로 들어 몬테카를로 트리 탐색을 설명하겠습니다. 바둑 AI에서는 다음 수를 고를 때 그 수를 평가해야 합니다. 수식을 이용하여 효용을 계산하는 방법이 일반적이지만, 몬테카를로 트리 탐색에서는 수를 고르고 다음 한 수 이후를 판이 끝날 때까지 모두 무작위로 두어 평가합니다. 이러한 시뮬레이션을 **플레이 아웃**이라고 합니다. 바둑은 무작위로 두어도 판이 끝납니다. 이 플레이 아웃을 몇 번이고 반복합니다. 그리고 승률이 가장 높은 수가 최선의 수가 됩니다. 여기서 플레이 아웃을 평가하려면 판이 끝난 다음에 흑과 백의 집 차이를 보는 것

이 가장 좋을 듯하지만, 바둑에서의 몬테카를로 트리 탐색은 집 차이가 아니라 승률을 따집니다. 마지막 집 차이는 무시하고 승패에만 주목하여 효율적이고 좋은 수를 발견하기 위해 시뮬레이션 횟수를 조정합니다.

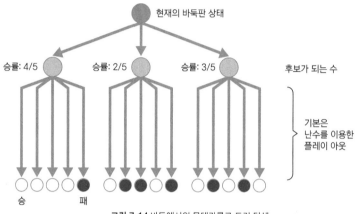

그림 7-14 바둑에서의 몬테카를로 트리 탐색

시뮬레이션 시간은 한정되어 있으므로 '한 수에 시뮬레이션 시간이 어느 정도 필요한가?'라는 문제가 있습니다. 이에 한정된 시간 내에서의 승률을 지표로 하여 시뮬레이션 횟수를 여러 수로 나누어 좋은 수를 많이 발견할 수 있도록 합니다. 이를 UCT(upper confidence bound applied to trees) 알고리즘이라고 합니다. 특정 시점까지의 승률로 다음 시뮬레이션 자원을 나누는 것입니다. 이를 떠받치는 것이 UCB(upper confidence bound) 알고리즘입니다.

7.6.2 UCB 알고리즘

UCB 알고리즘을 설명할 때는 보통 카지노를 예로 듭니다. 여러 대의 슬롯머신이 있을 때 어느 기계를 선택해야 좋을지 고민하는 것을 **여러 대의 슬롯머신 문제**(multi-armed bandit problem)라고 합니다. 그림 7-15

는 여러 대의 슬롯머신 문제를 보여 줍니다. 각 슬롯머신의 시행 횟수와 그때까지의 보상(슬롯머신에 건 금액에 대한 당첨금)을 안다면, 이를 이용하여 어떤 슬롯머신에 걸어야 할지를 판단해야 합니다.

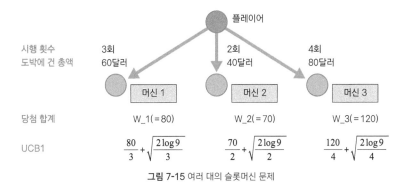

그림 7-15 여러 대의 슬롯머신 문제

먼저 결론부터 말하면, 다음 식이 최대가 되는 슬롯머신에 거는 것이 가장 좋습니다.

$$\frac{w_i}{s_i} + \sqrt{\frac{2logt}{s_i}}$$

다른 말로 하면, 모든 슬롯머신을 대상으로 이 최댓값을 최소화하는 방법을 고르면 됩니다. 이 식을 **리그렛**(regret)이라고 합니다.

◎ 지금부터 모든 슬롯머신을 대상으로 이 최댓값을 최소화하는 방법을 어떻게 고르는지 자세히 살펴봅시다. 만약 내용이 어렵다면 건너뛰어도 괜찮습니다.

t는 슬롯머신에 상관없이 그때까지의 모든 시행 횟수이며, S_i는 그때까지 슬롯머신 i에서 시행한 횟수이고, W_i는 슬롯머신 i의 당첨금입니다. 제1항은 당첨금을 시행 횟수로 나눈 것이므로 기댓값을 나타냅니다. 그때까지의 시행 횟수를 통해 얻은 당첨금이므로 그리 어렵지 않습니다. 제2항은 전체 시행 횟수의 로그 2배를 각 슬롯머신의 시행 횟수로 나눈

다음의 제곱근이므로 조금은 어려워 보입니다. 이렇게 생각해 봅시다. 예를 들어 특정 슬롯머신의 시행 횟수는 적고(S_i가 적음) 다른 여러 슬롯머신 전체의 시행 횟수는 많다면(t가 많음) 제2항은 커집니다. 즉, 제2항은 이 슬롯머신의 시행 횟수가 적을수록 커집니다. 그러므로 여러 번 당겨서 그럭저럭 딴 슬롯머신과 적게 당겨서 많이 딴 슬롯머신은 제1항만으로는 구별할 수 없으므로 제2항을 둡니다. 즉, 시행한 횟수가 적고 딴 돈이 많을수록 이 수식의 값은 커집니다.

7.6.3 UCT 알고리즘

앞에서 설명한 것처럼 UCB 알고리즘을 게임 트리에 응용한 방법을 UCT 알고리즘이라고 합니다. UCT는 게임 트리 노드에서 UCB의 값을 비교할 때 사용합니다. 그림 7-16을 참고하여 UCT 알고리즘을 살펴봅시다. 여기서는 바둑의 게임 트리에 UCT를 적용했습니다.

ⓒ UCT 알고리즘은 2006년 이후 바둑 AI를 크게 발전시켜 알파고를 구성하는 3가지 주요 알고리즘이 되었습니다.

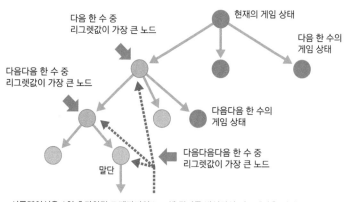

그림 7-16 UCT 알고리즘

여기서 여러 대의 슬롯머신 문제를 바둑 문제로 치환하면 슬롯머신은 바둑의 수, W_i는 승리한 횟수, 해당 수의 시행 횟수는 플레이 아웃, 즉 시뮬레이션 횟수, 그리고 전체 시행 횟수 t는 전체 시뮬레이션 횟수가 됩니다. 즉, 앞에서 본 수식 제1항은 승률이 되고 제2항은 그 수에 얼마만큼 시뮬레이션을 낭비하지 않았는지를 나타냅니다. 예를 들어 제1항은 2회 중 1회를 이기든 100회 중 50회를 이기든 0.5이지만, 다른 수로 시뮬레이션을 여러 번 수행할 수록 제2항의 값이 커지므로 이 수가 그다음 시뮬레이션 후보가 됩니다.

바둑의 게임 트리 각 층에서 최대의 리그렛값을 거슬러 가면 말단에서 가장 높은 리그렛값을 가지는 노드를 발견할 수 있습니다. 그리고 이 노드 이하로 시뮬레이션을 1회 시행합니다. 그러면 결과를 알 수 있으므로 이번에는 거꾸로 말단에서 상위 노드를 향해 리그렛값을 갱신합니다. 이 사이클을 반복하면 최선의 수를 발견할 수 있습니다. 물론 시뮬레이션 시간에는 상한이 있으므로 상한에 다다른 시점에 시뮬레이션을 중지하고 그 시점에서 가장 높은 리그렛값을 가진 수를 최선의 수로 합니다.

> 💬 말단에서 상위 노드를 향해 리그렛값을 갱신하는 식으로 가정하는 것을 오차 역전파(back propagation)라고 합니다.

이 알고리즘을 통해 몬테카를로 시뮬레이션에서 몬테카를로 트리 탐색으로 극적인 변화가 일어났습니다. 2006년에는 바둑 AI 대부분이 몬테카를로 트리 탐색을 이용하였고, 이를 시작으로 몬테카를로 트리 탐색, 심층 학습, 강화 학습이라는 3가지 알고리즘을 조합한 알파고가 탄생했습니다.

7.6.4 〈토탈 워: 로마〉의 몬테카를로 트리 탐색

이처럼 몬테카를로 트리 탐색은 아주 단순한 알고리즘이면서도 강력한 방법이므로 게임 산업에서는 전략 게임의 인공지능에 가장 먼저 적용하였습니다. 전략 게임의 특정 장면에서 다음 한 수를 평가할 때에는 무작위 시뮬레이션을 마지막까지 시행(플레이 아웃)합니다. 그리고 플레이 아웃 마지막 장면의 승패만 확인하면 됩니다.

예를 들어 〈토탈 워: 로마〉에서는 실제로 개발 과정에서 인공지능 플레이어가 몬테카를로 트리 탐색을 이용하여 게임을 플레이하도록 했습니다. 또한 연구 목적으로 〈문명 2〉의 인공지능 플레이어 의사결정에 이를 이용했습니다. 실시간 시뮬레이션에 각각 사용했다는 점에서 도전적이었습니다. 실시간이므로 게임에 반응해야 하며 일정 시간 내에 플레이해야 합니다. 그러므로 계산 능력이 있어야 하는데, 캐릭터가 어디로 가야 하는지 등을 몬테카를로 트리 탐색으로 찾고 그때마다 각각 평가합니다. 여기서는 〈토탈 워: 로마〉의 몬테카를로 트리 탐색 방법을 알아보겠습니다.

〈토탈 워: 로마〉는 영지를 운영하며 싸우는 실시간 전략 게임입니다. 이 게임에서는 몬테카를로 트리 탐색(MCTS)을 두 곳에 이용했습니다. 몬테카를로 트리 탐색을 설명하기 전에 먼저 〈토탈 워: 로마〉에서는 인공지능 플레이어에 어떤 요건이 필요한지를 알아봅시다. 다음 3가지로 정리할 수 있습니다.

사전 준비

위협이 되는 적이나 고려해야 하는 영역을 특정합니다. 또한 자원을 확보하고 외교를 실시하며 군대의 기술을 선택합니다. 인공지능의 언어로 말하면 **프레임 고정** 작업입니다.

태스크 결정

태스크 관리 시스템(task management system, TMS)을 이용하여 태스크를 발행합니다. 이 시스템은 군대, 병사, 외교 활동을 관장합니다.

사후 처리

모든 유닛의 동작이 확정되면 인공지능 플레이어는 건설, 세금 설정, 기술 연구 등을 수행합니다.

몬테카를로 트리 탐색은 인공지능 플레이어에 필요한 요건 3가지 가운데 두 번째인 '태스크 결정' 부분에 도입하며 전체 태스크 트리는 그림 7-17과 같습니다.

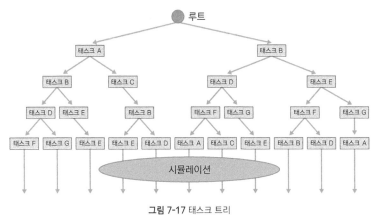

그림 7-17 태스크 트리

4.9절 〈토탈 워: 쇼군 2〉의 인공지능에서 살펴본 대로 〈토탈 워〉 시리즈의 게임 AI 플레이어는 태스크 기반으로 동작합니다. 그리고 특정 게임 장면에서 실행할 수 있는 태스크를 생성합니다. 여기서 형성되는 태스크 트리에 몬테카를로 트리 탐색을 적용하여 적에게 최대 피해를 주려면 어떤 태스크를 어느 유닛에 할당하여 어떤 순서로 실행해야 하는지를 결정합니다. 이를 위해 태스크를 이용하여 트리를 형성하고 시뮬레이션을 수행합니다. 이렇게 태스크 계획 수립이 이루어지므로 이 방법을 MCTS 기반 계획 수립(MCTS-based planner)이라고 합니다.

다만 실제 게임을 움직일 정도의 시뮬레이션을 수행하지는 않습니다. 게임 전체를 간이화한 **콤팩트 게임 표현**으로 시뮬레이션을 실행합니다. 이는 인간과 마찬가지로 무언가를 상상할 때, 예를 들어 서울 지하철 2호선을 타고 내릴 때를 간단한 원 모양의 역 노선 모델을 이용하여 머릿속에 떠올리는 것과 닮았습니다. 유닛을 움직여 실제로 전투하는 것이 아니라 전력을 이용하여 적에 입힐 수 있는 피해를 추정하는 것입니다. 이러한 여러 개의 태스크 조합에서 적에게 가장 크게 피해를 줄 태스크 열을 찾아냅니다.

그리고 이런 태스크를 찾았다면 실제로 남은 유닛이나 자금으로 군대를 만들어야 합니다. 앞의 태스크 계획 수립 단계에서는 간단한 자원 설정을 이용했을 뿐입니다. 즉, 군대를 만들고 특정 장소나 적군을 향해 보내는 것처럼 시뮬레이션을 더 정교하게 실행할 때는 다시 몬테카를로 트리 탐색을 이용합니다. 자금을 이용하여 유닛을 만들고 군대를 조직하고 특정 장소로 향하도록 하는 태스크 트리를 완성해서 적에게 가장 큰 피해를 줄 수 있는 조합을 탐색합니다.

이처럼 전략 게임과 태스크 기반 인공지능은 서로 잘 어울리고, 또한 태스크 기반을 태스크 트리로 표현하면 전략 게임과 몬테카를로 트리 탐색의 멋진 조합이 만들어집니다. 단, 실제 게임에서는 계산 시간과 계산 자원이 한정되므로 실제 구현하는 알고리즘보다 최적화가 더 중요합니다.

7.6.5 〈토탈 워: 아틸라〉의 몬테카를로 트리 탐색

〈토탈 워: 아틸라〉도 몬테카를로 트리 탐색을 이용합니다. 이 게임에서도 콤팩트 게임 표현으로 시뮬레이션을 수행합니다. 구체적으로는 군대의 전투력이나 거점을 근사적으로 파악해 모두 물리칠 수 있다고 가정합니다. 그림 7-18은 이 게임에서 채용하는 트리를 나타낸 것입니다. 이 트리에는 에이전트의 액션에 번호가 달렸는데, 이는 트리 안에서 중복 줄기가 없도록 하기 위한 것입니다. Enemy target 노드는 특정 적을 타깃으로 한 정보를 저장한 것으로, 이 노드의 정보에 따라 그 이하 노드의 타깃을 결정합니다. 또한 Agent action 노드는 그 아래에서 결정한 말단 노드의 액션을 실시합니다.

즉, 그림 7-18에서는 Attack 노드가 말단이므로 위에서 Enemy target, Agent action 1, Agent action 2, Attack 순서로 내려왔다면 에이전트 1, 2는 Enemy target에 정해진 적을 상대로 Attack을 실행합니다. 이러한 트리를 이용한 몬테카를로 트리 탐색을 수행하여 최선의 계획을 세웁니다.

😊 실제로는 이보다 훨씬 더 크고 복잡한 트리를 사용합니다.

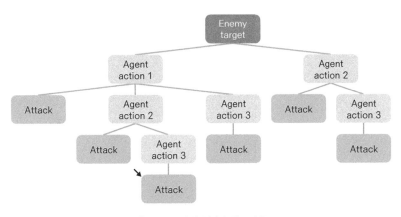

그림 7-18 〈토탈 워: 아틸라〉의 트리 구조

바둑과 같은 보드게임에서는 게임 트리 구조가 깔끔하지만, 전략 게임에서는 이처럼 여러 가지 궁리와 요령이 필요하여 트리 구조가 매우 복잡합니다. 그러므로 완벽하게 작성할 수는 없습니다. 연속 공간, 연속 시간, 더욱 복잡하게 얽힌 요소 중에서 본질적인 부분만을 찾아내어 간단하게 만든 간이 모델을 통해 결과를 추정합니다. 그러나 이런 모델을 이용하더라도 충분히 유효한 방법이라는 것을 〈토탈 워: 아틸라〉를 통해 알 수 있습니다.

7.6.6 〈페이블 레전드〉의 몬테카를로 트리 탐색

〈페이블 레전드〉(라이언헤드 스튜디오, 2016년, 미발매)는 그림 7-19처럼 자기 팀의 캐릭터를 다양한 장소에 배치해서 전투를 하는 전술 게임입니다. 인공지능 플레이어는 적 캐릭터의 목적지를 결정하려고 몬테카를로 트리 탐색을 이용합니다. 적 캐릭터의 인공지능은 자신의 소집단을 적절한 위치에 파견하여 다양한 액션으로 집단전을 수행합니다. 여기서는 드넓은 맵 안에서 '어디로 보내 어떻게 행동하도록 할 것인가?'를 결정해야 합니다. 그러려면 적과 아군의 움직임을 시뮬레이션하고 최종 상태를 평가하여 여러 적 캐릭터의 최종 목적지를 결정해야 합니다.

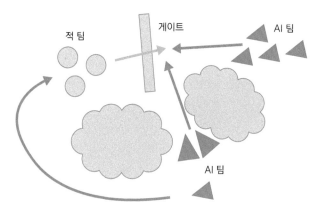

그림 7-19 〈페이블 레전드〉의 게임 상황

이에 트리 구조는 **액션 버킷**(action buckets)이라는 규칙과 액션 시퀀스를 여러 개 이용하여 만듭니다. 액션 버킷은 다음과 같은 형태입니다.

```
Openings := if root then
WaitUntilContact
WaitUntilAmbush
PuckStealth
```

이 Openings 액션 버킷은 루트 바로 아래에 있는 노드로 액션을 수행하는데 '만날 때까지 대기', '잠복할 때까지 대기', '몰래 접근'과 같은 것입니다.

```
Combat := if prev( wait ) then
Artillery
AttackOrder
SpecialOrder
UseGate
```

Combat 액션 버킷은 대포 공격, 특수 공격, 게이트 이용 같은 액션을 수행합니다. 이러한 액션 버킷을 단위로 하여 그림 7-20과 같은 게임 트리를 만듭니다. 그리고 이를 대상으로 몬테카를로 트리 탐색을 실행합니다.

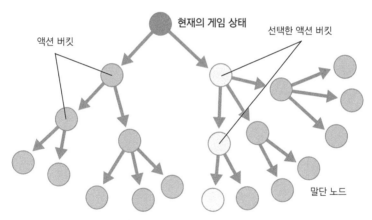

그림 7-20 액션 버킷을 이용한 게임 트리

소대의 액션 버킷을 다양하게 시뮬레이션하고 그중에 가장 효율적인 액션 버킷 시퀀스를 선택합니다. 이러한 버킷 장치는 연속 공간에서 일어나는 일련의 액션을 이산 구조에 맞추기 위한 기법입니다. 또한 캐릭터의 1 액션을 단위로 하면 동작을 표현할 수 있으나, 액션 버킷을 전술적인 최소 단위로 하여 의미 있는 덩어리로 표현하면 게임 트리를 효율적으로 구성할 수 있습니다.

지금까지 전략 게임에서 몬테카를로 트리 탐색을 응용할 때 게임 트리를 어떻게 구성하는지가 중요하다는 것을 7.6.4항, 7.6.5항, 7.6.6항을 통해 살펴보았습니다. 여기서도 디지털 게임의 인공지능에서는 지식 표현 문제가 가장 중요한 과제라는 것을 알 수 있습니다.

7.7 유전 프로그래밍을 이용한 게임 자동 생성

진화 알고리즘에는 유전 알고리즘뿐 아니라 유전 프로그래밍도 있습니다. 그리고 진화 프로그래밍을 이용하여 게임을 설계하는 분야가 있습니다. 여기서는 유전 프로그래밍을 비롯한 진화 프로그래밍 분야를 알아보겠습니다.

7.7.1 유전 프로그래밍

유전 프로그래밍은 유전 알고리즘의 발전형으로, 트리 구조 그래프를 대상으로 합니다. 유전 프로그래밍은 2개의 트리 구조를 교차하여 돌연변이를 만드는 기술입니다. 프로그래밍이라는 이름이 붙은 이유를 현대 프로그래밍 언어로는 설명하기는 힘듭니다. 그러나 LISP나 Prolog와 같은 '괄호 중첩 구조로 기술'하는 프로그래밍 언어는 전체 프로그램을 트리 구조로 나타낼 수 있습니다.

> ⓘ LISP는 함수형 언어이며 Prolog는 논리형 프로그래밍 언어입니다.

게임 디자인을 이러한 괄호 중첩 구조 기술로 표현하여 여기에 유전 프로그래밍을 응용하고자 하는 것이 **진화적 게임 디자인**(evolutionary game design)의 발상입니다. 괄호 중첩 구조로 기술하는 방법을 여기서는 **GDL**(game design language)이라고 합니다.

예를 들어 가로세로 3칸씩 있는 판에 O, X를 번갈아 놓는 〈틱택토(Tic-tac-toe)〉 게임 디자인을 GDL로 기술해 봅시다.

```
( game Tic-Tac-Toe
   ( players White Black
      (board
         (tiling square i-nbors)
         (shape square)
         (size 3 3)
      )
      ( end (All win
            (in-a-low 3))
      )
   )
)
```

이 게임의 구조는 그림 7-21과 같이 트리 구조로 표현할 수 있습니다.

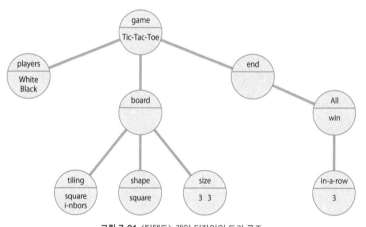

그림 7-21 〈틱택토〉 게임 디자인의 트리 구조

또 다른 게임 〈Y〉의 GDL은 다음과 같습니다.

```
( game Y
  ( players White Black
    (board
      (tiling hex)
      (shape tri)
      (size 11)
      (regions all-sides)
    )
    ( end (All win
        (connect all-sides))
    )
  )
)
```

이 역시 그림 7-22처럼 트리 구조로 표현할 수 있습니다.

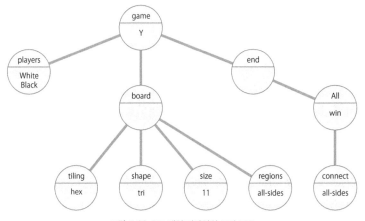

그림 7-22 〈Y〉 게임 디자인의 트리 구조

그림 7-21과 그림 7-22의 트리 가지 또는 가지의 말단을 바꾸는 것이 유전 프로그래밍에서의 교차에 해당합니다. 이 두 트리를 교차하면 그림 7-23처럼 새로운 트리가 만들어집니다. 그리고 이 새 게임 트리는 하나의 새로운 게임이 됩니다. 여기에서는 헥사곤(육각형) 모양의 11×11

칸 보드 위에 틱택토를 두는 게임이 만들어졌습니다. 과연 이 게임은 재미있을까요?

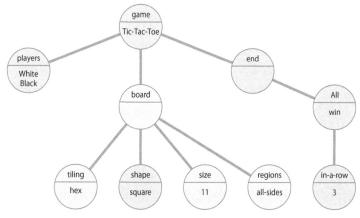

그림 7-23 〈틱택토〉와 〈Y〉로 만든 새로운 게임

7.7.2 게임 생애주기

이처럼 유전 프로그래밍을 이용하면 새로운 게임을 생성할 수 있습니다. 그러나 새로운 게임이 항상 재미있으리라는 보장은 없으므로 인공지능이 플레이하고 평가하도록 하면 계속 새로운 게임을 만들 수 있습니다. 또한 특정 확률로 가지를 더하거나 변수, 타입, 속성이 변화하는 돌연변이(mutation)란 것도 있습니다.

이러한 유전 프로그래밍을 통한 교차와 돌연변이를 반복하면서 만들어진 게임을 평가하는데, 이때 균형이 맞지 않거나 무승부가 너무 많거나 시간이 많이 걸리는 게임은 일정한 기준에 따라 제거하여 재미있는 게임이 생겨나도록 합니다. 이를 **게임 생애주기**(game life cycle)라고 합니다.

그림 7-24의 게임 생애주기에 따라 다양한 보드게임을 생성하고 그중에서 선택합니다. 여기서 중요한 것은, 게임 생애주기는 버전이 다양한

보드게임뿐 아니라 여러 가지 게임을 만드는 데도 응용할 수도 있다는 점입니다.

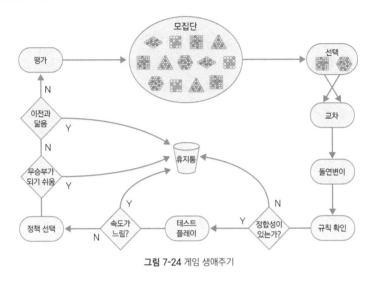

그림 7-24 게임 생애주기

7.7.3 새로 만들어진 게임

〈Yavalath〉는 이러한 게임 생성 알고리즘으로 만든 게임입니다. 이 게임은 앞서 살펴본 생애주기를 거쳐 자동으로 만들어진 것입니다.

```
( game Yavalath
 ( players White Black)
  ( board (tiling hex) (shape hex) (size 5))
  ( end
    ( All win (in-a-row 4))
    ( All lose (and (in-a-row 3) (not (in-a-row 4)))))
  )
)
```

그림 7-25를 보면 크기가 5인 육각형으로 이루어진 맵이 있습니다. 흑
과 백 중 먼저 4개를 직선 모양으로 나열하면 이기는 게임입니다. 이때
만약 3개를 나열하면 집니다. 즉, 흑이나 백이 2개가 연속으로 놓인 것과
한 칸 띈 상태에서 1개를 둔 다음, 이 사이를 메꾸어 직선 모양으로 4개
가 나란히 놓이도록 해야 합니다. 예를 들어 그림 7-25의 왼쪽 그림과
같은 상태에서 백이 ①을 놓아 오른쪽 그림과 같은 상태가 되었을 때 흑
이 백을 저지하려고 ②에 놓으면 흑은 3개가, 백은 4개가 나열되므로 게
임에서 흑이 지고 백이 이깁니다. 자신(백)은 3개를 서로 떨어뜨려 나열
하면서 4개째를 노리는 동시에 상대(흑)는 3개를 연속해서 나열하도록
유도하여 이기는 게임입니다. 〈Yavalath〉는 이러한 자동 생성을 통해
생겨난 게임으로, 실제 보드게임으로 판매되고 있습니다.

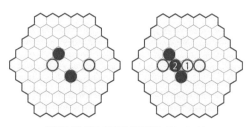

그림 7-25 자동 생성된 보드게임 〈Yavalath〉

게임 생성이라는 분야는 보드게임뿐 아니라 일반 액션 게임에도 응용의
폭을 넓히고 있습니다. 연속 공간의 액션 게임을 만드는 시스템으로는
〈ANGELINA〉 등이 유명합니다. 게임 생성은 단순히 절차대로 스테이
지를 생성할 뿐 아니라 절묘한 게임 타이밍이나 규칙까지 인공지능이 만
들도록 시도하는 것을 볼 수 있습니다. 이러한 흐름은 머지않아 메타 AI
와 융합하여 인공지능이 디지털 게임을 만들고, 또한 인간과 인공지능
이 함께 새로운 게임 원리, 스테이지, 레벨 디자인을 만들어 나갈 것으로
기대하게 합니다.

7.8 Capture the Flag의 전술 학습

인공지능이 게임을 플레이하면서 전술을 발견하는 학습 과정이 있습니다. 전술은 추상적인 개념이지만 인공지능은 오랜 기간에 걸친 학습을 통해 이러한 추상적인 전술까지도 익힙니다. 이 절에서는 딥마인드사의 〈Capture the Flag〉의 전술 학습을, 다음 절에서는 OpenAI를 이용한 〈HIDE AND SEEK〉의 심층 학습 전술 학습을 살펴봅니다.

딥마인드의 〈Capture the Flag〉의 전술 학습은 강화 학습을 연구하려고 만든 게임 데모입니다. 〈Capture the Flag〉는 에이전트 둘이 한 팀이 되어 다른 팀을 상대로 깃발을 빼앗아 자기 진지로 돌아오면 이기는 게임입니다. 깃발을 한 번 빼앗기면 자신의 진지에 깃발이 다시 생깁니다. 이 게임에는 사람이 발견한 다양한 전술이 들어 있습니다. 예를 들어 자신의 진지에서 방어(home base defense), 적 진지에서 야영(opponent base camping), 팀 동료 따르기(teammate following) 등입니다.

7.8.1 강화 학습

강화 학습은 앞에서도 잠깐 살펴보았듯이 액션 게임의 학습 방법인데 심층 학습과 조합하면 강력해집니다. 지금까지 강화 학습의 원리를 자세하게 설명하지 않았으므로 그림 7-26을 보며 간단히 알아보겠습니다.

강화 학습은 우선 이런저런 행동을 한 다음, 이를 되돌아보고 결과를 통해 배우는 학습 방법입니다. 예를 들어 격투 게임에서 캐릭터의 강화 학습을 생각해 봅시다. 상대의 상태가 다양한 상황에서 킥, 펀치, 파동 웨이브 등으로 공격하면서 피해 정도를 관찰하여 '이 상태에는 킥이 좋군!', '저 상태에는 펀치가 좋군!'을 판단하며 배웁니다. 즉, 어떤 상태일 때 어떤 행동을 취해야 할 것인가를 학습합니다. 이처럼 **특정 상태(S)에서 어떤 행동(A)을 해야 가장 보상(R)이 큰가를 학습**하는 것이 바로 강화 학습입니다.

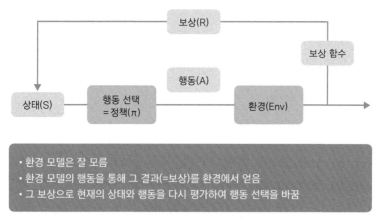

그림 7-26 강화 학습의 원리

강화 학습의 원리는 추상적이지만 실제 강화 학습을 구현한 종류는 다양합니다. 그중에서도 가장 자주 사용하는 방법이 **Q 러닝**입니다. 인간 역시 행동을 선택할 때는 어떤 행동이 가장 좋은 결과를 가져오는가를 생각합니다. 이러한 '행동에 대한 기댓값'을 **Q값**이라 합니다. Q 러닝 강화 학습은 Q값을 학습하는 것입니다.

앞서 예를 든 격투 게임이라면 '펀치는 이 정도 피해를 기대할 수 있겠군!', '킥은 이 정도 피해를 줄 수 있겠군!' 이런 식으로 학습합니다. 단, 캐릭터와 상대의 상태에 따라 펀치와 킥 중에서 어떤 것이 좋은지가 달라지므로 Q값은 상대의 상태에 따라 변합니다. 이를 식 $Q(s, a)$로 나타냅니다. 즉, Q값은 특정 상태 s에서 특정 행동 a를 취했을 때의 보상 기댓값입니다. 경험을 통해 이 원리를 학습합니다. $Q(s, a)$에서 s도 몇 가지이고 a도 몇 가지뿐이라면 간단히 표로 만들 수 있습니다. 그러나 실제로는 s에 많은 변수가 있고 a에도 다양한 방법이 있으므로 분포 함수나 신경망으로 만들어야 할 때가 많습니다. 특히 심층 신경망을 $Q(s, a)$로 이용할 때 **심층 Q 신경망**(deep Q network, DQN)이라고 합니다.

디지털 게임을 이용한 강화 학습 연구는 표 7-4에서 알 수 있듯 사례도 풍부합니다. 오래된 것은 2003년까지 거슬러 올라가며, 2019년에 이르러 급격하게 늘어납니다. 이는 알파고로 유명해진 심층 Q 신경망을 다양한 게임에 응용해 보려고 시도한 데서 비롯한 것입니다.

표 7-4 디지털 게임을 이용한 강화 학습 연구 사례

연도	기업, 대학	주제	개발 환경 공개 여부
2003	마이크로소프트	〈Teo Feng〉의 강화 학습	
2005	마이크로소프트	〈Forzamotor Sports〉의 강화 학습	
2013	앨버타 대학교	Arcade-Learning-Environment(ALE)	
2013	딥마인드	〈아타리(Atari)〉 게임을 DQN으로 학습	○
2015	딥마인드	알파고가 프로 기사에 승리	
2016	포즈난 대학교	ViZDoom 이후 400곳이 넘는 연구 논문에서 인용	○
2017	마이크로소프트	〈팩맨〉 다보상 강화 학습	○
2019	구글	축구 시뮬레이션의 강화 학습 연구	○
	카네기멜런 대학교	MineRL 마인크래프트를 사용한 AI 콘테스트	○
	OpenAI	〈도타 2〉 OpenAI를 이용한 OpenAIFive	○
	딥마인드	〈스타크래프트 2〉 알파스타가 프로 선수에 승리	○
	딥마인드	Capture the Flag의 〈퀘이크 Ⅲ〉 엔진과 심층 학습을 통한 전술 강화 학습	○
2020	Nvidia	GameGAN 심층 학습을 이용한 팩맨 구현	○
	딥마인드	Agent57의 〈아타리〉 게임 대부분을 DQN+LSTM 등으로 학습	○
	OpenAI	〈HIDE AND SEEK〉를 이용한 멀티 에이전트의 커리큘럼 강화 학습	○

7.8.2 심층 Q 신경망

'Capture the Flag 전술 학습' 데모는 지금까지 사람이 발견한 전술을 AI에서도 발견하려고 연구한 결과물입니다. 제작 기반으로는 〈퀘이크 III 아레나〉(이드 소프트웨어, 1999년)의 오픈소스 게임 엔진을 사용했습니다.

ⓒ 〈퀘이크〉(이드 소프트웨어, 1996년)는 미국 FPS의 기초를 이룬 게임으로, 초기 시리즈의 모든 소스 코드는 공개되었습니다.

에이전트는 전방 시야를 픽셀 이미지로 얻고 이를 내장된 심층 신경망에 입력합니다. 전진, 오른쪽으로 꺾기, 점프 등의 행동으로 출력됩니다. 강화 학습으로 학습하며, 보상은 깃발을 빼앗으면(승리하면) 얻을 수 있습니다. 기복이 있는 3D 맵이 자동으로 생성되고 특정 맵을 과하게 학습하지 않습니다.

이 에이전트의 내부는 그림 7-27과 같이 2계층 순환 신경망으로 이루어집니다. 아래층의 순환 신경망은 일정한 간격마다 시야를 이용해 픽셀 이미지 정보를 얻습니다. 위층의 신경망은 그 간격보다 더 간격을 두어 아래층의 신호를 받습니다. 또한 아래층에서는 방침 π를 향해 시각마다 특징량을 전달하고 위층에서는 더 여유로운 타임 스케줄로 게임 상태의 변화를 나타내는 특징량을 전달합니다. 이 2가지 특징량에 따라 시각과

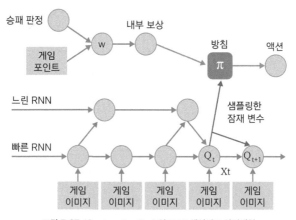

그림 7-27 〈Capture the Flag〉의 FTW 에이전트 아키텍처

게임 전체의 특징 양쪽을 각각 입력으로 전달합니다. 방침 π는 이 2가지 특징량을 이용하여 적절한 행동을 선택합니다.

또한 게임의 보상으로는 게임 포인트와 승리했을 때의 신호가 주어집니다. 이를 **FTW 에이전트 아키텍처** 라고 합니다.

ⓒ FTW는 For the Win의 줄임말로 이 에이전트의 별명이기도 합니다.

이 에이전트는 그림 7-28과 같이 인간이 선택할 만한 전술을 스스로 발견합니다. 여기서 '적 진지에서 야영 전술(base camping strategy)'은 다음과 같습니다. 한 대는 적 진지 근처에서 대기하고, 또 한 대는 적의 깃발을 갖고 자신의 진지로 돌아옵니다. 그러면 깃발은 자동으로 적 진지로 반환되는데, 이를 적 진지 근처에서 대기하던 한 대가 빼앗아 자신의 진지로 갖고 돌아오는 전술입니다.

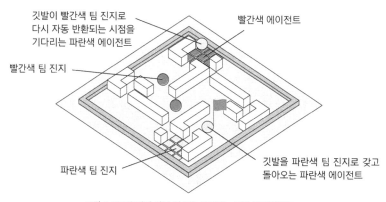

깃발이 빨간색 팀 진지로 다시 자동 반환되는 시점을 기다리는 파란색 에이전트

빨간색 에이전트

빨간색 팀 진지

파란색 팀 진지

깃발을 파란색 팀 진지로 갖고 돌아오는 파란색 에이전트

그림 7-28 적 기지 잠복 전술을 사용하는 파란색 에이전트

이렇게 인공지능이 직접 발견하여 습득한 전술은 에이전트의 신경망 안에 포함되지만, 전술을 만든 부분을 명확하게 따로 떼 낼 수는 없습니다. FTW 에이전트 아키텍처는 미묘한 상황 차이를 감지하고 이에 적절한 행동을 계속 출력하여 전술을 생성합니다. 이 연속적인 행동 출력이 관측할 수 있는 전술이 됩니다.

7.9 OpenAI의 멀티 에이전트 자동 커리큘럼 학습

7.5절에서 설명했듯이 OpenAI는 누구든지 AI 기술을 활용할 수 있는 AI 개발 환경을 제공하는 비영리 단체(NPO)입니다. OpenAI를 활용한 예로, 멀티 에이전트 연구 가운데 3D 맵 안에서 **3 : 3 숨바꼭질**을 하는 〈HIDE AND SEEK〉 데모는 매우 흥미롭습니다. 이 데모에서는 에이전트끼리 숨바꼭질을 하는데, 스스로 도구를 사용하여 공간을 만들어 숨거나 반대로 숨은 장소를 찾기도 합니다. 이때 숨는 쪽(HIDER)과 찾는 쪽(SEEKER) 모두 동시에 학습합니다.

7.9.1 멀티 에이전트 시스템, HIDE AND SEEK

스테이지 위에 평평하게 펼쳐진 맵을 자동 생성합니다. 스테이지 위에는 정육면체나 육면체(상자), 삼각기둥(램프) 등이 무작위로 놓입니다. 이 위에서 숨는 쪽과 찾는 쪽을 각각 3개씩으로 정합니다. 숨는 에이전트가 할 수 있는 행동은 3종류로 이동, 물건 잡기, 물건 잠그기(이동할 수 없도록 물건을 고정)입니다. 물건을 잡은 채로 이동하거나 잠금을 해제할 수도 있습니다. 숨는 에이전트는 그냥 숨을 수도 있지만 스테이지 위의 입체물을 이동하거나 조립하여 숨을 장소나 폐쇄된 공간을 만들 수도 있습니다. 이때 이런 과정 속에서 입체물의 사용 방법을 학습합니다.

또한 찾는 에이전트는 발견하는 방법을 학습합니다. 예를 들어 삼각기둥을 이용하여 폐쇄된 공간을 엿보거나 육면체 위를 이동하는 등을 학습합니다. 이 연구에서 재미있는 점은 다양한 입체물을 다루는 방법을 양쪽 에이전트 모두 학습하여 모두 높은 지능을 갖게 된다는 것입니다. 그림 7-29는 숨는 쪽이 입체물을 움직여 폐쇄 공간을 만들어 이곳에 몸을 숨기지만, 술래는 삼각기둥을 이용하여 이곳을 발견하는 장면입니다.

그림 7-29 OpenAI 〈HIDE AND SEEK〉에서 폐쇄 공간에 침입하는 모습

7.9.2 자기 지도 커리큘럼 자동 학습

〈HIDE AND SEEK〉 데모의 학습 방법을 **자기 지도 커리큘럼 자동 학습**(self-supervised autocurriculum)이라고 합니다. 이는 여러 가지 전략 행동을 순서대로 학습하는 과정을 나타냅니다. 에이전트는 다음 6단계에 따라 순서대로 자기 지도 학습을 합니다.

> ### 〈HIDE AND SEEK〉의 자기 지도 학습 6단계
>
> - 1단계: 찾는 쪽은 숨는 쪽을 쫓고 숨는 쪽은 도망갑니다.
> - 2단계: 숨는 쪽은 벽이나 상자를 이용하여 폐쇄 공간을 만들어 숨습니다.
> - 3단계: 찾는 쪽은 삼각기둥을 이용하여 숨는 쪽을 찾습니다.
> - 4단계: 숨는 쪽은 삼각기둥을 영역 끝으로 가져가서 고정합니다.
> - 5단계: 찾는 쪽은 고정된 삼각기둥에서 고정되지 않은 상자로 올라가 찾습니다.
> - 6단계: 숨는 쪽은 모든 삼각기둥과 상자를 미리 고정합니다.

이처럼 에이전트 여러 개가 경쟁하면서 전략 행동을 학습하므로, 이를 **멀티 에이전트 커리큘럼 자동 학습**(multi-agent autocurricula)이라고 합니다.

7.9.3 에이전트 폴리시 아키텍처

그림 7-30은 숨어 있는 쪽의 캐릭터 에이전트의 에이전트 아키텍처입니다. 이 아키텍처 전체가 방침을 결정하는 폴리시 네트워크가 되므로 이를 **에이전트 폴리시 아키텍처**라고 합니다.

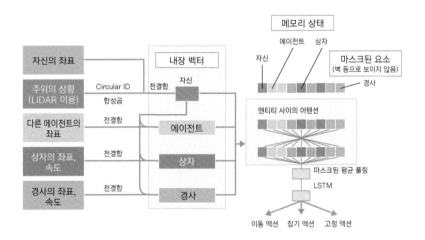

그림 7-30 에이전트 폴리시 아키텍처

에이전트 폴리시 아키텍처는 두 부분으로 구성됩니다. 먼저 그림 7-30 왼쪽은 전반부로 스테이지 위에서 자신이나 자신 이외 에이전트의 위치, 상자나 삼각기둥의 위치와 속도를 인식하며 각각 내장 벡터 형태로 만들어집니다. 오른쪽은 후반부로 각 사물의 정보를 저장하는 메모리 상태를 나타냅니다. 메모리 상태는 전반부에서 만들어진 벡터의 집합으로, 대상 에이전트가 관측할 수 없는 엔티티는 그 부분을 마스크(정보 없음)한 상태로 합니다.

이렇게 만들어진 메모리 상태를 2개의 심층 학습 레이어인 평균 풀링과 LSTM으로 학습하도록 하면 최종적으로 이동, 잡기, 고정 등의 방침이 정해집니다. 이 액션을 시간의 흐름과 함께 조합하여 전술을 형성합니다. 이러한 강화 학습의 보상으로, 숨는 쪽은 3개 모두 숨으면 +1, 발견되면 -1이 됩니다. 또한 찾는 쪽은 3개 모두 숨으면 -1, 1개라도 찾으면 +1이 됩니다. 필드에서 멀리 갔을 때는 특별히 벌칙으로 -10의 보상이 주어집니다.

최초 300만 회쯤 술래가 숨는 쪽을 추적하는 것을 학습합니다. 즉, 기본 움직임을 학습합니다. 다음으로 800만 회쯤 되면 그림 7-31처럼 숨는 쪽이 통로를 입체물로 막습니다. 1,500만 회쯤 되면 술래가 삼각기둥을 이용하여 숨는 쪽이 만든 폐쇄 공간에 침입합니다. 다음으로 4,000만 회쯤 되면 숨는 쪽이 삼각기둥을 폐쇄 공간 안에 넣어서 술래가 이를 사용할 수 없도록 합니다. 학습을 더 진행하면 숨는 쪽이 서로 협력합니다. 1대가 입체물을 적절한 곳으로 이동하여 다른 1대가 쉽게 움직일 수 있도록 합니다. 자신은 또 하나의 입체물을 움직여 통로를 봉쇄합니다.

그림 7-31 OpenAI 〈HIDE AND SEEK〉에서 협력하여 입구를 봉쇄하는 장면

이처럼 데모에서는 에이전트가 서로 전술을 학습하고 이를 더 높은 수준으로 다듬는 **창발 행동**(emergent behavior)을 심층 학습만으로 실현합니다. 단, 이러한 창발 행동이 발생할 때까지는 시뮬레이션을 꾸준하게 반복해야 합니다. 정해진 공간에서 한정된 행동과 도구뿐이더라도 수백만 번 시행해야 비로소 이러한 행동이 나타납니다. 도대체 어느 정도 학습해야 성과를 얻을 수 있을지 처음에는 예측하기 어렵습니다. 이번 데모도 학습을 전혀 예측하지 못한 것이 아니라 오히려 이렇게 학습하리라는 생각으로 시행을 거듭했을 것입니다. 그러나 몇 가지 행동은 개발자도 예측하지 못하는 창발 행동이었을 것입니다.

한쪽 정리 | **7장에서 꼭 기억해야 할 내용**

이 장에서는 전략 게임 AI와 관련한 연구를 소개했습니다. 전략 게임은 디지털 게임 AI 분야에서 가장 오래된 만큼 연구 역사 또한 깁니다. 또한 연구의 중심도 기호주의 아키텍처 탐구에서 심층 학습이나 몬테카를로 트리 탐색과 같은 학습 알고리즘을 포함한 시스템으로 옮겨 왔습니다. 이러한 극적인 변화는 학술 연구에서 두드러집니다.

게임 산업에서도 인공지능 기술만 놓고 보면 학술 연구와 같은 수준의 변화를 일으킬 수 있으나, 게임은 제품이자 상품이므로 품질과 개발 공정이 중요합니다. 즉, 학습 알고리즘으로 적 AI를 강하게 하는 것이 전부가 아닙니다. 여기서 소개한 알고리즘을 이용한 게임 조정 기술이 발전하지 않는 한 적용할 수 없으므로 연구를 거듭하면서 서서히 적용해야 합니다.

전략 게임의 AI는 액션 게임에도 응용할 수 있습니다. 오늘날의 대형 액션 게임은 전략적이고 전술적인 요소가 많습니다. 그러므로 전략 게임에서 발전한 인공지능 기술을 빠르게 적용할 수 있다면 전략, 전술을 포함한 더 빠른 액션 시퀀스를 만들 수 있을 것입니다. 전략 게임의 AI는 디지털 게임 AI의 광맥이라 할 수 있으며 지금까지도 그랬듯이 앞으로도 그럴 것입니다. 학술 분야와 게임 산업의 거리도 전략 게임을 통해 가까워져서 그 결과 산학 기술 교류도 촉진할 것입니다. 여기서 소개한 기술은 거듭 개선되어 가까운 미래에는 게임 산업에도 반드시 응용될 것입니다.

전략 게임 AI의 일반 이론

이 장은 이 책의 결론으로 전략 게임의 일반 구조를 추출하고 게임을 넘어 여러 곳에 응용할 수 있는 기초 이론을 제시합니다. 또한 앞서 소개한 구체적인 사례를 바탕으로 1장에서 살펴본 전략 게임의 개요를 더 자세하게 논의하고자 합니다. 여기서 설명하는 이론은 이 책에서 사례를 들어 설명한 개념을 일반적인 원리로 정리한 것입니다. 이렇게 하면 게임별 특성을 넘어 전략 게임의 인공지능 기술을 일반적이고 응용할 수 있는 이론으로 구축할 수 있습니다. 또한 전략 게임의 인공지능뿐만 아니라 현실에서 우리가 직면할 수 있는 다양한 상황에 대처하는 방법에도 활용할 수 있는 이론이 될 것입니다.

한쪽정리 8장에서 꼭 기억해야 할 내용

8.1 전략 게임의 재정의

다음은 지금까지 다룬 내용을 바탕으로 2.1절에서 살펴본 전략 게임의 4가지 요소를 더 자세하게 설명한 것입니다.

🧊 전략 게임의 4가지 요소

① 장소(필드)가 있고 이곳에 지형과 사물이 있습니다. 전략 게임을 플레이하는 인공지능은 이러한 공간적 상황을 인식하여 그 특성을 적극 활용하도록 사고해야 합니다.

② 캐릭터(말) 또는 그 집단(유닛)이 있고, 전략 게임을 플레이하는 인공지능은 전체를 조감하며 플레이어로서 지시를 내릴 수 있습니다. 지시 형식은 특정 위치로 이동, 목적 수행, 건설을 비롯하여 게임 세계 안에서의 창조, 전투 등 다양합니다.

③ 지시를 받은 캐릭터 또는 그 집단은 지시대로 목적을 수행하고자 자율로 행동합니다. 캐릭터나 그 집단은 자율적인 지능을 가지며, 플레이어의 예측 범위에서 행동을 자유롭게 변경하며 목적을 달성합니다.

④ 승리 조건 또는 클리어 조건이 있습니다. 명확한 목적 없이 문명이나 마을의 발전을 유지하는 것 자체가 목적일 때도 있습니다.

전략 게임의 인공지능은 유닛에 명령을 내리며 시공간 영역을 지배해 갑니다. 여기서 말하는 '시공간'이란 게임 전체의 시간 변화를 일컫습니다. 전략 게임의 인공지능은 특정 시각, 특정 영역을 계속 지배하면서 그 게임 전체를 지배하는 것을 목표로 합니다. 즉, 어느 시공간을 어떤 순서로 지배할 것인가를 생각합니다. 이러한 각각의 시공간에 대해 여러 개의 유닛에 지시를 내립니다.

전략 게임의 어려운 점은 적이나 자신, NPC의 행동에서 각 시공간의 의미가 끊임없이 변한다는 것입니다. 처음에 세운 계획도 상대가 어떻게 나오는지에 따라 무한히 변화할 가능성이 있습니다. 같은 장소가 상황에 따라 다른 의미를 가지는 것입니다. 이는 흔들리는 외줄을 재빠르게 지나는 느낌과 비슷합니다. 자신의 행동조차도 예측할 수 없는 결과를 초래할 때가 있습니다. 과거의 행동에 따라 자신이 피해를 입을 때도 있으므로 과거의 자신도 타자로서 대상화할 필요가 있습니다.

다음은 전략 게임의 인공지능을 만드는 데 필요한 8가지 기초 개념을 알아보겠습니다. 그러나 필자가 전략 게임 AI의 결정적인 아키텍처를 제시하는 것은 아닙니다. 여러분이 구축할 전략 게임의 인공지능에 필요한 기초 개념을 알아보고자 하는 것입니다.

전략 게임 AI에 필요한 8가지 기초 개념

① 시계열
② 시간 계층화와 공간 계층화
③ 주의(attention)와 시뮬레이션
④ 주의 방법과 프레임 구성
⑤ 상위 인공지능과 하위 인공지능
⑥ 시공간 파악
⑦ 행동 가능성과 행동 유도성(affordance)
⑧ 행동의 효과

이러한 일반론을 시작 부분에서 설명한다면 너무 추상적이라 불친절하다고 느낄 수도 있어 다양한 사례를 접한 이 시점에서 설명하려고 합니다. 이제부터 전략 게임 AI의 8가지 핵심 개념을 순서대로 살펴봅시다.

8.2 시계열이라는 사고방식

시간을 따라 생각하는 것이 바로 **시계열**로, 이는 장소와 분리될 때도 있습니다. 시계열 데이터란 데이터를 매 시각 축적한 것입니다. 데이터 과학에서는 '시계열 데이터 분석'이라는 분야가 있고, 수학과 물리학에서는 '시간 변화 방정식'이라는 분야가 있습니다. 그러나 전략 게임은 이러한 분야로 환원할 수 없는 복잡한 상황을 내포합니다. 복잡한 상황에서 얼마나 사물의 흐름을 파악할 것인가가 과제입니다.

전략 게임의 시공간은 복잡합니다. 이 혼돈을 제어하는 방법은 시간 흐름에서 자주 나타나는 패턴을 발견하고 이 패턴에 최선의 행동을 준비하는 것입니다. 7장에서 설명한 LSTM 모델은 그야말로 시간 흐름을 학습하는 시스템입니다. 인공지능뿐 아니라 지능의 본질은 과거에서 미래를 예측하고, 또한 예측한 미래에 따라 스스로 자신의 행동을 디자인하는 것입니다. 전략 게임에서는 이 행동 디자인이 개인의 규모를 뛰어넘어 팀이나 국가, 조직, 마을, 민족, 주민 전체에 이릅니다. 여러 개의 유닛에 내린 지시가 복잡하게 얽히면서 국면을 타개해 가는 것이 전략 게임의 즐거움입니다.

전략 게임에는 이러한 수동적인 상태와는 반대로 전개를 만든 상황을 주체적으로 구축해 가는 단계가 있습니다. 이 전개가 바로 **전략**이라는 것입니다. 거꾸로 이야기하면, 전략이란 혼돈된 상황을 수습하여 부분적이라 하더라도 자신이 디자인한 상황으로 만드는 것입니다. 이러한 상황을 만들려면 상대의 움직임을 읽어야 합니다. 그러므로 상대의 움직임을 예상하는 능력이 필요합니다. 이것이 바로 **상황 시뮬레이션** 능력입니다. 지금까지 설명한 내용을 정리하면 전략 게임의 인공지능에 필요한 능력은 크게 다음 3가지입니다.

즉, 시계열에 따른 계획 중에는 자발적, 적극적, 주체적으로 세우는 것도 있고 상황에 따라 수동적으로 진행될 수밖에 없는 것도 있습니다. 그러므로 그림 8-1처럼 이를 통합하면서 미래를 향해 끊임없이 계획을 세우는 작업을 하는 것이 인공지능의 역할입니다. 요컨대 **타율과 자율을 융합하면서 상황을 창조한다**는 생각이 중요합니다.

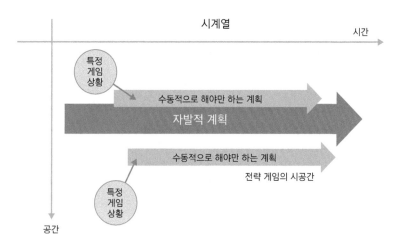

그림 8-1 필연적인 계획과 우발적인 계획

8.3 시간과 공간의 계층화

전략 게임의 공간과 시간 크기는 계층화되며, 공간 계층은 거의 시간 계층에 비례합니다. 사방 10m는 시간으로 하면 1초에 통과할 크기지만, 사방 100m라면 몇 초가 걸립니다. 이처럼 시간과 공간 크기는 어느 정도 동기화하므로 전체를 긴 시간 폭으로 생각하고 좁은 지역은 짧은 시간 폭으로 생각하는 그림 8-2와 같은 사고방식이 가능합니다.

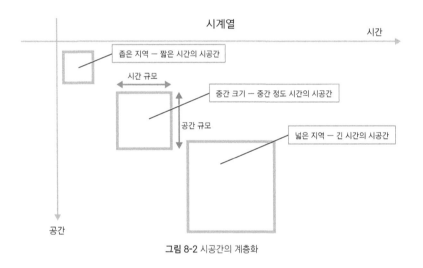

그림 8-2 시공간의 계층화

그러나 전략 게임은 이뿐만이 아닙니다. 전략 게임에는 시공간 계층화 외에도 다양한 요소의 계층화가 있습니다. 전투, 생산, 건설, 정찰 등 다양한 과제의 계층이 있으며 이 역시 함께 생각해야 합니다. 전략 게임은 이러한 다양한 요소가 경합하도록 하여 게임의 맛을 살립니다. 이에 사고의 축을 전투 축, 자원 채굴 축, 기술 개발 축 등 여러 개를 준비하고 전체 상충 관계(trade-off)를 고려해서 설계하면 사용자의 플레이 스타일에 다양성이 생깁니다.

이러한 계층적인 사고가 여러 개일 때는 각각의 사고를 진행하면서 그 사이를 조정하는 기능이 필요합니다. 이를 **진행 촉진자**(facilitator) 또는 **중재자**(arbitrator)라고 하며 7.3절에서 살펴본 〈스타크래프트〉의 인공지능 에이전트 아키텍처에 등장합니다. 〈스타크래프트〉에서는 **전투와 생산이라는 2대 과제를 계층으로 조정하는 기능이 필요**했습니다.

8.4 주의와 시뮬레이션

전략 게임의 맵은 대부분 한눈에 다 볼 수 없을 정도로 넓습니다. 따라서 플레이어가 이쪽 상황에 대처하면 저쪽 상황이 나빠지고, 저쪽 상황에 대처하면 또 새로운 곳에서 사건이 일어나는 등 항상 여러 곳에 주의를 기울이며 대처해야 합니다. 게임에 익숙하지 않을 때는 이곳저곳 대처 만 하다 끝나기도 합니다. 익숙해지면 평소에는 보지 않던 곳까지 절묘 한 타이밍에 확인하고 대처한 후 잠시 눈을 다른 곳으로 돌려 그대로 진 행되도록 하지만, 대처해야 할 타이밍이 오면 다시 확인하게 됩니다. 즉, **전략 게임에 익숙해진다는 것은 보이지 않는 곳도 머릿속에서 자세히 시 뮬레이션할 수 있다는 것입니다.**

주의와 주의하지 않는 동안의 상상, 이를 인공지능의 언어로 표현하면 각각 **주의**(attention)와 **시뮬레이션**이라 할 수 있습니다. 사람의 주의 능 력에는 한계가 있으므로 수많은 곳에 동시에 배분할 수는 없습니다. 주 의하지 못하는 시공간은 머릿속에서 상상할 수밖에 없습니다. 인공지능 도 마찬가지입니다. 인공지능의 상상이란 시뮬레이션을 말합니다. 그리 고 행동이 필요한 타이밍에 주의를 배분해야 합니다.

즉, 전략 게임의 인공지능에서는 시계열로 주의와 시뮬레이션을 적절하 게 조합해야 합니다. 또한 게임 자체를 그렇게 설계합니다. 주의를 적절 한 시점에 다양한 장소에 배분하고 그렇지 못한 곳은 시뮬레이션합 니다. 이는 공기놀이나 저글링과 비슷합니다. 모든 사물(공기)에 주의할 수는 없습니다. 높이 던진 공기는 손으로 붙잡을 때까지는 시뮬레이션 하면서 특정 시점에 나타날 것을 예상하고 실제로 손을 내밉니다. 전략 게임에서도 마찬가지로 일단 액션을 지시한 장소는 주의 밖에 두고 다른 곳을 살펴보다가 다시 액션 지시가 필요한 시점에 그 장소로 돌아와 다음 액션을 지시해야 합니다.

이는 다양한 관리 업무에 적용할 수 있습니다. 모든 것을 한 번에 살펴볼 수 없는 상황이라면 주의와 시뮬레이션 시점을 조정해야 합니다. 전략 게임은 이러한 상황을 게임으로 한 것입니다. 거꾸로 이야기하면, 주의와 시뮬레이션을 조합해야 할 상황이라면 높은 확률로 전략 게임이 될 수 있을 것입니다. 식당이든 주방이든 손님 접대이든 곤충 채집이든 주의와 시뮬레이션을 다양하게 조합할 수 있다면 그림 8-3처럼 바로 그곳에 전략 게임의 게임성이 있습니다.

그림 8-3 맵(위)에서의 주의와 시뮬레이션(아래)

8.5 주의 방법과 프레임 구성

인공지능에는 **프레임**이라는 기본 개념이 있습니다. 이는 인공지능이 사물을 파악하는 방법을 뜻합니다. 간단하게 말하면 사물을 모델링하는 것입니다. 완전한 모델링은 없습니다. 야구를 예로 들면 선수의 포지션이나 역할을 아무리 명확하게 모델링한다고 하더라도 야구에서 일어나는 모든 일을 미리 모델링할 수는 없습니다. 타자가 친 공이 3루 베이스에 맞고 포수 쪽으로 다시 튀었을 때 등과 같은 사건을 미리 가정하지는 않을 것입니다. 이처럼 현실이나 현상에는 무한에 가까운 자유도가 있습니다.

기호주의 인공지능에서는 상황을 모델링해야 합니다. 7.3절 〈스타크래프트〉에서 살펴본 것처럼 에이전트 아키텍처는 스타크래프트라는 게임 자체를 모델링한 것이라 해도 좋을 것입니다. 한편 신경망에서는 LSTM을 이용합니다. LSTM은 시계열에 따라 시계열 데이터를 입력으로 하여 게임 콘텍스트(흐름)에 따른 행동을 출력할 수 있습니다. 신경망에서는 얼핏 프레임이 없어 보일 수도 있으나 토폴로지나 입력 매개변수 선정에 따라 암묵적으로 프레임이 설정됩니다. 단, 내부 아키텍처의 상세는 부분 학습에 따라 정해진다는 특징이 있습니다.

어느 쪽이든 인공지능이 사고할 때는 특정 프레임을 가정합니다. 전략 프레임에 포함되는 것은 지형 정보, 건설 정보, 적과 아군 유닛의 상태(체력, 무기, 거리 관계, 운동 상태) 등입니다. 전략 게임에서는 이 프레임이 주의에 따라 동적으로 이동합니다. 동적으로 이동한다는 것은 그림 8-4처럼 프레임을 이동하는 인공지능이 상위에 있다는 뜻입니다.

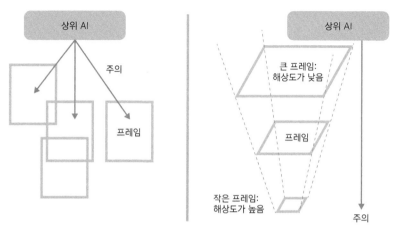

그림 8-4 주의에 따른 프레임 변화

주의는 어렴풋이 전체를 볼 수 있는 곳부터 부분을 자세히 볼 수 있는 곳으로 이동하는 역할을 합니다. 시야는 넓지만 해상도가 떨어지고 시야가 좁다면 작은 영역을 높은 해상도로 관찰할 수 있습니다. **주의를 통해 이러한 프레임을 제어하여 작은 문제부터 큰 문제까지 시간의 흐름에 따라 파악**할 수 있습니다. 주의에는 다양한 곳에 주목한다는 역할과 함께 한 곳에서 일어난 문제의 해상도를 높인다는 역할도 있습니다.

즉, 주의는 프레임을 이동하여 그때그때 풀어야 할 문제를 파악합니다. 플레이어가 마우스로 시점을 이동하여 장소마다 어떤 문제가 있는지 파악하는 것을 인공지능은 프레임 이동으로 수행합니다.

8.6 상위 인공지능과 하위 인공지능

상위 인공지능은 전체를 조감하면서 어디에 주의를 기울여야 하는지를 결정합니다. 상위 인공지능이 주의를 기울인 다음에는 하나의 프레임으로 고정하는데, 이렇게 고정한 프레임 안에서 동작하는 인공지능을 여기서는 **하위 인공지능**이라고 합니다. **분할 통치**(divide & conquer)는 소프트웨어 설계에서 가장 자주 사용하는 방법이지만, 전략 게임의 시공간에서는 그리 간단한 이야기가 아닙니다. 전략 게임의 시공간은 동적으로 변하므로 동적인 상황에서 원하는 시공간을 어떻게 선택할 것인가(프레임으로 만들 것인가)라는 고차원의 문제가 됩니다. 그림 8-5를 참고하여 설명한 내용을 이해해 봅시다.

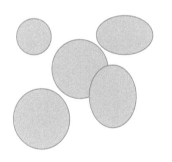

원래 자유로운 상태 공간
(free state space)

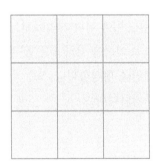

구획으로 나누어 구성한 상태 공간
(location-based state space)

그림 8-5 고정한 분할 통치와 동적 프레임

요컨대 전략 게임에는 다음과 같은 인공지능이 있어야 한다는 뜻입니다.

🕹 전략 게임 AI의 기초 설계

① 변화하는 시공간 전체에서 작은 시공간 선택하기(수동적)
② 변화하는 시공간을 자신에게 유리하게 변화시키는 데 필요한 시공간을 조작하기
  (주체적)

전략 게임은 ①, ②의 타율과 자율의 균형을 기초로 설계하며, 플레이어는 생각과 상황에 따라 필요한 행동을 끊임없이 반복하여 플레이 경험을 만듭니다.

동적으로 변하는 시공간에서 상황을 파악한다는 것은 인공지능에게는 어려운 일입니다. 사람의 지능으로도 자신 앞에 놓인 상황을 좀처럼 파악하지 못하고 머뭇거릴 때가 있습니다. 이 과제는 **프레임 문제**라고 하는데, 안타깝게도 1970년대부터 시작된 인공지능의 미해결 문제입니다. 이에 전략 게임에서는 '구획으로 나눈 곳에서 가장 변동이 심한 장소로 액션을 향하도록 함'처럼 흔히 **장소 프레임을 단위로 해서 인식 프레임을 형성합니다.** 또는 특정 대상에 주의를 기울이는 등의 방법으로 대처합니다.

8.7 시공간 파악

어떻게 하면 변하는 시공간에서 동적 상황을 파악하고 세계를 자신이 원하는 방향으로 이끌 수 있을지를 해결하는 것은 일반적으로 어려운 문제입니다. 장소마다 문제를 해결하는 방법이 있습니다. 〈스타크래프트〉에서는 맵을 영역으로 나누므로 영역을 차례대로 관리하면 전체를 관리할 수 있습니다.

특정 영역에 주목하여 그 영역의 변화를 계속 관측하는 방법은 사고로서는 절약하는 방법입니다. 이렇게 하면 게임 맵을 횡단하는 유닛 역시 어디에 있는지 위치에 기반을 두고 관리하는 것이 됩니다. 그러나 이러한 영역 안에서도 특히 주의를 기울여야 하는 곳이 있습니다. 예를 들어 아군과 적이 충돌한 곳, 아군이 공격하는 적 기지, 거꾸로 공격당하는 아군 기지 등입니다.

즉, **전략 게임의 시공간은 일정 영역마다 주의가 필요하고 그중 주목해야 하는 장소도 있다는 계층 구조를** 이룹니다. 이러한 주의의 계층 구조에 따라 무언가 있을 법한 곳에 눈을 돌리고 그곳을 자세하게 살펴볼 수 있습니다. 또한 이를 해소하면 다시 상황을 조감하여 보게 됩니다. 이는 캔버스에 그림을 그릴 때도 마찬가지입니다. 전체에서 부분으로, 부분에서 전체로 반복하여 주의를 이동하게 됩니다.

7.4절에서 설명한 것처럼 심층 학습에서는 다양한 미니 맵을 그 안에 입력합니다. 이러한 공간 정보에 대해 심층 학습을 실행하면 전략 게임의 인공지능은 공간 정보의 변화를 전체적으로 인식합니다. 공간 변화는 시간을 통해 이루어집니다. 상위 사고일수록 상황 변화에 대한 시간 인

식이 되고 하위 사고일수록 공간 인식이 됩니다. 이러한 사고 형태는 시공간적인 것일수록 추상적이고 공간적일수록 구체적이 된다는 인간의 사고와 비슷합니다. 그림 8-6을 참고하여 설명한 내용을 이해해 봅시다.

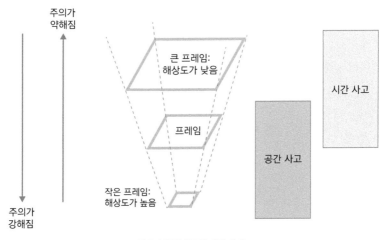

그림 8-6 공간 사고와 시간 사고

8.8 행동 가능성과 행동 유도성

공간 변화는 그에 따라 가능한 행동의 변화를 만듭니다. 예를 들어 '기지가 파괴되었으므로 적 본진을 향해 돌격', '숲이 사라졌으므로 멀리서 적을 공격할 수 있게 됨' 등입니다. 복잡한 상황일 때는 그 장면, 그 시간에 가능한 행동의 수준이 그때마다 달라집니다. 이처럼 행동 가능성이나 행동 유도성(affordance)은 상황 속에 홀연히 생겼다가 사라집니다. 인공지능은 그 가능성을 재빠르게 이용해야 하며, 이러한 행동 가능성의 생성과 소멸을 염두에 두고 전략과 전술을 생각해야 합니다.

그러나 모든 행동 가능성과 행동 유도성을 동시에 고려할 수는 없습니다. '적이 바위에 막혔으므로 공격할 기회다' 등은 하위 AI가 인식할 수 있는 것으로, 상위 AI는 탐지하지 않습니다. 그리고 '적 팀 전체가 서쪽으로 이동하고 있다'는 상위 AI가 인식하는 것으로, 전투로 한창 바쁜 하위 AI(예를 들어 캐릭터 AI)는 이를 알 수 없습니다. 즉, 각각의 규모에 따라 게임을 진행하면서 동시에 그때마다 행동 가능성과 행동 유도성을 더하여 전략, 전술, 행위를 만들어야 합니다. 이러한 행동 가능성과 행동 유도성은 계층으로 만들 수 있습니다. 다음 내용과 함께 그림 8-7을 살펴봅시다.

- 전략적 가능성 : 장기적이며 전역적인 공간과 여러 개의 사물에 걸친 작전
- 전술적 가능성 : 중기적이며 몇몇 공간과 사물을 이용한 작전
- 행동 가능성 : 단기적이며 좁은 곳에 한정된 행동

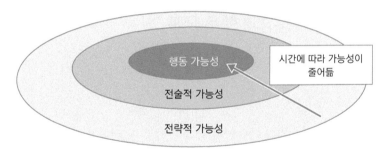

그림 8-7 시간에 따른 행동 가능성의 변화

전략적 가능성은 팀 안에서 지시를 내릴 수 있는 멤버나 지휘관의 가능성과 직결됩니다. 지휘관은 장기적인 전략을 세웁니다. 다르게 말하면, 게임 중반을 넘어 버리면 전략적 가능성의 변화가 거의 사라지며 종반에는 전술적 가능성의 변화마저도 한정되므로 마지막에 남는 것은 행동 가능성의 변화뿐입니다. 전체 행동 가능성이란 이 3가지를 모두 합쳤을 때 이루어집니다. **전략 게임이란 이러한 가능성을 실제 행동으로 옮기면서 국면을 유지하는 것**입니다. 바둑을 예로 들 수 있습니다.

한 가지 더 추가한다면, 행동 가능성을 생각할 때는 환경 안의 가능성뿐 아니라 이를 실현하는 자기 팀의 가능성도 고려해야 합니다. 환경과 자기 캐릭터, 자기 팀의 상태가 행동 가능성을 정하기 때문입니다.

이처럼 장면에 대응하려면 순간이나 가까운 미래에서 계층의 행동 가능성이 어떻게 되는지를 인식하고 예측할 수 있어야 합니다. 그리고 몬테카를로 트리 탐색 등으로 이러한 예측을 수행합니다.

8.9 행동의 효과

'행동 가능성을 연결하여 얼마나 큰 목표를 실현할 것인가?'라는 흐름을 만드는 것이 바로 전략 게임의 인공지능입니다. 행동의 연쇄에 따른 흐름을 시공간에 어떻게 나타낼 것인지 그 원리를 만들어야 합니다. 같은 행위라도 시점이 다르면 전혀 다른 효과를 얻습니다.

이에 전략 게임의 행동에는 그 행동이 그곳에서 어떤 효과를 거두는지를 정보로 나타내야 합니다. 따라서 인공지능은 다음 3가지를 인식하면서 전략, 전술, 행동을 고려하여 전체 상황이 더 나아지도록 변화해야 합니다.

> ♟ 인공지능이 인식해야 하는 3가지
>
> ① 그 장소에서의 행동 효과
> ② 그 장소에서의 가능성
> ③ 자기 팀의 실현 가능성

전체에서 부분으로 가능성을 실현해 가는 것이 계층화의 올바른 방향입니다. 단, 부분적인 사건이 때로는 전체에 영향을 끼치기도 합니다. 적의 대장을 사로잡는 작전에서 마지막 순간에 우연히 떨어진 나무 더미가 길을 막는 바람에 도망갈 수밖에 없는 것처럼, 전체적으로는 완성 단계였는데 부분적인 사건 때문에 실패할 때도 있습니다. 장수 한 명이 다리에서 버티는 바람에 대군의 발이 묶이는 것과 마찬가지입니다. 장기에서도 단 하나의 말 때문에 공격이 막히곤 합니다.

자기 팀과 상대 팀의 움직임, 배경의 자율적인 움직임이 어울려 전체가 하나의 운동이 되고 이에 따라 승패가 갈립니다. 이러한 복합된 혼돈은 누구도 예측할 수 없습니다. 대세가 정해졌을 때는 누가 이길지 예상할 수 있지만, 세력 균형이 비슷한 전투 상황에서는 어떤 작은 사건 하나가 승패를 가를 수도 있습니다. 적도 아군도 세계에 간섭하려고 합니다. 세계는 이를 받아들이면서 자율로 움직입니다. 마치 간장을 넣든 된장을 넣든 냄비 안은 자체의 역학에 따라 끓는 것과 비슷합니다. 조미료를 넣는다고 해서 예상한 맛이 되리라는 보장은 없지만, 어떤 맛일지 전혀 모르지는 않습니다.

인공지능도 전체 모델, 부분 모델, 규칙, 경험 등을 이용하여 앞을 바라봅니다. 몬테카를로 트리 탐색은 이를 정식화한 것입니다. 전략 게임에서는 이처럼 앞을 보는 능력이 승패 결정에 큰 역할을 합니다. 그러므로 앞서 살펴본 것처럼 각각 강화할 필요가 있습니다. **끊임없이 변하는 상황에서 자신이 그린 그림(=계획) 역시 끊임없이 부정하고 수정하면서 미래의 활로를 찾아야 합니다.**

8.10 전략 게임 AI의 기본 개념 정리

지금까지 이 책에서 다룬 전략 게임 AI의 기본 개념을 설명했습니다. 전략 게임의 인공지능은 사물의 흐름을 만드는 지능입니다. 현실에서는 실현하기 어려운 바람을 전략 게임이라는 상자 안의 세계에서 시험해 보는 것입니다. 여기에는 세계를 파악하고 예측하는 지능의 움직임과 세계를 생각한 대로 제어하는 지능의 움직임이 있습니다. 또한 적이나 세계의 변화에 대응하는 지능의 움직임과 적과 세계를 참여시키며 자신이 그리는 미래를 실현하는 지능의 움직임도 있습니다. 여기서는 **자율적, 주체적인 지능의 움직임**과 **타율적, 수동적인 지능의 움직임** 양쪽이 서로 다툽니다.

장기에는 공격과 수비가 있습니다. 수비를 계속하면서 상대의 허점을 노려서 이기는 방식도 있지만, 공격으로 상대를 무너뜨려 이기는 방식도 있습니다. 전략 게임은 이른바 말이 어느 정도 자율로 움직이는 장기라고 할 수 있습니다. 한 수 한 수 묘수를 추구하는 것이 아니라 연속된 상상력으로 사물의 흐름과 승부의 흐름을 만드는 힘이 필요합니다. 그러나 전략 게임 지휘관으로서의 인공지능은 그 게임에 간섭할 수 있는 곳이 한정됩니다. 자기 팀 멤버에게 명령을 내리는 것만 할 수 있으며, 이를 이용하여 게임의 흐름을 만들고자 합니다. 그러므로 전략 게임 지휘관으로서의 인공지능은 **멤버가 수행할 수 있는 행동 가능성과 행동 효과**를 예측해야 합니다. 몬테카를로 트리 탐색은 이 2가지 과제를 한 번에 해결하는 방법이기도 합니다.

시공간의 계층 구조 파악은 기호주의와 연결주의에서 사용하는 방법이 크게 다릅니다. 기호주의에서는 공간의 계층 구조를 실제로 모델링합니다. 이는 4.3절에서 살펴보았습니다. 한편 연결주의에서는 심층 신경망 내부의 합성곱(convolution) 처리를 통해 이를 자동으로 수행하기도 합니다. 또한 시간 방향의 계층화는 기호주의에서는 6.7절에서 본 것처럼 주로 계획 수립을 이용하는 방법을 사용하지만, 연결주의에서는 LSTM을 여러 계층에서 이용하여 시계열 계층 구조를 파악합니다. 이는 7.4.2항의 알파스타나 7.8.2항의 Capture the Flag에서 도입한 설계 방식입니다. 이처럼 다양한 시공간을 제어하고자 하는 욕구가 전략 게임의 인공지능이 탄생한 배경입니다.

8.11 스마트시티와 전략 게임 AI

스마트시티란 도시 전체를 자율형 인공지능으로 만든다는 구상으로, 인
공지능이 치안을 유지하고 모든 사람이 사회생활을 원활하게 할 수 있도
록 만듭니다. 즉, 드론이나 로봇, 때에 따라 사람에게 명령하여 사건·사
고를 미리 막고, 에너지나 돈의 흐름을 파악하여 경제 활동을 촉진합
니다. 이처럼 스마트시티를 총괄하는 인공지능 또한 **메타 AI**라고 합
니다. 스마트시티에서 인공지능은 도시라는 시공간을 제어하지만 게임
과 달리 자연재해나 도시에서 일어나는 예측할 수 없는 사고나 재해 가
능성에 대처해야 합니다. 게임 AI와 마찬가지로 스마트시티의 인공지능
역시 그림 8-8과 같이 공간적, 시간적 계층화가 필요합니다.

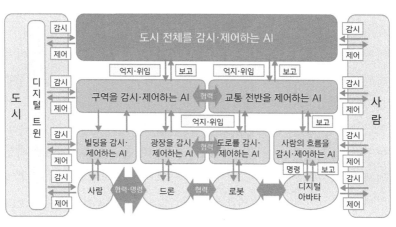

그림 8-8 스마트시티의 인공지능 구조

공간적 계층에서는 도시 공간을 구역이나 계층으로 나누고, 각 계층에는 메타 AI의 명령을 받으면서 담당 구역을 관리하는 인공지능이 있습니다. 예를 들어 빌딩의 인공지능은 빌딩 안의 치안을 관리합니다. 이때 실제 도시 상태를 파악하는 데 **디지털 트윈**이라는 강력한 방법을 사용합니다. 이 방법으로 도시의 지형, 건축 데이터나 사물 데이터를 미리 스캔해서 디지털 데이터로 변환해 두었다가 도시의 상태를 파악할 때 사용합니다. 지형이나 건축 데이터는 시간마다 변하는 게 아니므로 메타 AI나 캐릭터 AI가 도시의 모습을 매번 인식할 필요 없이 데이터로 파악하는 것입니다. 우리가 마을을 기억하듯 달라진 곳만 업데이트하면 됩니다.

이렇게 공간을 계층으로 나눈 다음에 사람, 에너지, 돈 등의 흐름을 읽고 부분적으로 발생하는 이벤트에 대처하는 것은 그야말로 전략 게임에서 수행했던 것과 닮았습니다. 이러한 것으로 보았을 때 전략 게임의 인공지능을 통해 발전한 많은 기술을 다양한 분야에 응용할 수 있습니다.

또한 그림 8-9처럼 스마트시티 전체의 인공지능 시스템에는 3.1절에서 살펴본 게임 AI인 메타 AI, 캐릭터 AI, 공간 AI를 연동한 모델을 응용할 수 있습니다. 도시 전체를 감시·제어하는 AI는 메타 AI이며, 메타 AI 아래에 계층을 이루는 AI는 캐릭터 AI입니다. 특히 드론이나 로봇, 디지털 아바타는 캐릭터 AI 그 자체입니다. 또한 도시의 상태를 파악하는 데는 공간 AI의 힘이 필요합니다. 공간 AI는 디지털 트윈과 자신의 감각 능력을 이용하여 도시의 상황을 실시간으로 인식합니다.

이처럼 게임 AI의 연동 모델인 **MCS-AI 동적 협력 모델**은 스마트시트 전체의 기본 구조에 응용할 수 있습니다. 그리고 이 모델을 통해 전략 게임 AI의 다양한 기술이 스마트시티에서 능력을 발휘할 수 있습니다.

ⓒ MCS-AI 동적 협력 모델은 3.1.2항에서 설명했습니다.

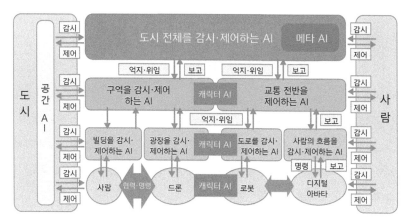

그림 8-9 MCS-AI 동적 협력 모델을 응용한 스마트시티의 구조

이 장에서는 7장까지 살펴본 전략 게임의 인공지능을 추상화하여 핵심을 뽑아 이를 시작으로 스마트시티 응용 가능성까지 살펴보았습니다. 전략 게임 AI의 응용 범위는 드넓으므로 다양한 스핀오프를 기대할 수 있고 게임이라는 틀을 넘어 더 큰 실세계와 실제 공간으로 응용하는 것을 생각할 수 있습니다. 그러므로 전략 게임 AI는 게임 산업 이외에서도 주목을 받습니다.

또한 전략 게임 그 자체도 역사 시뮬레이션이나 의사결정 등으로 응용의 폭을 넓히고 있습니다.

> ⓖ 스핀오프(spin-off)란 이미 나온 작품(본편)에서 파생되는 것을 가리킵니다. 즉, 원작에서 파생되어 같은 세계관을 기초로 하지만 상상력을 극대화해서 새롭게 다른 이야기를 만들어 냅니다.

다양한 현실 상황을 전략 게임으로 이해할 수 있어서 전략 게임 AI의 일반 이론은 여러 가지 현실 상황에서 인공지능을 응용할 수 있도록 하는 기초를 사회에 제공합니다. 이미 이 책에서 살펴본 것처럼 전략 게임의 인공지능에는 다양한 실례가 있으므로 일반 이론을 연구하는 데 소재를 충분히 제공합니다. 이 장에서는 먼저 이러한 일반 이론의 기초가 되는 개념을 살펴보았습니다. 지금부터는 이 일반 이론을 실제로 정식화하는 일이 우리에게 남아 있습니다.

또한 전략 게임 AI의 일반 이론은 복잡한 세계를 제어하고자 하는 인간의 절실한 바람이기도 합니다. 자신 앞에 놓인 상황이나 주어진 업무, 장소, 커뮤니티를 어떻게 하면 잘 움직일지 고민하는 것은 그것이 크든 작든 인간이라면 누구나 갖는 생각입니다. 전략 게임 AI의 일반 이론은 이러한 물음에 답하는 기술이기도 합니다. 바둑이나 장기의 싸움을 사회의 축소판으로 생각하듯이 많은 사람이 전략 게임의 인공지능 안에서 사회 의사결정의 모습을 보곤 합니다. 이런 사람을 위해서라도 각각의 게임을 넘어 종합적인 전략 게임 AI의 일반 이론을 제공해야 합니다.

참고문헌

2.1절 액션 게임 인공지능

· 三宅陽一郎,《高校生のためのゲームで考える人工知能》, ちくまプリマー新書, 2018.
· 三宅陽一郎,《ゲームAI技術入門》, 技術評論社, 2019.
· 三宅陽一郎,《FINAL FANTASY XVの人工知能》, ボーンデジタル社, 2019 .

2.5절 컴퍼니 오브 히어로즈 2

· Chris Jurney, "Company of Heroes Squad Formations Explained", *AI Game Programming Wisdom 4*, 2.1, pp.61-69, Charles River Media, 2008.

2.5절 베이즈 추정 설명

· Paul Tozour, "Introduction to Bayesian Networks and Reasoning Under Uncertainty", *AI Game Programming Wisdom*, 7.2, pp.345-357, Charles River Media, 2002.

3.1절 메타 AI, 캐릭터 AI, 공간 AI, MCS-AI 동적 협력 모델

· 三宅陽一郎,〈ディジタルゲームにおける人工知能技術の応用の現在〉,《人工知能》, 2015年 30巻 1号, pp.45-64.
https://doi.org/10.11517/jjsai.30.1_45
· 〈大規模 ディジタルゲームにおける人工知能の一般的体系と実装－FINAL FANTASY XVの実例を基に－〉, 人工知能学会 論文誌 2020年 35巻 2号, p.B-J64_1-16.
https://doi.org/10.1527/tjsai.B-J64
· 〈ディジタルゲームにおけるメタAI・キャラクターAI・スペーシャルAI 動的連携モデル〉, 2020年度 人工知能学会 全国大会 論文集.
https://doi.org/10.11517/pjsai.JSAI2020.0_1P4GS701

3.3절 〈레프트 4 데드〉

· Michael Booth, "The AI Systems of Left 4 Dead", AIIDE 2009.
https://www.valvesoftware.com/ja/publications, 2009.
· 三宅 陽一郎, 水野勇太, 里井大輝,〈'メタAI'と'AI Director'の歴史的発展〉, ディジタルゲーム学研究 2020年 13巻 2号.
https://doi.org/10.9762/digraj.13.2_1

4.2절 팀의 계층화

· Remco Straatman, Tim Verweij, Alex Champandard, Robert Morcus, and Hylke Kleve, "Hierarchical AI for Multiplayer Bots in Killzone 3", *GAME AI PRO*, Chapter 29, pp.377-390, A K Peters/CRC Press.
http://www.gameaipro.com/GameAIPro/GameAIPro_Chapter29_Hierarchical_AI_for_Multiplayer_Bots_in_Killzone_3.pdf

4.3절 공간의 계층화

· 미야케 요이치로, 이도희 옮김,《인공지능을 만드는 법》, 성안당, 2017.
· Damian Isla, "GDC 2005 Proceeding: Handling Complexity in the Halo 2 AI", *Gamasutra*, 2005. 3. 11.
http://www.gamasutra.com/view/feature/130663/gdc_2005_proceeding_handling_.php

4.3절 〈킬존 2〉

- Remco Straatman, Tim Verweij, Alex Champandard, "Killzone 2 Multiplayer Bots", Paris Game/AI Conference, 2009.
  https://www.slideshare.net/guerrillagames/killzone-2-multiplayer-bots

4.4절 계층형 태스크 네트워크

- 長谷川誠, 【GDM37】ゲームAIにおける意思決定と地形表現～〈LEFT ALIVE〉を事例に紹介, GDM 2019.
  https://www.slideshare.net/dena_genom/gdm37aileft-alive

4.4절 HTN과 느긋한 계산법(lazy evaluation)

- Troy Humphreys, Exploring HTN Planners through Example GAME AI PRO, Chapter 12, pp.149~167, A K Peters/CRC Press, 2013.
  http://www.gameaipro.com/GameAIPro/GameAIPro_Chapter12_Exploring_HTN_Planners_through_Example.pdf

4.4절

- William van der Sterren, "Multi-Unit Planning with HTN and A*", AIGameDev.com's Paris game AI conference, 2009.
  https://www.cgf-ai.com

4.4절 수송 문제

- William van der Sterren, "Hierarchical Plan-Space Planning for Multi-unit Combat Maneuvers", *GAME AI PRO*, Chapter 13, pp. 169-183, A K Peters/CRC Press, 2013.
  http://www.gameaipro.com/GameAIPro/GameAIPro_Chapter13_Hierarchical_Plan-Space_Planning_for_Multi-unit_Combat_Maneuvers.pdf

4.5절

- Bob Fitch, "Evolution of RTS AI", AIIDE 2011.
  https://movingai.com/aiide11/BlizzardAI.zip

4.7절 타일 기반 경로 검색

- Chris Jurney, "On the War Path: Tactical AI in Dawn of War 2", GDC 2009.
  http://jurneydownloads.s3.amazonaws.com/gdc/GDC2009DoW2Pack.zip

4.7절 BSP 기법

- Jean Paul van Waveren, "The Quake III Arena Bot Master of Science thesis", Delft University of Technology, June 2001.
  http://www.kbs.twi.tudelft.nl/Publications/MSc/2001-VanWaveren-MSc.html

4.7절 〈오버로드〉

- Donald Kehoe, "Designing Artificial Intelligence for Games (Part 3)", 2009. 7. 21
  https://software.intel.com/content/www/us/en/develop/articles/designing-artificial-intelligence-for-games-part-3.html

4.7절 〈스타크래프트 2〉의 스티어링과 퍼넬 알고리즘

- James Anhalt, Alexander Kring, Nathan Sturtevant, "AI Navigation: It's Not a Solved Problem – Yet", GDC 2011,
  https://www.gdcvault.com/play/1014514/AI-Navigation-It-s-Not

4.9절 〈토탈 워: 쇼군2〉의 인공지능

- Ingimar Hólm Guðmundsson, "Relay Racing Towards Intelligence", 2011. 6. 23. AIGameDev.com's Paris game AI conference, 2011.

4.9절 〈토탈 워: 워해머〉의 인공지능

· Andre Arsenault, "Have Fun Storming the Castle! Siege Battle AI in Total War: Warhammer", GDC 2016.
  https://www.gdcvault.com/play/1023363/Have-Fun-Storming-the-Castle

4.10절 〈프리마스타〉의 포트폴리오

· David Churchill, Michael Buro, "Hierarchical Portfolio Search in Prismata", *GAME AI PRO 3*, Chapter 30, pp.361~368, A K Peters/CRC Press, 2017.
  http://www.gameaipro.com/GameAIPro3/GameAIPro3_Chapter30_Hierarchical_Portfolio_Search_in_Prismata.pdf

4.11절 〈슈프림 커맨더 2〉의 신경망

· Michael Robbins, "Using Neural Networks to Control Agent Threat Response", *GAME AI RRO*, Chapter 30, pp.391-399, A K Peters/CRC Press, 2013.
  http://www.gameaipro.com/GameAIPro/GameAIPro_Chapter30_Using_Neural_Networks_to_Control_Agent_Threat_Response.pdf

5.1절 〈심시티〉의 다층 구조 원리

· 《ウィル・ライトが明かすシムシティーのすべて》, 第2章 〈シムシティの仕組み〉(ウィル・ライト/著, 多摩豊/翻訳), 角川書店, 1990年.
· Will Wright, "Dynamics for Designers", GDC 2003.
  https://www.youtube.com/watch?v=JBcfiiulw-8

5.2절 〈심시티 4〉의 GlassBox 엔진

· Andrew Willmott, "GlassBox A New Simulation Architecture", GDC 2012.
  http://www.andrewwillmott.com/talks/inside-glassbox
· Frank Cifaldi, "GDC 2012: Breaking down SimCity's Glassbox engine", 2012.
  https://www.gamasutra.com/view/news/164870/GDC_2012_Breaking_down_SimCitys_Glassbox_engine.php

5.3절 〈에이지 오브 엠파이어 II〉의 스크립트

· https://steamcommunity.com/sharedfiles/filedetails/?id=1238296169

5.4절 공간의 계층화

· 長谷川誠, 〈LEFT ALIVE〉における地形表現とナビゲーションAI, CEDEC 2019.
  https://cedil.cesa.or.jp/cedil_sessions/view/2065

5.4절 계층형 그래프의 자동 생성

· 岡村信幸 〈ARMORED CORE Vのパス検索〉, CEDEC 2011.
  https://cedil.cesa.or.jp/cedil_sessions/view/593

5.5절 〈에이지 오브 엠파이어〉 시리즈의 지형 분석

· Dave C. Pottinger, "Terrain Analysis in Realtime Strategy Games", GDC 2000.

5.6절 〈엠파이어 어스〉의 지형 생성

· Shawn Shoemaker, "Random Map Generation for Strategy Games", *AI Game Programming Wisdom*, vol.2, 7.4, pp.405-412, 2004.

5.6.2항 참고, 그림 5-17 인용

· Jaap van Muijden, "GPU-based Procedural Placement in Horizon Zero Dawn", GDC 2017.
  https://www.guerrilla-games.com/read/gpu-based-procedural-placement-in-horizon-zero-dawn
  https://www.gdcvault.com/play/1024700/GPU-Based-Run-Time-Procedural

5.6절 〈헤일로 워즈〉의 벡터 필드

· Colt McAnlis, "HALO WARS: The Terrain of Next-Gen", GDC 2009.
https://www.gdcvault.com/play/1277/HALO-WARS-The-Terrain-of

5.6절 〈드워프 포트리스〉의 자동 생성

· Chris Kerr, "Q&A: Dissecting the development of Dwarf Fortress with creator Tarn Adams", 2019. 6.
https://www.gamasutra.com/view/news/343859/

5.6절 그림 5-19 인용

· https://en.wikipedia.org/wiki/Dwarf_Fortress

5.6절 성벽 알고리즘 참고, 그림 5-23 인용

· Tara Teich, Dr. Ian Lane Davis, "AI Wall Building in Empire Earth® II", AIIDE 2006.
https://www.aaai.org/Papers/AIIDE/2006/AIIDE06-030.pdf

5.7절 그림 5-25 인용

· Freeciv-2.1.8 technology tree.png
https://commons.wikimedia.org/wiki/File:Freeciv-2.1.8_technology_tree.png

5.7절 〈마인크래프트: 다이아몬드 챌린지〉

· MineRL Competition.
https://minerl.io/diamond/

6.2절 유전 알고리즘을 이용한 〈시티 컨퀘스트〉의 자동 밸런싱

· Paul Tozour, "Postmortem: Intelligence Engine Design Systems' City Conquest".
https://www.gamasutra.com/view/feature/186088/postmortem_intelligence_engine_.php
· Christian Baekkelund, Damian Isla, Paul Tozour, "From the Behavior Up: When the AI Is the Design", GDC
2013.
https://www.gdcvault.com/play/1018057/From-the-Behavior-Up-When
https://www.gdcvault.com/play/1018219/From-the-Behavior-Up-When
https://www.gdcvault.com/play/1019071/From-the-Behavior-Up-When

6.3절 〈토탈 워 아레나〉의 유전 알고리즘

· Christian Rothe, "Using a Genetic Algorithm in 10 vs. 10 multiplayer matchmaking", nucl.ai, 2016.

6.4절 〈NERO〉 참고, 그림 6-6 인용

· Project NERO.
http://nn.cs.utexas.edu/NERO/about.html

6.4절 〈NERO〉의 뉴로에볼루션

· Kenneth O. Stanley, Bobby D. Bryant, and Risto Miikkulainen, "Evolving Neural Network Agents in the
NERO Video Game", In Proceedings of the IEEE 2005 Symposium on Computational Intelligence and
Games (CIG'05).
http://nn.cs.utexas.edu/downloads/papers/stanley.cig05.pdf

6.4.2항 〈NEAT〉 설명

· 매트 버클랜드 지음, 김석중 옮김, 《쉽게 풀어 쓴 인공지능 게임 프로그래밍》, 383~446쪽, 정보문화사, 2004(원본
2002년 출간).

6.4.3항 〈rtNEAT〉

· Kenneth O. Stanley, Bobby D. Bryant, and Risto Miikkulainen, "Real-Time Neuroevolution in the NERO
Video Game", IEEE Transactions on Evolutionary Computation: 653-668, IEEE 2005.

http://nn.cs.utexas.edu/downloads/papers/stanley.ieeetec05.pdf

6.5절 〈힘내라 모리카와 군 2호〉의 인공지능 원리

· 모리카와 유키히토 지음, 박혜수 옮김, 《인공지능 이야기》, 134~158쪽, 이지북, 2003(원본 1998년 출간).
· 森川幸人, "テレビゲームへの人工知能技術の利用", 人工知能学会誌 Vol.14 No.2, 1998年.

6.6절 〈블랙 & 화이트〉의 학습 방법

· Richard Evans, "Varieties of Learning", *AI Programming Wisdom*, chapter 11.2, pp.567-578, Charles River Media, 2002.

6.7절 〈프로 축구팀을 만들자 DS〉의 인공지능

· 安藤毅, "「サカつく」のサッカー試合AIシステム", CEDEC 2010.
  https://cedil.cesa.or.jp/cedil_sessions/view/379
· 安藤毅, "リアルタイムサッカーシミュレーションゲームのAIシステムの一手法について", 人工知能学会誌 32巻 2号, pp.180-188, 2017年.
  https://www.jstage.jst.go.jp/article/jjsai/32/2/32_180/_article/-char/ja/

7.1절 전략 게임의 인공지능 연구 정리

· Glen Robertson, Ian Watson, "A Review of Real-Time Strategy Game AI", *AI Magazine*, Vol.35, No.4, Winter 2014.
  https://doi.org/10.1609/aimag.v35i4.2478

7.2절 전략 게임의 인공지능 환경 설명

· Ben Weber, "A History of RTS AI Research", Nov 1, 2017.
  https://towardsdatascience.com/a-history-of-rts-ai-research-72339bcaa3ee
· Stratagus.
  https://stratagus.com/
· Facebook ELF.
  https://research.fb.com/downloads/elf/

7.3절 〈스타크래프트〉의 인공지능

· Santiago Ontañón, Gabriel Synnaeve, Alberto Uriarte, Florian Richoux, David Churchill, et al., "A Survey of Real-Time Strategy Game AI Research and Competition in StarCraft", *IEEE Transactions on Computational Intelligence and AI in games*, IEEE Computational Intelligence Society, 5 (4), pp.1-19. hal-00871001, 2013.
  https://hal.archives-ouvertes.fr/hal-00871001

7.3절 그림 7-6 인용

· D. Churchill, et al., (2016) StarCraft Bots and Competitions, In: Lee N. (eds) Encyclopedia of Computer Graphics and Games, Springer, Cham.
  https://doi.org/10.1007/978-3-319-08234-9_18-1

7.3절 그림 7-2 전략 게임의 구조

· David Churchill, "Heuristic Search Techniques for Real-Time Strategy Games", University of Alberta.
  http://www.cs.mun.ca/~dchurchill/pdf/DavidChurchill_phd_thesis.pdf

7.3절 표 7-1 인용

· Glen Robertson, Ian Watson, "A Review of Real-Time Strategy Game AI", *AI Magazine*, Vol.35, No.4, Winter 2014.
  https://doi.org/10.1609/aimag.v35i4.2478

7.4절 SC2LE 참고, 그림 7-8 인용

- Oriol Vinyals, et al., "StarCraft II: A New Challenge for Reinforcement Learning".
  https://arxiv.org/abs/1708.04782
- PySC2 - StarCraft II Learning Environment.
  https://github.com/deepmind/pysc2

7.4절 〈스타크래프트 2〉의 인공지능

- DeepMind: AlphaStar: Grandmaster level in StarCraft II using multi-agent reinforcement learning.
  https://deepmind.com/blog/article/AlphaStar-Grandmaster-level-in-StarCraft-II-using-multi-agent-reinforcement-learning
- DeepMind: AlphaStar: Mastering the Real-Time Strategy Game StarCraft II
  https://deepmind.com/blog/article/alphastar-mastering-real-time-strategy-game-starcraft-ii
- O. Vinyals, I. Babuschkin, W. M. Czarnecki, et al., "Grandmaster level in StarCraft II using multi-agent reinforcement learning", *Nature 575*, pp.350–354, 2019.
  https://doi.org/10.1038/s41586-019-1724-z

7.5절 OpenAI

- OpenAI Five.
  https://openai.com/projects/five/
- Christopher Berner, et al., "Dota 2 with Large Scale Deep Reinforcement Learning".
  https://arxiv.org/abs/1912.06680

7.6.1항, 7.6.2항, 7.6.3항 몬테카를로 트리 탐색

- 美添一樹, "コンピュータ囲碁における モンテカルロ法 ～理論編～".
  http://minerva.cs.uec.ac.jp/~ito/entcog/contents/lecture/date/5-yoshizoe.pdf
- 오츠키 토모시 지음, 정인식 옮김, 《알파고를 분석하며 배우는 인공지능》, 제이펍, 2019(원본 2019년 출간).
  https://www.shoeisha.co.jp/book/detail/9784798157771
- Nathan R. Sturtevant, "Monte Carlo Tree Search and Related Algorithms for Games", *GAME AI PRO 2*, Chapter 25, pp.265-281, A K Peters/CRC Press, 2015.
  http://www.gameaipro.com/GameAIPro2/GameAIPro2_Chapter25_Monte_Carlo_Tree_Search_and_Related_Algorithms_for_Games.pdf

7.6.4항 〈토탈 워: 로마〉의 몬테카를로 트리 탐색

- Tommy Thompson, "Revolutionary Warfare | The AI of Total War (Part 3)".
  https://www.gamasutra.com/blogs/TommyThompson/20180212/314399/Revolutionary_Warfare__The_AI_of_Total_War_Part_3.php

7.6.5항 몬테카를로 트리 탐색

- Piotr Andruszkiewcz, "Optimizing MCTS Performance for Tactical Coordination in Total War: Attila", nucl.ai, 2015.

7.6.6항 〈페이블 레전드〉의 몬테카를로 트리 탐색

- Gwaredd Mountain, "Tactical Planning and Real-time MCTS in Fable Legends", nucl.ai, 2015.

7.7절 게임 자동 생성과 〈ANGELINA〉 관련 정보

- Mark J. Nelson, "Bibliography: Encoding and generating videogame mechanics", IEEE CIG 2012 tutorial.
  https://www.kmjn.org/notes/generating_mechanics_bibliography.html
- Cameron Browne, "Evolutionary Game Design", *SpringerBriefs in Computer Science*, 2011.
  https://link.springer.com/book/10.1007/978-1-4471-2179-4

7.7절 전체의 게임 자동 생성 설명

- Cameron Browne, "Evolutionary Game Design", *SpringerBriefs in Computer Science*, 2011.
- Cameron Browne, Frederic Maire, "Evolutionary Game Design", *IEEE Transactions on Computational Intelligence and AI in Games* (Volume: 2, Issue: 1, March 2010).
  http://citeseerx.ist.psu.edu/viewdoc/summary?doi=10.1.1.297.2821

7.8절 〈Teo Feng〉의 강화 학습

- T. Graepel, R. Herbrich, and J. Gold, "Learning to Fight" , in *Proceedings of the international conference on computer games: artificial intelligence, design and education*, pp.193–200, 2004.
  https://herbrich.me/publications/
- Arcade-Learning-Environment(ALE).
  Marc G. Bellemare, Yavar Naddaf, Joel Veness, Michael Bowling, he Arcade Learning Environment: An Evaluation Platform for General Agents.
  https://arxiv.org/pdf/1207.4708.pdf

7.8절 〈팩맨〉 다보상 강화 학습

- Hybrid Reward Architecture (HRA) Achieving super-human performance on Ms. Pac-Man.
  https://www.microsoft.com/en-us/research/blog/hybrid-reward-architecture-achieving-super-human-ms-pac-man-performance/
  https://www.microsoft.com/en-us/research/publication/hybrid-reward-architecture-reinforcement-learning/

7.8절 GameGAN

- Learning to Simulate Dynamic Environments with GameGAN.
  https://nv-tlabs.github.io/gameGAN/
  https://arxiv.org/abs/2005.12126

7.8절 Agent57

- DeepMind, Agent57: Outperforming the human Atari benchmark.
  https://deepmind.com/blog/article/Agent57-Outperforming-the-human-Atari-benchmark

7.8절 〈Capture the Flag〉의 학습

- DeepMind: Capture the Flag: the emergence of complex cooperative agents.
  https://deepmind.com/blog/article/capture-the-flag-science
- Human-level performance in 3D multiplayer games with population-based reinforcement learning,
  Max Jaderberg, et al., Science 31 May 2019: Vol. 364, Issue 6443, pp.859-865.
  DOI: 10.1126/science.aau6249
  https://doi.org/10.1126/science.aau6249

7.9절 〈HIDE AND SEEK〉의 학습 참고, 그림 7-31 인용

- OpenAI, "Emergent Tool Use from Multi-Agent Interaction", 2019.
  https://openai.com/blog/emergent-tool-use/

7.9절 그림 7-29 인용

- Bowen Baker, et al., "Emergent Tool Use From Multi-Agent Autocurricula".
  https://arxiv.org/abs/1909.07528

7.9절 커리큘럼 학습

- Alessandro Sestini, Alexander Kuhnle, Andrew D. Bagdanov, "DeepCrawl: Deep Reinforcement Learning for Turn-based Strategy Games".
  https://arxiv.org/abs/2012.01914

찾아보기

한글

ㄱ

ㄴ ~ ㄷ

ㅁ ~ ㅂ

ㅅ

ㅇ

ㅈ